Eric Laurent

Die Kriege
der Familie Bush

Die wahren Hintergründe
des Irak-Konflikts

Aus dem Französischen von
Karin Balzer, Karola Bartsch,
Christiane Krieger und Udo Rennert

S. Fischer

5. Auflage April 2003
Die französische Originalausgabe erschien 2003
unter dem Titel ›La Guerre des Bush.
Les secrets inavouables d'un conflit‹
im Verlag Éditions Plon, Paris
© Plon 2003
Für die deutsche Ausgabe:
© S. Fischer Verlags GmbH, Frankfurt am Main 2003
Alle Rechte vorbehalten
Satz: Pinkuin Satz und Datentechnik, Berlin
Druck und Bindung: Clausen & Bosse, Leck
Printed in Germany
ISBN 3-10-044850-2

Inhalt

Zweiter Teil

Einleitung

George W. Bush ist es gelungen, seinem Vater nach acht Jahren ins Weiße Haus und an die Spitze der Weltmacht USA zu folgen. Eine beispiellose Leistung, wenn man von John Quincy Adams absieht, der allerdings erst 24 Jahre nach dessen Vater zum 6. Präsidenten der USA gewählt wurde. Eine amerikanische Lebensweisheit besagt, dass Geld den Weg zur politischen Macht ebnet. Doch mit der Ermordung John F. Kennedys wurde auch der dynastische Traum der Kennedys zerstört, und den Rockefellers ist es trotz ihres unermesslichen Reichtums und ihrer legendären Gleichsetzung mit der amerikanischen Regierung nie gelungen, das höchste Amt zu bekleiden. Nelson Rockefeller, Gouverneur von New York und Geldgeber der Republikaner, brachte es – unter dem ebenso kurz wie mittelmäßig regierenden Übergangsoberhaupt Gerald Ford – gerade mal zu einem sehr kurzlebigen Vizepräsidenten.

Im Gegensatz zu Kennedy, Clinton oder selbst Nixon sind die Bushs äußerlich wie als Person wenig Aufsehen erregend und auch sonst kaum geeignet, die Gemüter in Wallung geraten zu lassen. Man stellt sie sich meist »als Mensch gewordenes Klischee« vor. Zu Unrecht. Die Bushs gehören einer vielschichtig agierenden Dynastie von Finanziers und Politikern an, denen Geheimhaltung eine Kunst und eine Pflicht zugleich ist. Eines der Lieblingszitate des derzeitigen Verteidigungsministers, Donald Rumsfeld, ist der Ausspruch Winston Churchills, wonach die Wahrheit zu bedeutend sei, um nicht mit Lügen geschützt zu werden. Dies lässt sich Silbe für Silbe auf die Bushs übertragen. Wie auch immer ihre tatsächlichen Fähigkeiten und Kompetenzen gelagert sein mögen, als Präsidenten sind die Bushs keineswegs zu unterschätzen. Die wichtigsten Ereignisse der vergangenen zwölf Jahre und der Jahrtausendwende fielen unter ihre Präsidentschaft: der Zusammenbruch des sowjetischen Reichs und des kommunistischen Blocks, der erste Golfkrieg, die Ereignisse des 11. September, die Globalisierung des Terrorismus sowie der Konflikt mit Bagdad.

Das vorliegende Buch ermöglicht Einblicke in die Geschichte, die Geschäfte und die Politik der Familie Bush. Beunruhigende Bande mit der Familie bin Laden und dem terroristischen Untergrund treten ebenso zutage wie sorgfältig gehütete Familiengeheimnisse, die weiter dazu beitragen, die befremdende Verbissenheit George W. Bushs gegenüber Saddam Hussein zu erklären – eines Mannes immerhin, den sein Vater zu unterstützen und zu bewaffnen beschlossen hatte, was der Auslöser für den ersten Golfkrieg gewesen sein mag.

Und es bestätigt wieder einmal, dass moralische oder ethische Aspekte im Spiel der internationalen Beziehungen eine eher untergeordnete Rolle spielen und die wirklich wichtigen Ereignisse nur selten der offiziellen Geschichtsschreibung entsprechen.

Erster Teil

1

Zwei wesentliche Merkmale der kapitalistischen Geschäftswelt, und manchmal auch politischer Machthaber, sind von jeher der Handel mit ihr absolut feindselig gegenüberstehenden Regimes sowie deren militärische Stärkung gewesen. So hat sich Anfang der vierziger Jahre Lenins Prophezeiung bewahrheitet, dass die multinationalen Konzerne »die Welt geerbt« hatten. General Motors und Ford beherrschten damals den Weltmarkt für Automobile und Geländewagen. Nur wenige Wochen vor Ausbruch des Zweiten Weltkriegs formuliert Henry Ford jenen verbürgten Grundsatz, der so langlebig war wie seine Fahrzeugmodelle: »Wir verstehen uns nicht als nationales Unternehmen, sondern als eine multinationale Organisation.«

Als Hitler 1939 beginnt, seine größenwahnsinnigen Pläne umzusetzen und in Polen einmarschiert, weiß Alfred Sloan, der CEO von General Motors, besorgte Aktionäre folgendermaßen zu beruhigen: »Wir sind zu groß, als dass uns solch lächerliche internationale Querelen hinderlich sein könnten.«

Mehr noch: bei der Vorbereitung zu Hitlers Eroberungsfeldzügen übernimmt das weltweit größte Unternehmen einen entscheidenden Part. 1929 wurde General Motors zu hundert Prozent Eigentümer von Opel. 1935 widmen sich die Planungsbüros des Unternehmens auf Anfrage des Generalstabs hin der Entwicklung eines neuartigen Schwerlastwagens, der besser gegen feindliche Luftangriffe gewappnet sein soll. Von 1938 an wird die deutsche Armee mit dem Opel »Blitz« bestückt, der in verstärkter Produktion gefertigt wird. In Anerkennung dieses Entgegenkommens heftet Hitler dem »Chief Executive« von General Motors 1938 einen Verdienstorden an die Brust. Zum selben Zeitpunkt eröffnet Ford ein Montagewerk in Deutschland. Hier sollen Berichten des Nachrichtendienstes der US-Armee zufolge Truppentransporter für die Wehrmacht gefertigt werden.

Anfang 1939, sieben Monate vor Kriegsbeginn, funktioniert General Motors das Opelwerk in Rüsselsheim in eine Produktionsstätte für Militärflugzeuge um. Von 1939 bis 1945 werden allein in diesen Werkshallen 50 % sämtlicher Antriebssysteme für die Junkers 88 gefertigt und zusammengebaut.

Die Tochtergesellschaften von General Motors und Ford produzieren 80 % der drei Tonnen schweren Halbkettenfahrzeuge und 70 % sämtlicher Schwerlastwagen mittleren Gewichts, mit denen das Reichsheer ausgestattet wird. In den Augen des englischen Nachrichtendienstes bilden diese Fahrzeuge »das Rückgrat des Transportsystems der deutschen Armee«. Auch hier ändert der Kriegseintritt der Vereinigten Staaten nichts an der Strategie dieser Unternehmen.

Am 25. November 1942 ernennt die Naziregierung Carl Luer zum Verwalter des Rüsselsheimer Werks. Das Landgericht von Darmstadt versichert jedoch, dass diese Verwaltungsmaßnahme keinen Einfluss auf die Autorität des Board of Directors habe; die Methoden und Verantwortlichen der Unternehmensleitung blieben dieselben.

Und tatsächlich behalten Alfred Sloan und seine Stellvertreter James B. Mooney, John T. Smith und Graene K. Howard während des gesamten Krieges einen Sitz im Aufsichtsrat von General Motors-Opel. Mehr noch: entgegen sämtlicher Gesetze zirkulieren Informationen, Berichte und Material ungehindert zwischen dem Hauptsitz in Detroit, den Tochtergesellschaften in den alliierten Ländern und denen, die in den von der Achse Berlin–Rom kontrollierten Gebieten ansässig sind.

Aus den Unterlagen von Opel Rüsselsheim geht hervor, dass der Konzern zwischen 1942 und 1945 seine Produktions- und Verkaufsstrategien in enger Zusammenarbeit mit den auf der ganzen Welt angesiedelten Werken von General Motors entwickelt, insbesondere mit General Motors Japan (Osaka), General Motors Continental (Antwerpen), General Motors China (Hongkong und Shanghai), General Motors Uruguay (Montevideo), General Motors do Brazil (São Paulo) usw.

Während die amerikanischen Werke der Unternehmensgruppe 1943 die Luftwaffe der Vereinigten Staaten ausrüsten, entwickelt, produziert und montiert der deutsche Konzern die Motoren für die Messerschmitt 262, das weltweit erste Düsenstrahlflugzeug. Dies brachte den Nazis einen entscheidenden technischen Vorsprung.

Gleich nach dem Ende der Kampfhandlungen fordern Ford und General Motors von der amerikanischen Regierung Entschädigungsleistungen für die Bombardierung ihrer Standorte durch die Alliierten. 1967 lässt man ihnen endlich Gerechtigkeit widerfahren: General Motors werden für die »in seinen Werken in Deutschland, Österreich, Polen und China entstandenen Unannehmlichkeiten und Schäden« Steuervergünstigungen auf seine Gewinne in Höhe von 33 Millionen Dollar zugesprochen. Ford seinerseits erkämpft für die in seinen Produktionsstätten für Militärlastwagen in Köln entstandenen Schäden knapp eine Million Dollar.

»Weltfrieden durch Welthandel«, verkündet 1933 Thomas Watson, der Gründer von IBM, anlässlich seiner Wahl in die Internationale Handelskammer. Einige Jahre später verleiht ihm Hitler ebenfalls einen Verdienstorden. Der Umgangston zwischen den beiden Männern ist herzlich, die Einsätze – die Niederlassung von IBM in Nazideutschland – beträchtlich.

Mit Kriegsbeginn überantwortet Watson die europäischen Interessen von IBM einer Holding mit Sitz in Genf, die von einem Hauptmann der schweizerischen Armee, Werner Lier, geleitet wird. Für die deutschen Aktivitäten des Konzerns zeichnet Dr. Otto Kriep verantwortlich. Die Firma IBM wird als wichtiges Element für die Kriegsbemühungen der Nazis erachtet. Thomas Watson nimmt vorerst eine vorsichtig abwartende Haltung ein und harrt der weiteren Entwicklung. Von 1942 an, nach Pearl Harbour, orientiert er jedoch die Aktivitäten der US-amerikanischen Unternehmensgruppe völlig neu. Diese hält 94 % der Aktienanteile an Munitions Manufacturing Corporation und produziert von nun an Kanonen und Teile für Flugzeugmotoren. Dieser Einsatz für die freie Welt wird sich in einem Gewinn von mehr als 200 Millionen Dollar niederschlagen. Zur selben Zeit kommen der Schweizer Holding die fortlaufenden Erträge der deutschen Operationen zugute. Mit einer beachtlichen Findigkeit gelingt es Werner Lier, ein Netz zu schaffen, das ihm – mittels der Botschaft der Vereinigten Staaten im Vichy Marschall Pétains – den Transfer und die Abwanderung eines Teils seiner Profite erleichtert. Bereits zu diesem Zeitpunkt kommt die Unternehmensphilosophie von IBM – eine bedingungslose Identifizierung und Solidarität mit dem Konzern – voll zum Tragen. Bei einem Bombenangriff auf Sindelfingen wird einer der kanadischen Verantwortungsträger des Konzerns als Bombenschütze der Royal Air Force seine Bomben so abwerfen, dass sie das Ziel dieses Angriffs, das IBM-Werk, verfehlen müssen.

Die französische Niederlassung in Corbeil-Essones, in der Nähe von Paris, wird von dem SS-Offizier Westerholt verwaltet. Zwanzig Jahre nach Ende des Krieges konnte einer der Veteranen des Leitungsausschusses des Unternehmens mit Genugtuung unterstreichen, »wie viele der ehemaligen deutschen Verantwortungsträger IBM ergeben waren und stets Sorge trugen, dass ein beträchtlicher Teil unseres Vermögens geschützt wurde«.

Thomas Watson, der »Patriarch« der Geschäftswelt, krönte seine Laufbahn als Vertrauter Präsident Eisenhowers. Ganz wie Prescott Bush, der von 1952 bis 1962 für die Republikaner den ansehnlichen Posten des Senators von Connecticut bekleidete. Bevor er zum Golfpartner Eisenhowers avancierte, hatte der Großvater des derzeitigen Präsidenten eine in jeder Hinsicht erfolgreiche Laufbahn als Bankier an der Wall Street zurückgelegt. Auch für ihn hatten sich gewisse Investitionen und Akquisitionen in Nazideutschland als äußerst Gewinn bringend erwiesen. »Zu dieser Zeit gab es«, wie es ein Beobachter auf den Punkt bringt, »zwei Arten von Finanziers und Spekulanten. Diejenigen, die wie Joe Kennedy ihre Sympathien für die Nazis zur Schau stellten, aber mit Nazideutschland keine Geschäfte machten, und diejenigen, die sich zwar für Hitler nicht besonders begeistern konnten, sich aber ein gutes Geschäft nicht entgehen lassen wollten.«

Offenbar zählte Prescott Bush zu Letzteren. Er verfügte nicht gerade über das typische Profil eines »Selfmademan«. Sein Vater, Samuel Bush, besaß einige Stahlhütten und produzierte vor allem Schienenstränge. Zudem war er Direktor der Federal Reserve Bank von Cleveland und Berater des damaligen Präsidenten Herbert Hoover. Prescott hatte an der Yale-Universität studiert, wo er Freundschaft mit Roland Harriman schloss, einem der Söhne des Multimillionärs, der unter anderem eine der wichtigsten Eisenbahngesellschaften der Vereinigten Staaten besaß.

1921 vermählte sich Prescott Bush mit Dorothy Walker, der Tochter eines mächtigen Finanziers an der Wall Street. Fünf Jahre später wird er der Vizepräsident der soeben von seinem Schwiegervater in Partnerschaft mit seinen Universitätsfreunden, den Harrimans, gegründeten Handelsbank W. A. Harriman and Co. 1931 fusioniert das Unternehmen mit dem angloamerikanischen Geldinstitut Brown Brothers; es entsteht die größte – und politisch einflussreichste – Geschäftsbank der Vereinigten Staaten.

Prescott Bush und seine Partner hatten bereits in den 20er Jahren in Deutschland Fuß gefasst, als sie die Schifffahrtsgesellschaft Hamburg-Amerika-Linie aufkauften, die quasi uneingeschränkt den gesamten deutschen Schiffsverkehr in Richtung Vereinigte Staaten bestritt. Dies war nur eine erste Etappe. Die Bank richtete ihre europäische Außenstelle in Berlin ein und schloss viele Partnerschaften, insbesondere mit einigen der mächtigsten Industriellen des Landes. Allen voran Fritz Thyssen, der Eigentümer des gleichnamigen Stahlkonzerns. 1941 sollte Thyssen in New York ein viel beachtetes Buch veröffentlichen mit dem viel sagenden Titel: »I paid Hitler.« Das Buch – allerdings verfasst von einem Ghostwriter – war nicht nur ein regelrechtes Glaubensbekenntnis zum Nationalsozialismus, sondern bestätigte zudem, was längst allgemein bekannt war: Thyssen hatte die Nazibewegung schon seit den zwanziger Jahren unterstützt und galt als der »Privatbankier Hitlers«.

Harriman and Co. und Thyssen, der in den Niederlanden die Bank Voor Handel en Scheepvaart besaß, beschlossen, ein gemeinsames Unternehmen zu gründen; die Union Banking Corporation. Diese sollte wechselseitige Investitionen in den Vereinigten Staaten und in die Unternehmensgruppe Thyssen sowie in andere deutsche Unternehmen begünstigen.

Am 20. Oktober 1942, nach Kriegseintritt der Vereinigten Staaten, sieht sich die Union Banking Corporation »wegen Handels mit dem Feinde« einer Beschlagnahme durch die amerikanische Bundesregierung ausgesetzt. Prescott Bush war Direktor des Unternehmens, seine wichtigsten Geschäftspartner und Hauptaktionäre waren, neben Roland Harriman, drei Nazioffiziere, von denen zwei für Thyssen arbeiteten. Acht Tage später wendet die Regierung Roosevelt die gleichen Sanktionen gegen die Holland-American Trading Corporation an sowie gegen die Seamless Steel Equipment Corporation, die beide ebenfalls von Bush und Harriman geleitet wurden und denen man vorwarf, mit dem Dritten Reich zu kooperieren. Einen Monat darauf, am 8. November 1942, traf dieselbe Prozedur die Silesian-American Corporation, eine Holding, die bedeutende Kohle- und Zinkvorkommen in Polen und Deutschland besaß, welche zum Teil von Häftlingen aus Konzentrationslagern abgebaut wurden und deren Ausbeute einem Bericht zufolge »der deutschen Regierung zweifelsohne eine große Hilfe für ihre Kriegsvorhaben war«.

Prescott Bush saß im Board of Directors dieses Unternehmens, dessen deutscher Partner durch eine Reihe geschickter juristischer Winkelzüge praktisch im Verborgenen blieb. Dabei handelte es sich um den Industriellen Friedrich Flick, der ebenfalls Geldgeber der NSDAP und Mitglied des »Freundeskreises Reichsführer-SS« war. Dieser Schachzug war in zwei Etappen erfolgt: 1931 hatte die Harriman Fifteen Corporation, zu deren Direktoren auch Prescott Bush zählte, bedeutende Anteile der Silesian Holding Corporation erworben. Diese wurde dann in die Consolidated Silesian Steel Corporation umgewandelt, eine Unternehmensgruppe, die zu einem Drittel den Amerikanern gehörte, die verbleibenden zwei Drittel waren Eigentum Friedrich Flicks. Dieser wurde nach Ende des Krieges im Zuge der Nürnberger Prozesse zu sieben Jahren Gefängnis verurteilt. Tatsächlich verbüßte er nur dreieinhalb Jahre Haft und starb Anfang der siebziger Jahre als angesehener Milliardär. Einen weiteren Verhandlungspartner im Deutschland der Nazis hatte Harriman Brown Brothers in der Person Kurt Freiherr von Schröders gefunden, einem Bankier der Stein Bank, der SS-Brigadeführer und ebenfalls einer der Geldgeber Himmlers war.

Nachdem Prescott Bush ein Vermögen gemacht hatte und der Zweite Weltkrieg praktisch Geschichte war, kandidierte er für den Senat. 1950 musste er eine Niederlage einstecken, doch zwei Jahre später wurde er gewählt. Sein Sohn, der 1924 geborene künftige Präsident George Herbert Walker Bush, hatte als Pilot am Zweiten Weltkrieg teilgenommen.

Zwischen zwei Golfpartien mit Präsident Eisenhower feilte Prescott Bush an einer Reihe von Sentenzen, die sozusagen als Lebensweisheiten und Benimmregeln im

Kreise seiner Familie von einer Generation an die nächste weitergegeben wurden. Eine dieser Sentenzen vertraute uns George W. Bush kurz nach seiner Wahl an:»Mein Großvater hat uns allen, meinem Vater, meinem Bruder, immer wieder gesagt: Bevor ihr euch auf die Politik einlasst, solltet ihr euch in der Geschäftswelt bewähren. So werden eure künftigen Wähler überzeugt sein, dass ihr kompetent und selbstlos seid und euch das Gemeinwohl am Herzen liegt.« Dieser Ausspruch ist doppelt amüsant, wenn man sich ins Gedächtnis ruft, in welcher Weise sich Prescott Bushs Interesse für das Gemeinwohl in der Vergangenheit geäußert hatte und dass sich sein Enkel, bevor er Präsident wurde, einem Beobachter zufolge im Wesentlichen den Ruhm erworben hatte,»im Ölgeschäft ebenso viele Millionen Dollar verpulvert zu haben, wie sein Vater erwirtschaftet hatte«.

2

»Politik«, so der berüchtigte Staats- und Völkerrechtler Carl Schmitt, »ist die Unterscheidung zwischen Freund und Feind.« Nach dem Zweiten Weltkrieg erkannten die Vereinigten Staaten in der Sowjetunion sofort den idealen, unumgänglichen Gegenspieler, die totale Bedrohung. Ein Dogma und Credo, das sie ihren Alliierten zuteil werden ließen und das zum Kernstück ihrer Außenpolitik wurde. Doch seit Anfang der siebziger Jahre klafften die sorgfältig gehütete Wahrheit und die offiziellen Reden immer weiter auseinander.

Der Kalte Krieg gegen das »Reich des Bösen«, wie Ronald Reagan die UdSSR bezeichnete, verschlang beträchtliche finanzielle und militärische Mittel. Das Pentagon, »Pentagon Inc.«, wie Beobachter es gerne nennen, war gleichzeitig auch ein gigantisches Unternehmen, dem allein ein Budget in der Größenordnung des französischen Staatshaushalts zugeteilt wurde und das 5 Millionen Angestellte beschäftigte, darunter zwei Millionen Berufssoldaten. In mehr als zwanzig amerikanischen Bundesstaaten und dreiundzwanzig Ländern gewährleisteten die Vereinigten Staaten eine ständige militärische Präsenz. Vier Millionen Menschen waren insgesamt in der Verteidigungsindustrie beschäftigt, die über die Vergabe von Zulieferverträgen weitere 10 000 Kleinunternehmen und einige zusätzliche Millionen Beschäftigte ernährte. Mehr als 10 000 ranghohe Offiziere, ehemalige Führungskräfte des Pentagon, arbeiteten direkt in einem Industriezweig mit, der paradoxerweise völlig privat war und doch ausschließlich von der Regierung finanziert wurde. Der defizitäre Stand von Unternehmen wie Lockheed oder General Dynamics war nicht etwa Ergebnis einer Krise oder einer Fehlinvestition, sondern eine rein finanzstrategische Maßnahme, um verstärkt Subventionen aus offiziellen Kassen zu erhalten. Das Pentagon verkehrte mit sämtlichen Riesen der Branche und der Luftfahrt; für sie war es ein attraktiver Kunde, der sich nicht scheute, die bisweilen exorbitanten Kosten aufzubringen.

Und doch konnten diese Milliarden Dollar, die für die Verteidigung der freien Welt ausgegeben – und manchmal vergeudet – wurden, eines nicht verbergen. Am 25. Februar 1976 musste das State Department notgedrungen zugeben, dass die Vereinigten Staaten seit 1972 in der Sowjetunion Miniradlager produzierten, die für das Steuerungssystem der ballistischen MIRV-Rakete mit Mehrfachsprengkörpern benötigt wurden. Die Entscheidung, die Embargopolitik zu beenden, beruhte also auf rein wirtschaftlichen Überlegungen. Laut Pentagon stellten verschiedene italienische und schweizerische Unternehmen, die Vertragspartner der NATO waren, ähnliche Teile her und belieferten seit mehreren Jahren die Sowjets.

Im Zuge von Nixons Entspannungspolitik gegenüber dem Ostblock entdeckten die großen Konzerne und Geschäftsbanken, dass die Länder Osteuropas und die Sowjetunion über Ressourcen verfügten, die für sie sehr wertvoll waren: nämlich ungeheure Massen an äußerst disziplinierten und extrem billigen qualifizierten Arbeitskräften.

»Die CIA, ein wild gewordener Elefant«

1976 ist ein Schlüsseljahr, eine Nahtstelle innerhalb unserer chronologischen Darstellung: Richard Nixon ist nicht mehr an der Macht, und George Bush betritt die Bühne, während sich am Horizont bereits der Umriss seines Sohnes abzeichnet.

1976 übernimmt George Bush die Leitung der CIA. Bis zu diesem Zeitpunkt war er, nicht nur in der amerikanischen Politik, sondern selbst innerhalb seiner Republikanischen Partei nichts als ein Außenseiter. Er ist ein gewissenhafter, fleißiger Mensch, hinter dessen ausgeprägter Ruhe und Beherrschtheit sich eine, wie er meint, exzessive Erregbarkeit verbirgt. Er betrachtet sich nicht als Politiker, der den Gipfel anstrebt, sondern als Staatsmann, dessen Lehrjahre sich den Gepflogenheiten der Politik unterzuordnen haben. Die politische Weihe erweist sich als mühsam. Zweimal, 1964 und 1970, kandidiert er bei den Senatswahlen. Ohne Erfolg. Ebenfalls zweimal, 1968 und 1972, bemüht er sich um den Posten des Vizepräsidenten. Ebenso vergeblich. 1972 zieht ihm Nixon Gerald Ford vor.

Bush muss die Zähne zusammenbeißen und wird mit ein paar Pöstchen vertröstet: zunächst als UNO-Botschafter, dann als Chef der amerikanischen diplomatischen Mission in China, ein Posten, den er bis 1975 innehat, als sich die Ereignisse in Washington zuspitzen und überschlagen.

Denn die Watergate-Affäre hat die amerikanische Presse veranlasst, die Machenschaften des Geheimdienstes eingehender zu untersuchen. Am 22. Dezember 1974 nimmt folgende Schlagzeile, gezeichnet Seymour Hersh, die gesamte erste Seite der *New York Times* ein: »Gewaltige Aktivitäten der CIA innerhalb der Vereinigten Staaten gegen Opponenten des Krieges und diverse Dissidenten unter der Präsidentschaft Richard Nixons.«

Die Medien fallen mit noch nie da gewesener Vehemenz über die CIA her, bestärkt von Politikern und einfachen Bürgern, die fordern, dass den abscheulichen Praktiken dieser Organisation – die manche mit einem »wild gewordenen Elefanten« vergleichen, »über den seine Wächter die Kontrolle verloren haben« – ein Ende bereitet wird. Unter dem Druck der Öffentlichkeit kündigt Gerald Ford am 4. Januar 1975 die Schaffung eines präsidialen Untersuchungsausschusses an, der die von der CIA durchgeführten illegalen Spionageaktivitäten innerhalb der USA durchleuchten soll. Den Vorsitz dieses Ausschusses hält Vizepräsident Nelson Rockefeller. Der Direktor der CIA, William Colby, ein Veteran des Geheimdienstes, weiß sich von der politischen Macht verurteilt und berichtet mit gespielter Arglosigkeit: »Gleich nach meiner ersten Aussage vor dem Untersuchungsausschuss nahm mich der Vorsitzende, Nelson Rockefeller, in sein Büro mit und fragte mich ausgesprochen liebenswürdig: ›Bill, müssen Sie wirklich so viel plaudern?‹«

Denn keines der Kabinettsmitglieder wünscht, dass die Enthüllungen allzu weit gehen. Und doch brach ein Damm nach dem anderen, sodass schließlich auch der geheimste und, wie man glaubte, effizienteste aller Nachrichtendienste bedroht war: die NSA (National Security Agency). Dieses technische Monstrum verfügte zu dieser Zeit über ein Jahresbudget von mehr als zehn Milliarden Dollar und war in der Lage, dank seiner Abhörzentralen, seiner Spionagesatelliten und seiner effizienten Computer, die ganze Welt abzuhören. Ganze Gebäude ihres

Hauptquartiers in Fort Meade, Virginia, beherbergen Geräte, die in der Lage sind, zwanzig Tonnen an »unbedeutenden« Dokumenten pro Tag zu vernichten. Am peinlichsten aber war es, dass es weder Gesetze noch Untersuchungsausschüsse des Kongresses gab, um diese Machenschaften zu überwachen. Ja, es gab nicht einmal ein Gesetz, das seine Schaffung amtlich bestätigte. Der Nachrichtendienst war 1952 unter der Präsidentschaft Trumans durch einen geheimen Beschluss ins Leben gerufen worden, die Direktive Nr. 6 des Nationalen Sicherheitsrates, deren Wortlaut noch dreiundzwanzig Jahre später als *top secret* eingestuft wurde. Als der Ausschuss für Spionagefragen des Repräsentantenhauses, dessen Vorsitzender Otis Pike war, 1975 versuchte, besagte Direktive über die Gründung der NSA einzusehen, scheiterte er an dem kategorischen Veto des Weißen Hauses.

Rumsfeld und Cheney übergehen Bush

Das brachte das Weiße Haus noch mehr ins Gerede. Zwei Mitglieder der Mannschaft um Gerald Ford drängten diesen zur Unnachgiebigkeit und zu einem Ablenkungsmanöver: nämlich die rasche Ernennung eines neuen Kopfes an die Spitze der CIA, um so die NSA aus dem Schussfeld zu nehmen.

Der erste dieser beiden Männer hatte den Posten des stellvertretenden Stabschefs des Weißen Hauses inne – Dick Cheney. Der zweite war sein um zehn Jahre älterer unmittelbarer Vorgesetzter, der Stabschef des Präsidenten, dem einige Monate später bereits das Amt des Verteidigungsministers übertragen werden sollte. Es handelte sich um Donald Rumsfeld, den Henry Kissinger damals als »permanenten Kriegstreiber« bezeichnete. Sie hatten lange über die Liste der potenziellen – und akzeptablen – Kandidaten beraten. Der Name George Bushs tauchte darin nicht auf. In einer Ford übermittelten Notiz meinte Rumsfeld, dass Bush »mit den Methoden der Nachrichtendienste und ihrer Missionen vertraut ist«, empfahl ihn aber für den Posten des Handelsministers.

Diese mehr oder minder deutliche Zurückweisung war im Wesentlichen auf Differenzen wegen seines Temperaments zurückzuführen. Rumsfeld und Cheney waren damals schon »Falken«, die fürchteten, die gegenwärtige politische Krise könne die amerikanische Exekutive destabilisieren und die Rolle der USA auf der Weltbühne auf Dauer schwächen. In ihren Augen war Bush mit seinen gemäßigten Meinungen, falls er sie denn äußerte, ein politisches »Leichtgewicht«, ein Patrizier der Ostküste, der in der Erdölindustrie Geld gemacht hatte, in der Politik aber keine Orientierung besaß. Mit diesem Urteil hatten sie sich, wie sich bald schon herausstellen sollte, schwer getäuscht. Bush, der ihnen später neue Karrieremöglichkeiten und äußerst lukrative Posten verschaffte, schaffte es, den Posten des Direktors der CIA an sich zu reißen. Dazu mobilisierte er all seinen Einfluss, seine Verbündeten in der Geschäfts- und Finanzwelt, die zum Großteil massiv zur Finanzierung der Republikanischen Partei beitrugen.

Ende 1975 rief Gerald Ford im Zuge des so genannten »Halloween Massacre« den Direktor der CIA zu sich, William Colby. Dieser wurde sofort des Amtes enthoben, desgleichen der Verteidigungsminister, James Schlesinger, der durch Rumsfeld ersetzt wurde. Diesem folgte wiederum Cheney auf den Posten des Stabschefs des Weißen Hauses. In Anspielung auf dieses Ereignis erklärte der – aufgrund seiner weißen Mähne und seiner häufig unverschämten Wortmeldungen im Kongress legendäre – Demokrat Tim O'Neill: »Der Präsident hat die Affen von den Ästen geschüttelt, aber die großen Bäume hat er stehen gelassen.«

George Bush, der sofort nominiert wurde, trat im Januar 1976 sein Amt an, und zwar dank eines Präsidentenerlasses von Gerald Ford, dem »Executive Order 11905«, mit mehr Machtbefugnissen, als sie seine Vorgänger jemals gehabt hatten. Der *New York Times* zufolge »hatte Ford dem gegenwärtigen Direktor der CIA mehr Macht an die Hand gegeben, als seinen Vorgängern seit Gründung des Nachrichtendienstes je beschieden war«.

Selbst ein Mann der Verschwiegenheit, hatte Bush sofort begriffen, dass die CIA unbedingt in Vergessenheit geraten musste, wenn sie wieder effizient arbeiten wollte. Dies dürfte das Hauptverdienst sein, das man ihm zugute halten muss. Innerhalb nicht einmal eines Jahres verschwand die CIA gänzlich aus den Schlagzeilen, doch selbst für seine engsten Mitarbeiter blieb Bush in diesen elf Monaten in jeder Hinsicht ein Buch mit sieben Siegeln. Nichts gab er preis, auch nicht die harmlosesten Einzelheiten aus seiner Vergangenheit. »Seine Höflichkeit«, so einer seiner Vertrauten, »glich einer Zugbrücke, die man hochzieht, um sich hinter den Mauern einer Festung zu verschanzen.«

Die BCCI – eine bemerkenswerte »Verbrecherorganisation«

Einer anderen Initiative George Bushs wurde zum damaligen Zeitpunkt sehr viel weniger Beachtung geschenkt, doch im Rückblick gleicht sie einem Ariadnefaden. Über lange Jahre hinweg hatte die CIA mehrere Flugzeugstaffeln besessen, deren bekannteste die Air America sein dürfte, die während des gesamten Vietnamkrieges eingesetzt wurde.

1976 verkaufte Bush einem Geschäftsmann aus Houston, Jim Bath, mehrere Flugzeuge. Alle Informationen, auch die Zeugenaussage Baths, bestätigen übereinstimmend, dass dieser von Bush persönlich angeheuert wurde, um für die CIA zu arbeiten. Dieses Zeugnis wird insbesondere durch die Aussage seines ehemaligen Mitarbeiters Charles W. White gefestigt, der angibt, dass Bath und er sich 1982 zu einem Zeitpunkt im Ramada Club in Houston verabredeten, als auch der Vizepräsident Bush dort weilte.

Der damals Vierzigjährige war auch ein Freund George W. Bushs, den er kennen gelernt hatte, als dieser, um einem Einsatz in Vietnam zu entgehen, bei der Luftwaffe der texanischen Nationalgarde seinen Militärdienst absolvierte.

Skyways Aircraft Leasing, eine auf den Kaiman-Inseln beheimatete Chartergesellschaft, die von Bath verwaltet wurde und die Flugzeuge der CIA aufkaufte, wurde durch saudische Anteile bestimmt. Hauptaktionär war Khalid bin Mahfouz, CEO und Haupteigentümer der National Commercial Bank, des bedeutendsten Geldinstituts Saudi-Arabiens, das in enger Verbindung mit der königlichen Familie stand. Zudem hatte er, gemeinsam mit einem weiteren saudischen Finanzier, Gaith Pharaon, dem Sohn eines Arztes des Exkönigs Faisal, die Kontrolle über eine der größten Banken in Houston. Zehn Jahre später sollte Khalid bin Mahfouz bedeutende Anteile an der Bank erwerben, die, wie es der amerikanische Staatsanwalt Robert Morgenthau formulierte, bis heute eine der bemerkenswertesten »Verbrecherorganisationen« des 20. Jahrhunderts ist: die BCCI (Bank of Credit and Commerce International). Ihr Gründer, der Pakistani Agha Hasan Abedi, betonte die »moralische Verpflichtung« seiner Bank, die als erstes umfangreiches Geldinstitut in einem Entwicklungsland zur Förderung des Wachstums der südlichen Hemisphäre konzipiert wurde. Die Bank operierte in 73 Ländern und verwaltete Einlagen in Höhe von 30 Milliarden Dollar. Tatsächlich aber war sie Annahmestelle für die Gelder der Drogenmafia und terroristischer Organisationen, setzte sie sich über Gesetze hinweg. Sie unterstützte die übelsten Diktatoren und geheime Operationen der CIA, vermutlich auch Osama bin Laden. Der Panamaer Manuel Noriega hatte dort ebenso einen Großteil seines Vermögens angelegt wie Saddam Hussein, die Köpfe des Medellin-Kartells, der palästinensische Terrorist Abu Nidal, der Opiumkönig Khun Sa, der größte Heroinhändler des Goldenen Dreiecks, oder der saudische Geheimdienst. Sehr enge Mitarbeiter Bushs hatten Verbindungen zu dieser Bank. 1988 kaufte bin Mahfouz für nahezu eine Milliarde Doller 20 % der BCCI auf, wenig später jedoch schrieb das Unternehmen zehn Milliarden Dollar Verlust, was den Niedergang des saudischen Finanziers beschleunigte.

Heute steht der kranke Khalid bin Mahfouz in Saudi-Arabien unter Hausarrest. Die saudiarabische Regierung hat seine Anteile an der Bank aufgekauft und ihn zum

Rücktritt gezwungen. Schlimmer noch: Informationen aus Kreisen der amerikanischen Geheimdienste zufolge, die am 29. Oktober 1999 in der Tageszeitung *USA Today* und dann von ABC News veröffentlicht wurden, war die Bank Khalid Bin Mafouz' wiederholt von verschiedenen vermögenden Saudis benutzt worden, um Zehntausende Millionen Dollar auf Konten zu überweisen, die mit Osama bin Laden und Al Qaida in Verbindung gebracht werden. Insbesondere hatten fünf Geschäftsmänner des Königreichs drei Millionen Dollar an die Capitol Trust Bank in New York transferiert, von wo das Geld an zwei karitative islamische Organisationen weitergeleitet wurde, Islamic Relief und Bless Relief, die Osama bin Laden als Fassade dienten. Das Ganze fand ein Jahr nach den Anschlägen auf die amerikanischen Botschaften in Kenia und Tansania statt.

1998 brachte eine Äußerung James Woolseys, des damaligen Direktors der CIA, weitere Aufklärung: Die Schwester von bin Mahfouz soll eine der Ehefrauen Osama bin Ladens sein.

Salim bin Laden in Texas

Im Jahr 1976 ist dies noch unvorstellbar. Und doch zeichnen sich schon einige interessante Details ab. Nur wenige Monate vor dem Kauf der Flugzeuge der CIA wird Jim Bath für einen der engen Freunde Khalid bin Mahfouz' als Mittelsmann in den Vereinigten Staaten aktiv. Sein Name: Salim bin Laden. Dieser Halbbruder Osamas verwaltet das ungeheure Vermögen seiner 53 Brüder und Schwestern sowie den mächtigen Baukonzern, der überall im Mittleren und Nahen Osten seine Niederlassungen hat. Die auf 5 Milliarden Dollar (5,42 Milliarden Euro) geschätzte Unternehmensgruppe bin Laden steht mit der saudischen Königsfamilie in so enger Verbindung, dass sie sogar mit Transaktionen bezüglich des Ankaufs von Waffen in den Vereinigten Staaten in Verbindung gebracht wird. Vor allem 1986, als die Amerikaner ein Luftverteidigungssystem verkaufen, dessen Wartung von einer saudischen Gesellschaft gewährleistet wird, Al Salem, deren Eigentümer Mitglieder der königlichen Familie sowie die bin Ladens sind. Boeing, ITT und Westinghouse, die Anbieter des Systems, sind an der Gründung von Al Salem sogar mit 4,5 Millionen Dollar beteiligt. Ein kaum verhülltes Kommissionsgeschäft also. Noch ein wichtiges Detail: die bin Mafouz' und die bin Ladens stammen aus derselben Gegend im Jemen, dem Hadramut.

Salim bin Laden beauftragt Bath, Investitionsmöglichkeiten auf amerikanischem Boden zu erkunden. Eine der ersten dieser Aktivitäten ist der Kauf des Flughafens Houston Gulf, den Salim zu einem der wichtigsten amerikanischen Flughäfen ausbauen will. Die Vorstellung, dass der große Flughafen in Texas, der Hochburg der Bushs, der Familie des späteren Terroristenanführers gehörte, ist befremdend.

Anfang des Jahres 1977 verließ George Bush die CIA. Der Sieg Jimmy Carters bei den Präsidentschaftswahlen im November 1976 ließ ihm keine Wahl. Im Laufe seiner Wahlkampagne hatte der Kandidat der Demokraten wiederholt gegen den Nachrichtendienst, aber auch gegen George Bush persönlich schwere Vorwürfe erhoben. »Carter«, erinnert sich einer seiner Mitarbeiter, »vertrat vor allem einen moralischen Standpunkt. In seinen Augen war die Spionagewelt völlig korrupt, sie entbehrte jeglicher Prinzipien. Er war so naiv zu glauben, man könne gegen einen Gegner ernsthaft kämpfen und dabei höflich bleiben. George Bush selbst verkörperte in seinen Augen die ganze Arroganz des Establishments der Ostküste. Er verabscheute ihn regelrecht.« Die erste Begegnung zwischen den beiden Männern war in der Tat katastrophal. Bush begab sich nach Plains in Georgia zum neuen Präsidenten der USA. Dort ging er in einem detaillierten Bericht ausführlich auf die wichtigsten Akten in Sachen nationaler Sicherheit ein. Carter schienen seine Ausführungen in keiner Weise zu beeindrucken. Daraufhin wurde Bush deutlicher: Er erinnerte daran, dass der jeweilige Direktor der CIA 1960 und 1968 während der präsidialen Übergangsphase – in der Zeit also zwischen der Wahl im November und dem Amtsantritt des neuen Präsidenten –, möglicherweise sogar über diesen Zeitpunkt hinaus, im Amt geblieben war. Carter erwiderte trocken, dass er an einer solchen Lösung kein Interesse habe.»Dies bedeutet also meinen Rücktritt«, entgegnete Bush mit verändertem Tonfall.»Ja, das ist in der Tat mein Wunsch«, erwiderte Carter.

Bush hatte seinen Posten verloren, doch seine Zukunft sah so schlecht nicht aus. Zu Beginn des Jahres 1977 wurde er Chairman des Leitungsgremiums der First National Bank von Houston. Zahlreiche Reisen nach Europa und in die Golfregion ermöglichten ihm, wertvolle Kontakte zu Machthabenden und wichtigen Verantwortungsträgern der Geschäftswelt zu knüpfen und zu festigen.»Ich musste«, so einer seiner Vertrauten,»an Richard Nixon denken, als er von der politischen Bildfläche verschwand. Wieder als Anwalt arbeitend, bereiste er die ganze Welt, und er konnte sich auf diese Weise weiterentwickeln, Kontakte knüpfen und sein Comeback vorbereiten.«

Und plötzlich scheint der Weg für Bush tatsächlich frei zu sein. Der Triumphzug Carters hat die Republikanische Partei in eine schwere Krise gestürzt, und mit einem Mal erscheint der Erbe der Ostküste, der inzwischen als Ölmagnat in Texas sitzt, als seriöser Kandidat für die Präsidentschaftswahlen im Jahr 1980. Doch zunächst sollte sich sein ältester Sohn, George W., um die Gunst der Wähler bemühen. 1978 beschließt er, bei den Kongresswahlen anzutreten. Er bricht mit dem obersten Familienprinzip, wonach man sich erst in die Politik begibt, wenn man sich in der Wirtschaft einen Namen gemacht hat.

»Es fehlte ihm an der nötigen Kühnheit«

In Wirklichkeit besaß George W. Bush keinerlei Geschäftssinn, und daran wird sich auch nichts ändern. »Es fehlte ihm an der nötigen Kühnheit«, meint einer seiner Mitarbeiter im Ölgeschäft. Woran es ihm dagegen niemals fehlen wird, ist die finanzielle Unterstützung seitens seiner Familie und seiner reichen und mächtigen Freunde. Ein wohlgesonnener Kreis, der täglich größer wird und darüber wacht, dass seine wiederholten – und kostspieligen – Fehlschläge für ihn stets doch noch als Gewinn bringende Operationen enden.

Jim Bath, der Geschäftsmann der bin Ladens und Geschäftspartner der bin Mahfouz', steht ihm während der Wahlkampagne 1978 finanziell zur Seite. Trotz der schmählichen Niederlage holt George W. Bush erneut aus, indem er zu Beginn des Jahres 1979 eine eigene Ölgesellschaft gründet: Arbusto Energy. George W. folgt seinem Vater. Allerdings mit einem ganz anderen Ergebnis. Mit seiner Firma Zapata macht der Vater im Ölgeschäft ein Vermögen. Die Gesellschaft seines Sohnes, Arbusto, kann in letzter Sekunde noch von Verwandten und treuen Freunden vor dem Bankrott gerettet werden. Drei Millionen Dollar investierten die Großmutter von George W. in Arbusto, ferner der CEO einer Drogeriemarktkette, der auch eine Schlüsselfigur der Republikanischen Partei in New York ist, sowie William Draper III., ein mit der Familie befreundeter Finanzier, der später an die Spitze der Export-Import-Bank nominiert wurde, eines Schlüsselunternehmens für den amerikanischen Export ins Ausland. Der Letzte in dieser Runde ist Jim Bath, der 5 % des Kapitals besitzt. Trotz heftiger Dementis seitens des Weißen Hauses nach dem 11. September sollte sich ein Verdacht noch lange halten: War Bath nicht einfach nur ein Strohmann und gehörte das investierte Geld nicht in Wirklichkeit Salim bin Laden?

Die Investition jedenfalls ist finanziell ein Desaster, aber politisch umso gewinnbringender. Arbusto findet nur sehr wenig Öl und wirft keinerlei Gewinn ab, doch in der Zwischenzeit ist George Bush unter Ronald Reagan Vizepräsident geworden. 1982 ändert George W. den Namen seiner Gesellschaft in Bush Exploration Oil Co. um. Es ändert sich nichts: ein positiver Abschluss bleibt aus, umso wohlwollender erweisen sich jedoch die Investoren. Einer von ihnen, Philip Uzielli, erwirbt für eine Million Dollar 10 % der Gesellschaftsaktien, obwohl das gesamte Unternehmen großzügigen Schätzungen zufolge nicht mehr als 380 000 Dollar wert ist. Uzielli stand mit Bush senior in Verbindung, als dieser die Führung der CIA inne hatte, und hatte in Panama ein Vermögen gemacht. Er steht zudem mit dem texanischen Rechtsanwalt James Baker in Verbindung, der 1988 Bushs Außenminister werden sollte und damals das Amt des Stabschefs des Weißen Hauses bekleidete.

Uziellis Million reicht nicht aus, um das Unternehmen zu sanieren. Und dennoch, als Bush Exploration Oil 1984 kurz vor dem Konkurs steht, hilft das Schicksal, das George W. wahrhaftig wohlgesonnen ist, erneut nach. Seine Firma fusioniert mit Spectrum 7, einer kleinen Ölgesellschaft, die zwei Investoren aus Ohio gehört. Obwohl die Laufbahn ihres neuen Partners alles andere als ermutigend ist, scheinen die beiden Männer ihm volles Vertrauen zu schenken, jedenfalls ernennen sie ihn zum Chairman und CEO des neuen Konzerns, zudem billigen sie ihm 13,6 % der gesamten Aktien zu.

»Wenn Sie ein Problem verstehen wollen«, so John Le Carré, »dann beobachten Sie, wo das Geld hinfließt.« Der Fall George W. Bush ist ein überzeugendes Beispiel hierfür. Alle, die ihn finanzieren, setzen in Wirklichkeit auf seinen Vater. Das gilt auch für William De Witt und Mercer Reynolds, die beiden Eigentümer von Spectrum 7. Sie sind Anhänger des Vizepräsidenten und rechnen damit, dass er 1988 zum Präsidenten gewählt wird. Ein alles andere als gewagtes Spiel. In Erwartung dieser strahlenden Zukunft und der daraus resultierenden Unterstützung müssen sie allerdings die verheerende Geschäftsführung seines Sohnes in Kauf nehmen. Spectrum 7 erlebt einen katastrophalen Verlust nach dem anderen. Allein in der ersten Jahreshälfte 1986 belaufen sich die Einbußen auf 400 000 Dollar, und sämtliche Partner George W. Bushs befürchten, dass die Gläubiger ihr restliches Vermögen abziehen und damit den Bankrott herbeiführen könnten.

George W. – »seine Ölkarriere lässt sich in einem Absatz zusammenfassen«

»Wenn Sie den Werdegang George W. [Bushs] in der Ölbranche betrachten«, schreibt die Journalistin Molly Ivins, »müssen Sie sich eines vor Augen halten: Er hat nie auch nur eine einzige Einnahmequelle geschaffen oder gefunden, es sei denn, Sie rechnen sämtliche Dollar zusammen, die hereinflossen, um im texanischen Untergrund zu versickern.« Dem fügt sie hinzu: »Seine Ölkarriere lässt sich in einem Absatz zusammenfassen: 1977 kam er nach Midland [ein Vorort von Houston], gründete eine erste Gesellschaft, verlor 1978 bei den Kongresswahlen, gründete eine neue Gesellschaft, verlor mehr als zwei Millionen Dollar, die seinen Partnern gehörten, während er selbst Midland mit 840 000 Dollar in der Tasche verließ.«

Das war das Verwirrendste: alle, die mit George W. Geschäfte machten, hatten ihren Einsatz verloren, nur er nicht. Noch verblüffender: mit jeder Niederlage wurde er ein wenig reicher.

1986 eilte die Harken Energy Corporation Spectrum 7 zur Hilfe, indem es das Unternehmen schluckte. Diese mittelgroße Ölgesellschaft, die ihren Sitz in Dallas, Texas, hatte, wurde vom *Time Magazine* als »eine der merkwürdigsten und verwirrendsten Kreationen in der Welt der Erdölförderung« beschrieben. Auch hier bietet sich dasselbe, unveränderte Bild. George W. erhielt 600 000 Dollar, den Gegenwert von 212 000 Harken-Aktien, wurde in das Board of Directors nominiert und erhielt einen mit 120 000 Dollar im Jahr honorierten Posten als Berater. Bushs Präsenz zog einen neuen Investor an, der einen Großteil der Firmenanteile erwarb. Dieses Mal handelte es sich nicht um eine Privatperson, sondern um die Harvard Management Company, die Gesellschaft, welche die Investitionen der renommierten Harvard-Universität verwaltete und tätigte.

Der ehemalige CEO von Spectrum 7, Paul Rea, erklärte später:»Die Führungskräfte von Harken glaubten, Georges Name würde ihnen eine große Hilfe sein.« Doch 1987 war die Lage für Harken so untragbar geworden, dass das Unternehmen dringend eine Umschuldung aushandeln musste. Normalerweise reißen sich um ein krisengeschütteltes Unternehmen die Geschäftshaie, die einen guten Deal wittern und die Firma zum Bestpreis aufzukaufen versuchen. Auch im Fall Harken versammelten sich die Haie, allerdings um sich mit seltener Fürsorge über das Krankenbett zu beugen. Alle standen in enger Verbindung zur BCCI.

Jackson Stephens, ein Investitionsbankier aus Arkansas, dem Bundesstaat, in dem Bill Clinton Gouverneur war, hatte bei der Niederlassung dieses Unternehmens in den USA eine entscheidende Rolle gespielt, indem er vor allem den Aufkauf der First National Bank begünstigte. Er stand in enger Verbindung zu Abedi, dem Gründer der BCCI.

George W. traf sich mit ihm in Little Rock in Arkansas, und wenig später eilte Stephens Harken zur Hilfe und brachte die Union des Banques Suisses (UBS) dazu, 25 Millionen Dollar in Form eines Darlehens in Joint Venture mit der in Genf ansässigen Handels- und Investitionsniederlassung der BCCI, an der die UBS minderheitlich beteiligt war, zu investieren. Es war zumindest ungewöhnlich, dass die UBS eine in Schwierigkeiten geratene unbedeutende Ölgesellschaft sanierte. Zu dieser Zeit war bin Mahfouz, der Bankier der bin Ladens und der saudischen Königsfamilie, drauf und dran, mit 20 % die Kontrolle über die BCCI zu übernehmen. Einer seiner engsten Freunde, der saudische Scheich Abdellah Taha Bakhsh, erwarb 17,6 % von Harken und wurde so deren Hauptaktionär. Zur selben Zeit schien Khalid bin Mahfouz Texas und seine Nähe zur Bush-Familie zu den beiden Stützpfeilern seiner Aktivitäten gemacht zu haben. Wie Jonathan Beaty und S. C. Gwyne in ihrer Recherche »Outlaw Bank« berichten, tätigte der Saudi zahlreiche Investitionen in diesem Bundesstaat. Und zwar über die Anwaltskanzlei Baker & Botts, ein Unternehmen James Bakers, der ein Intimfreund George Bushs war, später unter dessen Präsidentschaft Außenminister werden sollte und zum damaligen Zeitpunkt ein Gutteil der Geschäfte der Familie Bush verwaltete. 1985 kaufte Mahfouz übrigens den Bank Tower, einen der größten Wolkenkratzer von Dallas, welcher der Texas Commerce Bank gehörte, einem von der Baker-Familie gegründeten und kontrollierten Unternehmen. Dies kostete ihn 200 Millionen Dollar, also 60 Millionen mehr als die Baukosten für das Gebäude vier Jahre zuvor. Eine solche Geste der Großzügigkeit war umso erstaunlicher, als die Immobilienpreise zu dieser Zeit buchstäblich ins Bodenlose gestürzt waren.

Die Enthüllungen über die Skandale der BCCI, »dieses regelrechten Verbrechersyndikats«, wie es einer der Untersuchungsbeamten formulierte, konnten der Karriere Stephens' und seiner Nähe zur Familie der Bushs nichts anhaben. 1988 leitet seine Ehefrau Mary Anne das Unterstützungskomitee für George Bush in Arkansas, während ihr Mann sich rühmen konnte, Mitglied des exklusiven »Club of 100« zu sein, dem alle Persönlichkeiten angehörten, die für die Wahlkampagne des republikanischen Präsidentschaftskandidaten mehr als 100 000 Dollar gespendet hatten. 1991 gab sein Unternehmen, Stephens Inc., anlässlich eines Diners zur Kapitalbeschaffung für eine mögliche Wiederwahl von Bush senior im darauf folgenden Jahr weitere 100 000 Dollar. Als harter, aber durchaus dankbarer Geschäftsmann leistet er im Jahr 2001 einen beachtlichen Beitrag zur Eröffnungszeremonie für George W. Bushs Einzug in das Weiße Haus. Am 11. April 2001 traf sich der ehemalige Präsident Bush mit Stephens zu einer Partie Golf – auf einem Gelände, das in aller Bescheidenheit nach dem Finanzier benannt worden war, der Stephens Youth Golf Academy in Little Rock. Inzwischen hatte Bill Clinton, den Stephens seinerzeit ebenfalls unterstützt hatte, die politische Bühne verlassen, und im Oval Office saß erneut ein Bush. Im Anschluss an diese Golfpartie verkündete George Bush öffentlich: »Jack, wir lieben Sie, und wir danken Ihnen vielmals für alles, was Sie für uns getan haben.«

Ein Wertzuwachs von 848 560 Dollar

Nachdem Harken noch einmal gerettet worden war, hatte sich George W. 1988 in Washington niedergelassen, wo er an der Wahlkampagne für seinen Vater mitwirkte. Er hinterließ dort einen gemischten Eindruck. Er nahm an Fundraising-Diners mit Vertretern des äußerst religiösen rechten Flügels der Republikaner teil und verstrickte sich wiederholt in heftigste Auseinandersetzungen mit Journalisten, denen er eine parteiische und der Kampagne seines Vaters feindlich gesinnte Berichterstattung vorwarf – was nicht unbedingt seinen Ruf verbesserte.

»Jeder Sohn versucht, seinem Vater zu gefallen, dies war auch bei George W. der Fall«, merkte Marlin Fitzwater, der Sprecher von Bush senior, an. Doch der künftige Präsident legte während dieser Kampagne, so ein Vertrauter, eine geradezu »ödipale Angst« an den Tag. Er musste sogar eingestehen, dass es ihm lieber wäre, wenn sein Vater verlöre und sich, wegen der extrem hohen Erwartungen, die an einen Präsidentensohn gestellt würden, wenn er die politische Bühne betritt, aus dem öffentlichen Leben zurückzöge.

Im Januar 1990 erscheint Harken Energy Corporation erneut auf der Bildfläche. Eine Bekanntmachung hatte der Welt der Erdölmagnate den Atem verschlagen. Das Emirat Bahrain hatte beschlossen, diesem Unternehmen die Konzession für eine sehr umfangreiche Offshore-Förderung von Erdöl vor seiner Küste zu bewilligen – einem der begehrtesten Fördergebiete. Dieser Beschluss war völlig unverständlich: Harken war nicht nur ein kleines Unternehmen, das noch nie Bohrungen außerhalb der USA vorgenommen hatte, sondern besaß darüber hinaus keinerlei Erfahrung auf dem Gebiet der heiklen Offshore-Förderung. Hierfür gab es nur eine plausible Erklärung: die Herrscherfamilie Bahrains hegte den innigen Wunsch, der Familie Bush gefällig zu sein.

Doch auch diese Tatsache vermag den Sachverhalt nur teilweise zu erklären. Und auch hier spürt man wieder den Einfluss der Verflechtungen der BCCI. Der Premierminister von Bahrain, Scheich Khalifa, Bruder des Emirs und Aktionär der BCCI, hatte das Projekt aktiv unterstützt. So auch der damalige amerikanische Botschafter im Emirat, Charles Holster, ein Veteran der CIA und Baulöwe aus San Diego, der die Wahlkampagne George Bushs mit einer hohen Summe unterstützt hatte. Holster war ein langjähriger Geschäftspartner von Mohammed Hammoud, einem libanesischem Schiiten, der in den Vereinigten Staaten mehrere größere Operationen für die BCCI getätigt hatte und wenige Monate später unter nie geklärten Umständen in Genf verstarb.

Das sah ganz nach der Handschrift bin Mahfouz' aus. Übereinstimmenden Angaben zufolge hatte er sich bei König Fahd von Saudi-Arabien und dessen Brüdern dafür verwendet, dass sie sich bei den Herrschern des kleinen benachbarten Emirats zugunsten von Harken aussprächen. Eines ist jedenfalls sicher: trotz des Niedergangs der BCCI blieb bin Mahfouz, bevor seine Verbindungen zu Osama bin Laden und Al Qaida bekannt wurden, ein geachteter Verhandlungspartner George Bushs und zugleich in verschiedenen Projekten ein Geschäftspartner der Familie bin Laden.

Eine weitere, nicht minder befremdende Parallele: In den 60er Jahren hatte auch Bush senior unerwartete Unterstützung erfahren, als seine Ölgesellschaft, Zapata, der in einem später veröffentlichten halboffiziellen Dokument Verbindungen zur CIA unterstellt wurden, einen gleich gearteten, sehr lukrativen Vertrag abschloss: nämlich über die Ausbeutung der ersten Offshore-Bohrungen vor der Küste Kuweits.

Nach der Zusage Bahrains schnellten die Aktien der Harken Energy Corporation nach oben. Am 20. Juni 1990 verkaufte George W., zur allgemeinen Verwunderung, zwei Drittel seiner Anteile. Die Aktie war damals vier Dollar wert. Er erzielte also einen Wertzuwachs von satten 848 560 Dollar. Acht Tage später meldete Harken Verluste in Höhe von 23 Millionen Dollar, und die Aktie fiel um 75 %, sodass sie Ende des Jahres mit etwa einem Dollar abschloss.

Keine zwei Monate später marschierte der Irak in Kuweit ein.

3

»Er wollte nicht mit Chamberlain gleichgesetzt werden«

Der Ausspruch des damaligen Verteidigungsministers und jetzigen Vizepräsidenten, Dick Cheney – »der Irak, die viertstärkste Armee der Welt« –, ist noch in aller Gedächtnis. Ein weltweiter Erfolg in Sachen Desinformation. Cheney hatte mir Ende 1991 ein ausgedehntes Interview gegeben. Das war wenige Monate vor seinem Abschied. Im Laufe unserer Unterredung fragte ich ihn: »Haben Sie wirklich geglaubt, der Irak besitze die viertstärkste Armee der Welt?« Er schwieg eine Weile, dann antwortete er mir, den Anflug eines Lächelns auf den Lippen: »Ich denke, wir müssen uns da wohl ein wenig verschätzt haben.«

Einer seiner Mitarbeiter gab in Bezug auf Bush zu: »Er wollte auf keinen Fall mit Neville Chamberlain gleichgesetzt werden, dem britischen Premierminister, der sich Hitler gegenüber wohlwollend gezeigt hatte.« Die sorgfältig kaschierte Wahrheit ist aber, wie sich zeigen sollte, dass George Bush, trotz der großen Worte, die er während des Golfkrieges äußerte, jahrelang eine wesentlich schlimmere Haltung vertrat als Chamberlain. Nicht nur brachte er dem Regime Saddam Husseins und seinen zahlreichen Machtübergriffen Wohlwollen entgegen, sondern er hat es darüber hinaus bewaffnet, finanziert, unterstützt und gestärkt. Ganz im Geheimen. »Dieser systematische Machtmissbrauch seitens der Machthabenden eines demokratischen Landes, die entschlossen waren, im Geheimen das militärische Potential eines Diktators zu stärken«, schreibt der amerikanische Journalist William Safire, »ist ein Skandal.«

Ganz wie bin Laden zu der Zeit, als er die Sowjets in Afghanistan bekämpfte, hat auch Saddam Hussein nur mit dem Einverständnis der Vereinigten Staaten bestehen und prosperieren können. Insbesondere mit dem Bushs und seines Teams. Und dies führt uns automatisch zu einer bis heute offen gebliebenen Frage: Wäre Saddam Hussein ohne die militärische Unterstützung und die Ermutigungen aus den Vereinigten Staaten in Kuweit überhaupt einmarschiert? Bezüglich der zumindest zaudernden Berichterstattung über dieses »Irakgate« in der amerikanischen Presse – Douglas Frantz und Murray Waas von der *Los Angeles Times* bilden hier eine rühmliche Ausnahme – schreibt der Autor Russ Baker: »Als Saddam Hussein am 2. August 1990 in Kuweit einmarschiert ist, haben sich lediglich eine Hand voll Journalisten gefragt, woher er die militärische Stärke für diese Invasion nehmen konnte.«

Alles beginnt im Jahr 1982. Ronald Reagan sitzt im Weißen Haus und George Bush ist sein Vizepräsident. Der außerordentlich blutige Krieg zwischen Iran und Irak ist bereits seit zwei Jahren im Gange. Im Mai 1982 können die Iraner die Offensive der irakischen Armee abwehren und diese zu einem massiven Rückzug hinter die Landesgrenzen zwingen. Im Juni setzt der Iran seinerseits zu einer Großoffensive auf irakischem Boden an. Die militärischen Rückschläge des Irak werden von der Regierung in Washington und ihren wichtigsten Alliierten in der Region, den Erdöl fördernden Monarchien des Golfes, mit Sorge beobachtet. Sie fürchten mit einem Mal eine Niederlage Bagdads und einen Zusammenbruch des Regimes von Saddam Hussein.

Als erste Maßnahme in diesem Jahr wird Washington Bagdad von der Liste der Länder streichen, die den internationalen Terrorismus unterstützen. Eine »rein politische« Entscheidung, meint Noël Koch, der im Pentagon mit dem Programm des Kampfes gegen den Terrorismus betraut ist. »Alle Berichte, die uns zukamen, deuten darauf hin, dass Bagdad in unvermindertem Ausmaß terroristische Bewegungen unterstützte.«

An dieser Situation hatte sich sechs Jahre später nichts geändert, immerhin vermerkt 1988 der stellvertretende Außenminister John Whitehead: »Obwohl Bagdad von unseren Listen gestrichen wurde, bleibt es ein Zufluchtsort für allgemein bekannte Terroristen.« Er nennt insbesondere den Namen Abu Abbas', der das Passagierschiff *Achille Lauro* entführte. Ebenfalls im Jahr 1982 beschloss man, dem Irak über mit den Vereinigten Staaten verbündete Länder der Region Waffen und militärische Ausrüstung zukommen zu lassen. Diese Fracht wurde nach Jordanien, Ägypten und auch nach Kuweit verschifft, wo sie schließlich auf geheimem Wege nach Bagdad weitergeleitet wurde. Die Ausrüstung, die das Regime Husseins erhielt, umfasste unter anderem sechzig Hubschrauber des »für zivile Zwecke« konzipierten Typs Hughes, die jedoch in wenigen Stunden in Kriegsgerät umgewandelt werden konnten, sowie Hubschrauber des Typs Bell, die für »das Versprühen von Pestiziden« ausgerüstet waren.

Diese Geräte wurden 1988 bei dem Einsatz chemischer Waffen gegen das kurdische Dorf Halabdscha eingesetzt, bei dem mehr als 5000 Menschen ums Leben kamen, darunter zahlreiche Frauen und Kinder.

Ein bemerkenswerter Sondergesandter

Im Dezember 1983 überredet George Bush Ronald Reagan, einen Sonderbotschafter nach Bagdad zu entsenden. Der Krieg zwischen Iran und Irak eskaliert. Am 19. Dezember trifft der Sonderbotschafter in der irakischen Hauptstadt ein, im Gepäck hat er einen eigenhändig von Ronald Reagan verfassten Brief an Saddam Hussein. Die Begegnung zwischen den beiden Männern war ausgedehnt und herzlich.»Sie hatten einfach dieselbe Wellenlänge«, erklärt ein irakischer Funktionär, der bei der Unterredung zugegen war. Wieder in Washington stimmt der Sondergesandte des amerikanischen Präsidenten ein Loblied auf Saddam Hussein an, sodass den Führungen der Golfstaaten zwölf Tage später mitgeteilt wird, dass ein Scheitern des Irak in seinem Krieg gegen den Iran nicht im Interesse der Vereinigten Staaten sei, welche verschiedene Maßnahmen ergriffen hätten, um einen solchen Ausgang zu verhindern.

Der Mann, der sich so gewandt für die Sache des irakischen Diktators eingesetzt hat, ist niemand anderes als Donald Rumsfeld, der gegenwärtige Verteidigungsminister, der heute ohne Abstriche für einen Krieg gegen den Irak und für den Sturz Saddams eintritt.

Im März 1984 reist er für erneute Gespräche nochmals nach Bagdad. Am selben Tag, an dem er sich in der irakischen Hauptstadt aufhält, enthüllen Depeschen internationaler Presseagenturen, dass die Iraker soeben chemische Waffen gegen die iranischen Streitkräfte eingesetzt haben. Kurz darauf wird bekannt, dass es sich um Senfgas handelt. Bereits am Tag zuvor hatte die iranische Presseagentur einen Einsatz chemischer Waffen gegen seine Truppen gemeldet, in diesem Fall an der Front im Süden. Mehr als sechshundert iranische Soldaten sollen mit Senfgas und dem Nervengas Tabun vergiftet worden sein. In der Folge wird es zu weiteren Angriffen dieser Art kommen.

In Rechtfertigung seiner Absicht, Saddam militärisch zu vernichten, verkündet der amerikanische Verteidigungsminister im Jahr 2002:»Er hasst die Vereinigten Staaten und besitzt Massenvernichtungswaffen. Er hat sie gegen sein eigenes Volk eingesetzt und wird sie ohne zu zögern gegen uns einsetzen.« Denjenigen, die ihm das Eingeständnis zu entlocken versuchen, dass es keine Verbindung zwischen Al Qaida und Bagdad gibt und auch keine greifbaren Beweise dafür, dass der Irak sein Programm zur Herstellung chemischer und biologischer Waffen wieder aufgenommen habe, entgegnet er:»The absence of evidence is not the evidence of absence.«

1984 scheint ihm diese Bedrohung allerdings keine Sorge zu bereiten. Er äußert sich in keiner Weise zu den massiven chemischen Einsätzen gegen iranische Streitkräfte. Dagegen betont die amerikanische Diplomatie nach seiner Reise in den Irak in einer Mitteilung ihre »Zufriedenheit über die Verbindungen zwischen dem Irak und den Vereinigten Staaten, und [sie] schlägt vor, dass zwischen den beiden Ländern normale diplomatische Beziehungen wieder aufgenommen werden«. Im November 1984 wird dieser Wunsch Wirklichkeit. Als Rumsfeld zwei Jahre später von der *Chicago Tribune* gefragt wird, welche seiner Taten ihn am meisten mit Stolz erfüllt, erwidert er:»Die Wiederaufnahme der Beziehungen zum Irak.«

Bereits zu dieser Zeit arbeiten die CIA und die anderen amerikanischen Geheimdienste eng mit ihren irakischen Kollegen zusammen, und 1986 enthüllt der Journalist Bob Woodward, dass die CIA den Irakern Informationen zukommen ließ, die es ihnen ermöglichten, ihre Senfgas-Angriffe gegen die iranischen Truppen besser zu»kalibrieren«. Schon damals profitierte Bagdad von den Aufnahmen amerikanischer Aufklärungssatelliten, die für »gezieltere Bombenangriffe« eine wertvolle Hilfe waren. Studeman, der Direktor der NSA, welche die Kontrolle über die Satelliten hatte, gab dies nach dem Golfkrieg offen zu.»Das Problem war«, erklärte er,»dass wir einen Verbündeten wieder in einen Feind verkehren mussten. Während des Krieges zwischen Iran und Irak waren wir klar auf der Seite der Iraker gestanden, und hinterher waren wir klar im Nachteil. Denn Saddam und seine Mitarbeiter hatten mehr als vier Jahre lang Zugang zu unseren Informationen gehabt, zu unseren nachrichtendienstlichen Methoden und zu den Mitteln, die wir eingesetzt haben. Im Grunde hatten sie also Einblick in all unsere Sicherheitssysteme.«

Gegen Ende 1983, Anfang 1984 nimmt sich George Bush inoffiziell der irakischen Angelegenheit an, und die Unterstützung für Bagdad wird verstärkt. Alles spielt sich im Hintergrund ab, teilweise außerhalb der Legalität. Zu Beginn des Jahres 1984 erteilt die amerikanische Regierung ihre grundsätzliche Zustimmung für den Bau einer Pipeline, die eine ungehinderte Beförderung irakischen Erdöls auf die internationalen Märkte ermöglichen soll, ohne die Gefahr einer Seeblockade oder von Angriffen durch die iranische Marine in der Golfzone. Federführendes Bauunternehmen für dieses Projekt ist die Bechtel Company, das weltweit größte Unternehmen für öffentliche Bau- und Ingenieurarbeiten – zu seinen Projekten zählen – manchmal in Zusammenarbeit mit der bin Laden-Gruppe – errichtete Villen in Saudi-Arabien, Pipelines in Alaska und der UdSSR sowie die gigantischen amerikanischen Stützpunkte in Vietnam. Bechtel ist eine mächtige, aber auch einflussreiche Unternehmensgruppe. George Schultz, ehemaliger CEO des Unternehmens, war damals Außenminister, und, Caspar Weinberger, ehemaliger Generaldirektor von Bechtel Company, war Verteidigungsminister. Dem Projekt stehen zwei Hindernisse im Weg: die Kosten, die auf eine Milliarde Dollar geschätzt werden, sowie die Sicherheitsgarantien. Denn die Strecke der Pipeline ist keine zehn Kilometer von der israelischen Grenze entfernt. Tel-Aviv betrachtet Saddam als einen seiner schlimmsten Feinde und könnte versucht sein, die Ölleitung zu sabotieren oder zu zerstören. Nach langen Verhandlungen, bei denen Bush eine wichtige Rolle übernimmt, verpflichtet sich die israelische Regierung im Geheimen, die Pipeline, sollte sie gebaut werden, nicht zu beschädigen.

Die Finanzierung ist eine heikle Frage: Saddam Hussein, dessen Land ausgeblutet ist und dem Kredite verwehrt werden, möchte das Projekt über die amerikanische Export-Import-Bank finanzieren, die Kredite für Exportgeschäfte gewährt. Doch trotz einer Intervention des Außenministeriums lehnen die Führungskräfte dieses Geldinstituts ab. In einer Mitteilung heißt es:»Export-Import lehnt die Gewähr von Darlehen an den Irak ab, da das Unternehmen der Meinung ist, dass es für solche Darlehen keine ausreichenden Rückzahlungsgarantien gibt.«

Im Juni 1984 schreitet Bush ein. Er telefoniert persönlich mit dem CEO der Export-Import-Bank. Dieser ist einer seiner engsten Freunde: William H. Draper III., mit dem er an der Yale-Universität studierte. Draper darf sich eines weiteren Verdienstes rühmen – er zählt zur Gruppe der »Philanthropen«, die Arbusto, die Ölgesellschaft George W. Bushs, ins Bodenlose finanzierten. Eine Woche später genehmigt die Bank die Auszahlung eines Bürgschaftskredits in Höhe von 500 Millionen Dollar für das Projekt. Dieses wird letztlich von Bagdad fallen gelassen, doch im Juli 1984 gewährt die Export-Import-Bank, sichtlich entschlossen, seit Bush sich eingeschaltet hatte, dem Irak zur Hilfe zu eilen, Bagdad einen kurzfristigen Kredit in Höhe von 200 Millionen Dollar. Einige Monate später sind die Iraker nicht in der Lage, eine fällige Rate in Höhe von 35 Millionen Dollar zurückzuzahlen: Die Bank stellt ihre Zahlungen ein, die sie erst nach einem erneuten, energischen Einschreiten Bushs wieder aufnimmt. An dieser Stelle muss hervorgehoben werden, dass die Zahlungsunregelmäßigkeiten, welche die Export-Import-Bank feststellen musste, stets vom amerikanischen Steuerzahler getragen wurden.

Ein ähnliches System wurde für landwirtschaftliche Exportgeschäfte eingerichtet. Zwischen 1983 und 1990 exportieren die Vereinigten Staaten landwirtschaftliche Produkte in den Irak, die zu einem Großteil über Kredite in Höhe von insgesamt 5 Milliarden Dollar finanziert werden, für die Washington die Bürgschaft übernimmt. Ein amerikanischer Beamter fasst die Situation folgendermaßen zusammen: »Wir liefern den Irakern sämtliche Nahrungsmittel zu Subventionspreisen.«

Und wieder einmal entspricht die Wirklichkeit nicht ganz dieser Darstellung. Ein erster Kredit – 402 Millionen Dollar –, für den das Landwirtschaftsministerium die Bürgschaft übernimmt, wird Ende 1983 bewilligt. 1984 folgt ein weiterer Kredit von diesmal 513 Millionen Dollar. Tatsächlich wird der Irak der weltweit größte Nutznießer des amerikanischen Programms für Kredite auf Nahrungsmittelexporte, der Credit Commodity Corporation. Auch das verdankt er George Bush. Es gibt nur ein Problem: Ein Gutteil dieser Kredite dient nicht dem Ankauf von Lebensmitteln, sondern ermöglicht es dem Irak, in großem Umfang Waffen anzukaufen.

»Unregelmäßigkeiten«

Tatsächlich weist das System seltsame Verflechtungen auf.

Am 4. August 1989 führen das FBI und die Zollbehörden in Atlanta, Georgia, bei der Zweigniederlassung der Banca Nazionale del Lavoro (BNL), der größten Bank Italiens, eine Haussuchung durch. Die Führungsspitze in Italien räumt nüchtern ein, dass man in dieser Filiale offenbar auf »Unregelmäßigkeiten« gestoßen sei. Ein schwacher Ausdruck. Die BNL-Außenstelle in Atlanta hatte dem Irak im Laufe der Jahre nicht genehmigte Kredite in Höhe von vier Milliarden Dollar gewährt, für 900 Millionen übernahm das amerikanische Landwirtschaftsministerium die Bürgschaft. Mehr als eine Milliarde des Gesamtbetrages dienten, übereinstimmenden Ermittlungsergebnissen zufolge, der Finanzierung eines Netzes von Scheinunternehmen, die es dem Irak ermöglichten, unbemerkt an militärische Spitzentechnologie und Waffen heranzukommen, die im Golfkrieg eingesetzt wurden. Dass die Wahl auf die Banca Nazionale del

Lavoro fiel, ist kein Zufall. Die Iraker arbeiteten seit langem mit diesem Unternehmen zusammen, so wie sie auch mit der BCCI häufig zusammengearbeitet hatten. Die beiden Geldinstitute wiederum hatten zahlreiche Geschäfte gemeinsam durchgeführt, insbesondere über jene Niederlassung in Atlanta. In einem ihrer Berichte vermerkt die Federal Reserve Bank im Übrigen, dass die BCCI sogar wiederholt in der BNL in Atlanta Kapital angelegt hatte, das aus ausländischen Niederlassungen stammte und für Geschäfte in den Vereinigten Staaten bestimmt war. Doch es sollten noch beunruhigendere Fakten ans Tageslicht kommen.

George Bush war in der Zwischenzeit Präsident geworden – und einer seiner engsten Mitarbeiter hatte sowohl Kontakte zur BCCI als auch zur Banca Nazionale del Lavoro. Dieser Mann war gleichzeitig in jeder Hinsicht direkt in sämtliche Aspekte der Irakfrage involviert. Es handelt sich um den Chef des Nationalen Sicherheitsrates des Weißen Hauses, Brent Scowcroft.

Er arbeitete für die Consulting-Firma Henry Kissingers, deren Kunde auch die Banca Nazionale del Lavoro war. Und Scowcroft war eben mit dieser Angelegenheit betraut. Zudem war er ein wichtiger Aktionär der First National Bank in Washington, die von der BCCI unter zweifelhaften Umständen übernommen wurde, und unterhielt enge Beziehungen zum pakistanischen Premierminister Nawaz Sharif, einem großen Freund des Gründers der BCCI, Abedi.

In Rom behauptet die Führung der Banca Nazionale del Lavoro, dass der Verantwortliche der Niederlassung in Atlanta, Christopher Drogoul, diese umfassenden Kapitaltransaktionen im Alleingang vorgenommen habe, ohne sich auch nur ein einziges Mal mit seinen Vorgesetzten abgesprochen zu haben. Dies ist natürlich reine Erfindung, doch niemand möchte, dass das Gegenteil bewiesen wird. Zu Beginn des Jahres 1990 untersagt der amerikanische Justizminister, Dick Thornburgh, den amerikanischen Ermittlern, ihre Untersuchungen von Rom auf Istanbul auszudehnen. Es ist wenig wahrscheinlich, dass er eine solche Entscheidung getroffen hat, ohne sich zuvor mit dem Mann abzusprechen, der ihn nominierte – nämlich Präsident Bush.

»Wir sind uns in dieser Angelegenheit alle einig«

Christopher Drogoul, auf dem 387 Anklagepunkte lasteten, welche später auf »lediglich« 287 reduziert wurden, sagt aus, dass er eine Unterredung mit dem Leiter des irakischen Ministeriums für Industrie und militärische Produktion hatte. Dieser habe ihm versichert: »Wir sind uns in dieser Angelegenheit alle einig. Die Nachrichtendienste der amerikanischen Regierung arbeiten eng mit den Nachrichtendiensten der irakischen Regierung zusammen.« Mehrere Dokumente förderten zutage, dass es eine Reihe amerikanischer Firmen gab, die zum Teil durch die BNL finanziert und die von Personen geleitet wurden, die enge Kontakte zu den amerikanischen Nachrichtendiensten hatten. Dies galt insbesondere für RD & D International of Vienna, ein in Virginia ansässiges Unternehmen, das für den Irak operierte.

»Man muss schon zumindest naiv sein«, so ein Zeitgenosse, »um zu glauben, dass auch nur ein einziger Dollar, den der Irak für den Kauf von Nahrungsmitteln erhält, für etwas anderes als den Kauf von Waffen verwendet wird.«

Nachdem George Bush am 4. November 1988 zum Präsidenten der Vereinigten Staaten gewählt worden war, trat er am 4. Januar 1989 sein neues Amt an. Wenn es eine Angelegenheit gegeben hat, die selbst während seiner Wahlkampagne stets Priorität hatte, dann die des Irak. Zu Beginn des Jahres 1987, genauer gesagt im März, hatte er als Vizepräsident ein ausgedehntes Gespräch mit dem irakischen Botschafter Nizar Hamdoon, den er über den Erfolg seiner Intervention informierte – Dem Erwerb von amerikanischer Militärausrüstung mit hoch empfindlicher Spitzentechnologie durch den Irak stand nichts mehr im Weg. Im folgenden Monat wurde Ausrüstung im Wert von 600 Millionen Dollar nach Bagdad transferiert. Auf dem Papier wurde dieser Technologie eine doppelte, zivile und militärische, Nutzungsmöglichkeit attestiert, doch in Washington machte sich bezüglich ihrer tatsächlichen Bestimmung niemand Illusionen.

Auch hier übte George Bush starken Druck auf die Export-Import-Bank aus, damit sie dem Irak einen weiteren Kredit in Höhe von 200 Millionen Dollar gewährte.

Zu diesem Zeitpunkt hegte diese große Bedenken. Ende 1986 schätzten sämtliche Prognosen die irakischen Schulden übereinstimmend auf 50 Milliarden Dollar. Zwei Ökonomen der Export-Import-Bank hatten einen alarmierenden Bericht verfasst, wonach »der Irak auch nach optimistischsten Einschätzungen nicht in der Lage sein wird, innerhalb der kommenden fünf Jahre seinen Schuldendienst zu leisten«. Experten rieten der Export-Import, »sich aus jedem den Irak betreffenden Programm oder Projekt herauszuhalten«.

Anfang März 1987 telefoniert Bush persönlich mit dem neuen Direktor der Export-Import-Bank, John

Bohn. »Ich bitte Sie und Ihre Kollegen im Board of Directors«, sagte er, »rasch zu einer positiven Entscheidung zu kommen.« Dem soll er hinzugefügt haben: »Wie Sie wissen, sind in dieser Angelegenheit wesentliche außenpolitische Gesichtspunkte zu berücksichtigen. Der Irak scheint die letzte iranische Offensive abgewehrt zu haben, und wir werden die Gelegenheit nutzen, um unsere Friedensinitiativen erneut in Gang zu setzen. Die Unterstützung des Handels mit dem Irak durch die Export-Import-Bank wäre ein gewichtiges Signal an Bagdad und die Golfstaaten und zeugt von der Bedeutung, welche die Vereinigten Staaten der Stabilität in dieser Region beimessen.«

Wenig später wurde ein kurzfristiger Kredit in Höhe von 200 Millionen Dollar bewilligt. Während seiner Unterredung mit dem irakischen Botschafter hob Bush hervor, dass die Vereinigten Staaten bereit seien, weiteres hochmodernes militärisches Material zu verkaufen. Das Handelsministerium hat hunderte von Listen der Exportlizenzen für den Verkauf von Technologie im Wert von 600 Millionen Dollar erstellt, aus denen hervorgeht, dass ein Großteil dieses Materials von Saddam für die Entwicklung seiner atomaren, biologischen und chemischen Waffenprogramme verwendet wurde.

Von diesem Zeitraum an verlegen sich die Iraker auf eine regelrechte Erpressungstaktik gegenüber den Amerikanern, so ein Verantwortlicher der Federal Reserve Bank, der ausführt, dass Bagdad nur dann bereit ist, seine Schulden zurückzuzahlen, wenn seine Kreditgeber sich bereit erklären, ihm weitere, noch umfangreichere Kreditrahmen zu gewähren.

Am 16. März 1988 führen die Iraker den bereits erwähnten Giftgasangriff gegen das kurdische Dorf Halabdscha durch, bei dem mehr als 5000 Menschen getötet werden. Dieser Vorfall wird von der Regierung George W. Bushs immer wieder als Rechtfertigung für den Sturz Saddam Husseins angeführt. Zum Zeitpunkt des Geschehens jedoch zeigt Bush senior in der Öffentlichkeit nicht das geringste Zeichen der Empörung über dieses Verbrechen, das mit Hilfe amerikanischer Hubschrauber begangen wurde. Das Schweigen der Amerikaner wird rasch belohnt: vier Monate später wird der den Führungsriegen der Republikaner sehr nahe stehende amerikanische Bauriese Bechtel von den irakischen Behörden beauftragt, eine riesige chemische Fabrik zu errichten. Diese soll dem Regime Saddam Husseins ermöglicht haben, chemische Waffen herzustellen. Mitte 1989 geht aus einem vertraulichen Bericht des Landwirtschaftsministeriums hervor, dass von irakischer offizieller Seite zugegeben wurde, dass das für den Kauf von landwirtschaftlichen Produkten bewilligte Kapital militärischen Zwecken zugeflossen sei.

Ein Kredit in Höhe von einer Milliarde Dollar

Einige Monate später begann sich der Skandal um die Banca Nazionale del Lavoro abzuzeichnen. Dennoch trifft George Bush am 26. Oktober 1989, wie Douglas Frantz und Murray Waas aufdecken, eine Entscheidung, die tragische Auswirkungen haben sollte. Er verfasst und unterzeichnet eine – absolut geheime – Direktive zur nationalen Sicherheit, die NSD 26, die eine Verstärkung der Unterstützung für den Irak vorsieht sowie eine Zusammenarbeit der Bundesbehörden.

Neun Monate vor dem Einmarsch in Kuweit will Bush

Saddam einen weiteren Kredit in Höhe von einer Milliarde Dollar gewähren, auch diesmal über das Bürgschaftskreditprogramm des Landwirtschaftsministeriums.

Der Landwirtschaftsminister, den die Ermittlungen in der BNL-Niederlassung in Atlanta und die damit verbundenen Vorwürfe gegen seine Person in Panik versetzen, versucht, den Kredit von einer Milliarde auf 400 Millionen zu senken. Den Verantwortlichen der Federal Reserve Bank und des Finanzministeriums erscheint dieser Betrag immer noch zu hoch. Sie raten, jegliche Kredite an Bagdad auszusetzen. »Die Chancen, dass dieses Geld zurückerstattet wird, liegen«, einem Bericht zufolge, »bei sehr gering bis Null.«

Einige Tage später, alle Signale sind bereits auf Alarmstufe Rot, trifft Tarek Aziz, der irakische Außenminister in Washington ein. Gleich bei seinem ersten Treffen mit James Baker im Außenministerium schlägt der Vertrauensmann Saddam Husseins einen drohenden Unterton an. Er legt dar, dass der Gedanke, weniger als eine Milliarde zu erhalten, dem Irak Sorge bereite, und die Beziehungen zwischen den beiden Ländern, sollte dieser Fall eintreten, als »gespannt« bezeichnet werden müssten.

Es handelt sich um eine glatte Erpressung, die in der Sache in energischem Ton, in der Form aber in aller Höflichkeit vorgebracht wird. In dieser Kunst ist Tarek Aziz ein Meister.

James Baker verspricht ihm, dass er sich sofort um die Angelegenheit kümmern wird. Nach einer langen Unterredung mit George Bush ruft er den Landwirtschaftsminister an, Clayton Yeuter, den er bittet, die Entscheidung des Ministeriums rückgängig zu machen und den Kredit über eine Milliarde Dollar freizugeben. »Ihr Programm ist für unsere bilateralen Beziehungen zum Irak von entscheidender Bedeutung«, erläutert er ihm, um kurz darauf Folgendes hinzuzufügen:»Offen gesagt, würden wir uns nicht für ein solches Projekt einsetzen, wenn wir stichhaltige Beweise dafür hätten, dass hochrangige irakische Beamte gegen amerikanisches Recht verstoßen haben.«

Eine durch und durch zynische Bemerkung, welche aber die bestehenden Bedenken nicht beiseite zu räumen vermag. Bush und seine Mitarbeiter müssen noch einige Tage lang kämpfen, bis ein Kompromiss gefunden wird, der die Federal Reserve Bank und das Finanzministerium zu beschwichtigen vermag. Dieses erinnert nachdrücklich daran, dass der Irak seine Rückzahlungen an mehrere ausländische Kreditgeber schuldig geblieben ist. Am 8. November wird schließlich die Milliarde Dollar bewilligt, es wird jedoch beschlossen, dass die Auszahlung in zwei Raten erfolgen soll. Die erste Rate wird sofort ausbezahlt, die zweite nur dann, wenn im Zuge der Ermittlungen bezüglich der Machenschaften der Banca Nazionale del Lavoro keine weiteren Ärgernisse ans Licht kommen.

Baker ordnet an, dass Tarek Aziz die»frohe Botschaft« übermittelt wird. Zwei Tage später erhält die amerikanische Botschafterin in Bagdad, April Glaspie, ein vertrauliches Telegramm des Außenministeriums. Sie wird darin beauftragt, Aziz eine persönliche Mitteilung James Bakers zukommen zu lassen, die ihm verdeutlicht, dass»die getroffene Entscheidung die Wichtigkeit widerspiegelt, welche wir unseren Beziehungen zum Irak beimessen«.

Und doch können Baker und Bush einen Bericht des Außenministeriums nicht außer Acht lassen. Darin heißt es unter anderem:»Beflügelt von der Bedeutung der

Technologie für ihren Sieg über den Iran, glaubt die irakische Führung nunmehr, dass moderne militärische Technologien, Bomben und Raketen sowie die nukleare Kapazität und chemische und biologische Waffen den Schlüssel zur militärischen Macht darstellen.« Zur gleichen Zeit deuten sämtliche Berichte der Nachrichtendienste, die auf dem Schreibtisch des Oval Office im Weißen Haus landen, auf eine Besorgnis erregende Verstärkung des irakischen Militärpotenzials hin.

Ein vertraulicher Bericht über die irakische Wirtschaftslage, verfasst von einem der einflussreichsten Bankiers des Mittleren Ostens, wird ebenfalls an die amerikanischen Verantwortungsträger weitergeleitet. Darin wird zunächst daran erinnert, dass zwischen 1972 und 1980, »dem Jahr, in dem der Krieg gegen den Iran begann, die Erdöleinnahmen des Irak von einer Milliarde Dollar auf 25 Milliarden Dollar jährlich stiegen«. Für das ausklingende Jahr 1990 ist die Prognose dagegen äußerst pessimistisch: »Es ist meine leidige Pflicht, darauf hinzuweisen, dass sich die Situation unter der derzeitigen Regierung nur verschlechtern kann.« Es wird hervorgehoben, dass der Schuldenberg, für den Bagdad nicht einmal die Zinsen zurückzuzahlen vermag, »zu einer gewagten und gefährlichen Darlehenspolitik mit einer Effektivverzinsung von mehr als 30 % jährlich führen wird«. Noch aufschlussreicher ist der letzte Absatz dieses Berichts, denn er zeugt von einem bemerkenswerten Scharfblick für das, was sich ereignen sollte. »Saddam Hussein weiß jetzt über die finanzielle Lage genauestens Bescheid. Welche Optionen bieten sich ihm und dem Irak? Viele Möglichkeiten gibt es nicht. Doch da ist immer noch Kuwait, nur wenige Kilometer von seiner, im Schatt el-Arab zusammengezogenen Armee entfernt. Der

Irak braucht einen Zugang zum offenen Gewässer des Golfes.«

Das von der amerikanischen Regierung bewilligte Geld verschaffte Saddam nur eine kurze Atempause. Dabei war der Tribut, den man dem irakischen Diktator in Form von Waffen und Krediten zollte, ein sehr beachtlicher. Im Februar 1990 hat Bagdad die 500 Millionen Dollar der ersten Rate des Kredits bereits verbraucht, und nun fordert es mit Nachdruck die Auszahlung der zweiten Rate.

Im selben Monat, am 23. Februar, reist Saddam Hussein anlässlich des ersten Jahrestages der Gründung des Kooperationsrates der arabischen Golfstaaten nach Amman. Im Angesicht einiger seiner Gesinnungsgenossen schwingt der irakische Führer antiamerikanische Reden. »Unterstützt nicht Washington«, fragt er, »die sowjetischen Juden bei der Emigration nach Israel? Lässt nicht Amerika immer noch seine Schiffe im Golf patrouillieren, obwohl der Konflikt zwischen Iran und Irak beendet ist?« Für Saddam Hussein liegen die Gründe für ein solches Verhalten auf der Hand: »Das Land, das den größten Einfluss auf die Region, den Golf und seine Erdölvorkommen ausübt, wird sich in seiner Überlegenheit als Supermacht behaupten, ohne dass irgendjemand mit ihm konkurrieren könnte. Dies zeigt, dass diese Zone, wenn die Bevölkerung des Golfes, und vor allen Dingen die arabische Welt, nicht wachsam ist, nach den Vorstellungen der Vereinigten Staaten regiert werden wird. Die Ölpreise beispielsweise werden so festgelegt werden, dass sie den amerikanischen Interessen nützen; alle anderen Interessen werden außer Acht gelassen.« Zudem schlägt er vor, dass im Westen angelegte Ölgelder abgezogen werden, um die amerikanische Politik unter Druck zu setzen.

Angesichts dieser beißenden Schmährede verharrten Bush und seine Mitarbeiter »in einem Dornröschenschlaf«, wie es eines der damaligen Mitglieder des Nationalen Sicherheitsrates formuliert. Am 2. April hält Saddam vor den Führungskräften seiner Armee eine Rede, die ungekürzt im Rundfunk übertragen wird. Bekleidet mit einer khakifarbenen Uniform und ohne Kopfbedeckung, die Insignien eines Generals zur Schau stellend, spricht er mehr als eine Stunde lang, und einige seiner Sätze sorgen auf der ganzen Welt für große Betroffenheit. Nachdem er die Ergebnisse irakischer Wissenschaftler dargelegt hatte, denen es gelungen war, neue chemische Waffen zu entwickeln, fügte er Folgendes hinzu: »Bei Gott, sollte Israel auch nur das Geringste gegen den Irak unternehmen, werden wir dafür Sorge tragen, dass das halbe Land vom Feuer verwüstet wird. Wer uns mit der Atombombe droht, den werden wir mit chemischen Waffen vernichten.«

Diese Rede landete noch am selben Tag auf dem Schreibtisch von James Baker. Der Verteidigungsminister, den die Aggressivität Saddams verstörte, lauschte aufmerksam den Vorschlägen seiner engsten Mitarbeiter. Im Wesentlichen hatte er drei Möglichkeiten: ein Aussetzen der Kredite der Export-Import-Bank, eine Annullierung des vom Landwirtschaftsministerium finanzierten Programms und schließlich das Verhängen eines Importverbots für »potenziell militärisch nutzbares Material« über den Irak.

Diese Maßnahmen – doch das wussten die hohen Beamten nicht – setzten eine vollständige Zerschlagung der von Bush und Baker eingerichteten Unterstützungsinstrumentarien für den Irak voraus.

Der Präsident formulierte seine Meinung zu den von

Saddam Hussein ausgesprochenen Drohungen noch zurückhaltend. »Ich finde diese Äußerungen verwerflich. Ich fordere den Irak auf, ohne Umschweife von der Verwendung chemischer Waffen Abstand zu nehmen. Ich glaube, dass diese weder dem Mittleren Osten noch den sicherheitspolitischen Interessen des Irak dienlich sein können. Ja, ich würde sogar sagen, dass das Gegenteil der Fall wäre. Ich schlage vor, dass wir solche Reden über den Einsatz chemischer und biologischer Waffen vergessen.« Dies entbehrt nicht einer bitteren Ironie. Saddam hat Washington stetig immer alarmierendere Signale gesendet. Er hat in Massen chemische Waffen gegen die Iraner und dann gegen sein eigenes Volk eingesetzt, was tausende ziviler Opfer gefordert hat. Aber während die irakische Bedrohung immer größere Ausmaße annimmt, plädiert George Bush dafür, die Angelegenheit zu vergessen. Zwölf Jahre später wird sein Sohn den entgegengesetzten Gedankengang vertreten, während die meisten Berichte bestätigen, dass Bagdad nicht mehr in der Lage ist, zumindest nicht in großem Maßstab, jene Massenvernichtungswaffen zu produzieren, die seinem Vater so wenig Kopfzerbrechen bereitet haben.

»Ein Angriff gegen Kuweit ist wahrscheinlich«

Anfang Mai erreichen zwei weitere Alarmsignale Washington. Doch von offizieller Seite her ist man nicht bereit, sie zur Kenntnis zu nehmen. Einmal gab es da eine überraschende Mitteilung der CIA an das Weiße Haus. Der Geheimdienst gab an, dass er über Informationen verfüge, wonach »ein Angriff gegen Kuweit wahrscheinlich geworden sei«. Die Nachricht wurde sehr skeptisch aufgenommen und änderte nichts am offiziellen Kurs.

Kurze Zeit darauf traf in der Hauptstadt eine Delegation militärischer und politischer Experten Israels ein. Die von ihnen überbrachten Analysen waren düster: der vermeintlich gemäßigte und reformorientierte Stil des irakischen Regimes sei, ihrer Meinung nach, nichts als Augenwischerei. Zwischen Februar und dem jetzigen Zeitpunkt habe sich die Haltung Saddam Husseins stetig verhärtet: er habe den Abzug der im Golf patrouillierenden amerikanischen Schiffe verlangt und die Araber aufgefordert, erneut das Erdöl als Waffe einzusetzen; er habe sich nicht damit begnügt, Israel, den wichtigsten Verbündeten der Amerikaner in der Region, zu bedrohen, sondern sogar vom Einsatz chemischer Waffen gesprochen. Und nicht zuletzt sei die stete und beachtliche Verstärkung seines Militärapparates ein weiteres Zeichen seiner Angriffsbereitschaft.

Es gelang den Israelis nicht, den Amerikanern ihre Besorgnis zu vermitteln. Einige ihrer Gesprächspartner führten den irakischen Umgangston zurück auf die Angst vor einem erneuten israelischen Luftangriff auf die Fabriken zur Herstellung chemischer Waffen, nachdem 1981 das Kernkraftwerk Osirak durch die Luftwaffe der Tsahal zerstört worden war.

Es herrschte eine seltsam anmutende Blindheit vor, und die finanzielle und militärische Unterstützung des Irak wurde fortgesetzt, während die Ermittlungen des FBI bezüglich der Machenschaften der Banca Nazionale del Lavoro gebremst wurden.

Die Unternehmen, die mit Zustimmung der Regierung militärische Technologie an den Irak transferiert hatten, waren zum Teil sehr bekannt: vor allem Hewlett Packard und Tektronix. Genannt wurde auch der Name Matrix Churchill, eine von den Irakern kontrollierte Gesellschaft mit Sitz in Ohio. Wie Thomas Flannery vom *Intelligence Journal* schreibt: »Wenn es zu einem Kampf zwischen amerikanischen und irakischen Truppen in der Golfregion kommt, werden die über Umwege an den Irak verkauften Waffen und Technologien gegen unsere Streitkräfte eingesetzt werden.«

Am 29. Mai versammelten sich die Verantwortlichen der CIA, des Nationalen Sicherheitsrats sowie des Verteidigungs-, des Landwirtschafts-, des Handels-, des Finanz- und des Außenministeriums im Weißen Haus.

Erstaunlicherweise kommen im Laufe dieses Treffens hauptsächlich die Folgen und Verwicklungen der BNL-Affäre zur Sprache. Einem internen Bericht der CIA war zu entnehmen, dass der Nachrichtendienst seit langem wusste, dass die Niederlassung in Atlanta dem Irak nicht genehmigte Kredite gewährte. Desgleichen hatten Ende 1989 die italienischen Verantwortungsträger der BNL ein ausführliches Gespräch mit dem amerikanischen Botschafter in Rom, in dem sie Washington ersuchten, die Ausmaße des Skandals möglichst in Grenzen zu halten.

Den Männern, die sich um Bush versammelt hatten, schienen die möglichen Auswirkungen dieser Affäre wesentlich mehr Kopfschmerzen zu bereiten als die wachsende irakische Bedrohung. Am Ende des Treffens gab es im Übrigen diesbezüglich keinerlei Lösungsvorschläge; es tauchte lediglich die Idee auf, Saddam Hussein eine persönliche Mitteilung des amerikanischen Präsidenten zukommen zu lassen, in der er aufgefordert würde, sich in seiner kriegerischen Rhetorik zurückzunehmen.

Dieser schüchterne Vorstoß löste bei Bush keinerlei Echo aus. Noch unverständlicher ist es, dass die Verantwortlichen des Nationalen Sicherheitsrats des Weißen Hauses, allen voran Brent Scowcroft und James Baker, Ende Juli 1990, nur wenige Wochen vor der Besetzung Kuweits, starken Druck machten, damit die zweite Rate des Kredits in Höhe von einer Milliarde an Bagdad freigegeben werde – und das, obwohl sich die Beweise mehrten, dass diese Unterstützung zur Finanzierung von militärischer Ausrüstung und von Technologien verwendet worden war, die dem irakischen Programm für Nuklearwaffen und ballistische Raketen zugute kommen sollten.

Wegen der Golfkrise und des Krieges gegen den Iran war Bagdad natürlich nicht in der Lage, das Geld zurückzuzahlen, und so hatte der amerikanische Steuerzahler die Last von zwei Milliarden Dollar nicht eintreibbarer Kredite zu tragen.

Doch das Unfassbare kam erst ans Tageslicht, als im Oktober 1992 die Ergebnisse einer vom amerikanischen Senat durchgeführten Untersuchung vorlagen. Zwischen Februar 1985 und dem 28. November 1989 waren mindestens 61 Lieferungen biologischer Kulturen an den Irak gegangen. Diese umfassten insbesondere 19 Behälter mit dem Milzbranderreger, welche die American Type Culture Collection Company lieferte, eine in der Nähe des Militärlabors in Fort Detrick ansässige Gesellschaft, deren Labors »sensible« biologische Waffen entwickelten. Zwischen dem 22. Februar 1985 und dem 29. September 1988 waren die Militärlabors Saddam Husseins von derselben Gesellschaft mit fünfzehn Einheiten *Clostridium botulinum* (Botulinustoxin) beliefert worden. Die UNSCOM (die UN-Organisation, die mit den Waffeninspektionen im Irak beauftragt ist) kam ebenfalls zu dem Ergebnis, dass Amerika dem Irak eine große Menge an biologischen Kampfstoffen geliefert hat.

Am 22. Februar und am 11. Juli 1985 waren Chargen mit *Histoplasma capsulatum*, einem Krankheitserreger der Klasse 3 (der eine dem klinischen Bild der Tuberkulose vergleichbare Krankheit hervorruft), nach Bagdad geliefert worden. Ein weiterer Erreger der Klasse 3, *Brucella melitensis*, wurde im Mai und im August 1986 verschickt.

Am 1. Januar 1991 kehrte George Bush ins Weiße Haus zurück, nachdem er einige Tage in Camp David verbracht hatte. Er hatte dort Bischof Browning empfangen, das Oberhaupt der anglikanischen Episkopalkirche. Dieser hatte vorgeschlagen, dass man noch einige Zeit abwarten solle, bevor man sich auf einen Krieg einlasse. Bush hatte ihm ärgerlich widersprochen.

4

Als sein Vater 1988 zum Präsidenten gewählt wurde, begann George W., sich ernsthaft mit seinem weiteren Schicksal zu beschäftigen. Er bat mehrere Mitarbeiter seines Vaters, eine Studie zum Werdegang der Söhne amerikanischer Präsidenten zu erstellen. Ganz besonderen Anteil nahm George W. am Schicksal von John Quincy Adams, dem 6. Präsidenten der Vereinigten Staaten, der seinem Vater John Adams, dem 2. amerikanischen Präsidenten, 24 Jahre später im Amt nachgefolgt war.

»Eigenartigerweise«, so die Verfasser, »ist die Politik eines der Berufsfelder, auf denen ein Präsidentensohn am wenigsten der Kritik ausgesetzt ist. Macht er Karriere als Journalist, behaupten böse Zungen, das verdanke er den Beziehungen seines Vaters. Wird er aber in den Kongress gewählt, schreibt man es seinen Verdiensten zu. Historisch gesehen«, so heißt es in dem Bericht weiter, »müssen drei Faktoren zusammenkommen, um als Präsidentensohn eine erfolgreiche Politikerkarriere zu starten.

a) Die Präsidentschaft (des Vaters) muss als erfolgreich gelten oder darf zumindest nicht als gescheitert betrachtet werden.

b) Die Familie muss in dieser Entscheidung Einigkeit demonstrieren.

c) Die Karriere sollte schnell, noch während der Präsidentschaft des Vaters in Angriff genommen werden.«
George W. Bush beschloss 1990, als sein Vater im Weißen Haus saß, sich für den Posten des Gouverneurs von Texas zur Wahl zu stellen. Er verlor, legte aber fortan eine Entschlossenheit und ein Durchhaltevermögen an den Tag, wie man es nicht an ihm gekannt hatte.

Die gelassene Dynastie

Allein einen solchen Bericht in Auftrag zu geben, deutete auf tieferliegende Beweggründe hin: das familiäre Erbe, die dynastische Bürde, die auf all seinen Entscheidungen lastete. Was er bis zu jenem Zeitpunkt erreicht hatte, ging unmittelbar auf seinen Namen und auf familiäre Beziehungen zurück.

Die Antwort scheint nahe liegend. Und doch ist eine differenziertere Betrachtungsweise angebracht. Mit dem Rückhalt und der Protektion durch die Familie hatte sich auch George W. zunächst ein Vermögen erwirtschaftet, wie zuvor schon sein Vater und Großvater, und dann eine Karriere in der Politik angesteuert. Und doch emanzipierte er sich paradoxerweise ausgerechnet auf dem Gebiet, auf dem er in die Fußstapfen seines Vaters getreten war, und entwickelte eine charakterliche Unabhängigkeit und eine Urteilskraft, an der es ihm bis dato gemangelt zu haben schien.

Auch wenn George Bush es weit von sich weist – »Wir sind keine Dynastie, und ich verabscheue dieses Wort« –, verkörpert der Bush-Clan Amerikas »gelassene Dynastie«, wie die Zeitschrift *Time* es formulierte. Seit vier Generationen verfügen die Bushs über Reichtum und Macht im Überfluss. Nach außen geben sie sich bescheiden und zurückhaltend, sind vorsichtig, besonnen und über alle Maßen korrekt. Geradewegs das Gegenteil der glamourösen Kennedys. Ein Journalist brachte es auf den Nenner, als er die elegante Jackie Kennedy mit der betulichen Barbara Bush verglich.

Diese weißhaarige Dame für eine farblose Person zu halten, wäre jedoch grundfalsch. Ganz im Gegenteil; sie verfügt über den ausgeprägtesten Charakter der Familie, und George W. hat mehrere ihrer Eigenschaften geerbt: eine gewisse Härte, einen Willen, der keine Zwischentöne kennt, eine Schwarzweißsicht in Sachen der Moral, aufrichtiges Vertrauen auf den eigenen Instinkt und grenzenloses Misstrauen gegenüber introspektiven Betrachtungen und nicht zuletzt die mangelnde Toleranz Dummköpfen gegenüber.

Diese bescheiden auftretende, in Wirklichkeit aber mehr als selbstbewusste Frau hatte sich unmittelbar nach der Wahl ihres Sohnes folgendermaßen geäußert:»Bislang wurde einer von vier Amerikanern von Angehörigen der Familie Bush regiert [gemeint waren George W. und sein jüngerer Bruder Jeb, die Gouverneure von Texas und Florida, zwei der bevölkerungsstärksten Staaten Amerikas], jetzt wird wieder das ganze Land von einem Bush regiert.« Nach Aussage von Jim Pinkerton, einem ehemaligen Berater von George Bush senior, besaß dessen Sohn »nicht jenen sonnigen Optimismus, der etliche amerikanische Präsidenten auszeichnet, darunter auch seinen Vater. Dieser hat nie eine Liste seiner Feinde erstellt. George W. dagegen hat sie stets im Kopf.«

»Stammbaum und Erbanlagen«

Oft sind Fähigkeiten und Umstände der Schlüssel zum Erfolg. George W. hat eher ausschließlich von den Umständen profitiert.

In seinem ausgezeichneten Artikel im *Harper's Magazine* erklärt Kevin Phillips die Wahl des ältesten Sohnes nur acht Jahre nach der Amtszeit seines Vaters mit einer damals tief sitzenden Stimmung im Land, die die Wähler dazu bewegt habe, eine regelrechte »politische Restauration« herbeizuführen. »Acht Jahre lang«, so der Autor, »war das Weiße Haus von einem aus bescheidenen Verhältnissen stammenden Casanova in Beschlag genommen worden. Verglichen mit der Clinton-Ära nahmen sich die vier sterbenslangweiligen Jahre von George Bush im Weißen Haus im kollektiven Gedächtnis wie ein Musterbild an Würde und Vornehmheit aus.« Im Volk verbreitete sich ein nostalgisches Empfinden für die traditionelle *upper class*, deren Werte und Lebensweise, und George Bush verkörperte dies mit seinen Polohemden der Marke Ralph Lauren, mit seiner Sommerresidenz in Kennebunkport in Maine sowie seiner natürlichen Veranlagung, jedem Skandal aus dem Weg zu gehen, meisterhaft.

Freilich war George W. nach den Worten von Marilyn Quayle, der Frau von George Bushs Mitkandidaten, Vize-Präsident Dan Quayle, »jemand, der nie irgendetwas zu Ende gebracht hatte und alles, was er erreicht hatte, Daddy verdankte«. Man sagte ihm nach, er sei leichtfertig, faul und arrogant, frei von jedem intellektuellen Überbau, doch waren, wie Phillips schrieb, »zum ersten Mal in der Geschichte Amerikas die Eignungskriterien eines Präsidentschaftskandidaten denen des

Prinzen of Wales nachempfunden: Es zählten der Stammbaum und die Erbanlagen«.

Von manchen politischen Kommentatoren und spöttelnden Intellektuellen abgesehen, begegnete die große Mehrheit der amerikanischen Öffentlichkeit George W. vor dessen Wahl mit der Devise »im Zweifel für den Angeklagten«. Mehr noch, das von den Bushs vermittelte patrizierhafte Bild führte bei den Amerikanern zu der Annahme, George W. habe die Außenpolitik im Blut. Das war allerdings eine Täuschung. Vor seinem Einzug ins Weiße Haus war George W. lediglich fünfmal im Ausland gewesen, zweimal davon in dem an Texas grenzenden Mexiko.

Als er sich zur Präsidentschaftswahl stellte, war er der reichste Kandidat auf der Liste seit Lyndon Johnson im Jahr 1964, und verdankte diese Tatsache erstaunlicherweise dem Baseball.

Anfang 1989 beschloss der Millionär Eddie Chiles, der sein Vermögen im Erdölgeschäft gemacht hatte und seit Beginn der fünfziger Jahre mit George Bush befreundet war, den Club Texas Rangers zu verkaufen. George W. war einer von dessen glühendsten Anhängern, und so bot sich ihm, der damals keiner Beschäftigung im eigentlichen Sinne nachging, eine reizvolle Gelegenheit. Für 600 000 Dollar erwarb er 1,8 % am Clubvermögen. Seine Aktien kaufte er mit Hilfe eines Darlehens über 500 000 Dollar, das ihm eine Bank in Midland gewährte, in der er früher einen Direktorenposten innegehabt hatte. 106 000 Dollar wurden ihm von Freunden vorgestreckt. Seine Beteiligung war mit Abstand die geringste. Richard Rainwater, Finanzberater der aus Texas stammenden milliardenschweren Bass-Brüder, hatte über 14,2 Millionen Dollar investiert. Rainwater war ein Mann, der an der Wall Street grenzenloses Vertrauen genoss. In den Jahren von 1970 bis 1986 hatte er das 50-Millionen-Dollar-Erbe der Bass-Brüder auf vier Milliarden Dollar anwachsen lassen. Zwei Monate nach dem Einzug seines Vaters ins Weiße Haus gab George W. auf einer Pressekonferenz bekannt, dass die Sondierungsgespräche abgeschlossen seien und der Verkauf für 86 Millionen Dollar zustande gekommen sei. Seine finanzielle Beteiligung war vergleichsweise gering, und doch benahm er sich wie der eigentliche »Clubbesitzer«, der bei allen Spielen dabei war und diese anschließend im Fernsehen kommentierte. Bald schon gab er auch Autogramme und ließ »Baseball-Karten« mit seinem Konterfei drucken. Er wurde in ganz Texas bekannt, und seine mächtigen Finanzgeber im Verein verfolgten diesen Wandel mit Interesse.

Neben seiner zunehmenden Popularität hielt George W. noch einen zusätzlichen Trumpf in der Hand: Texas war bereits das Stammrevier seines Vaters gewesen, und sein Vater saß fortan im Weißen Haus. Dank dieser beiden Umstände ließ sich der Baseball-Club der Texas Rangers für George Bush nicht nur in ein erstklassiges PR-Unternehmen, sondern auch in ein Finanzgeschäft verwandeln, dessen Erfolg alle Erwartungen übertraf.

Als man beschloss, ein neues Stadion zu bauen, bot die Stadt Arlington nicht nur das Grundstück für eine Spielstätte mit 49 000 Plätzen, sondern bürgte in Höhe von 135 Millionen Dollar auch für die auf 190 Millionen Dollar angesetzte Finanzierung. Die Besitzer des Clubs mussten nicht einmal für ihren Eigenanteil Gelder aufbringen, da dieser über die Erhöhung der Eintrittspreise finanziert wurde. Während die jährlichen Einnahmen des Clubs allein aus den Lizenzen für die Fernsehübertragung über 100 Millionen Dollar betrugen, erhielt die Stadt Arlington ungeachtet des Umfangs ihrer Vorleistungen weniger als fünf Millionen Dollar pro Jahr.

Durch die Enteignung einer Familie, die sich geweigert hatte, ihr Grundstück für den Stadionbau zu verkaufen, gingen ferner 13 Morgen Land in den Besitz des Clubs über. Am 8. November 1993 verkündete George W., dass er bei der Wahl für das Amt des Gouverneurs von Texas gegen die Demokratin Ann Richards antreten werde – eine Freundin von Bill Clinton und erbitterte Gegnerin der Bushs. Zur allgemeinen Überraschung feierte er 1994 einen Triumph, mit 53 % der abgegebenen Stimmen gegenüber 46 % für seine Gegnerin. Schwerpunkt seiner Kampagne war das Thema »Eigenverantwortung und Selbstvorsorge statt Abhängigkeit von der Regierung«.

Für die entschieden individualistischen texanischen Wähler, die grundsätzlich Misstrauen gegenüber den aus Washington stammenden Initiativen hegen, war dieses Votum nicht ungewöhnlich, befremdlich wirkte diese Maxime allerdings bei einem Mann, der sie so wenig verkörperte.

Kurz nach Bushs Amtsantritt trat Thomas D. Hicks, einer der reichsten Männer von Texas, an ihn heran. Sein Investmentunternehmen besaß Anteile an Rundfunk- und Fernsehsendern, an Lebensmittelketten, Getränke- und Immobilienfirmen. Hicks wollte George W. als Beitrag zu dessen Wahlkampf einen Scheck in Höhe von 25 000 Dollar überreichen. Das entsprach exakt der Summe, die er zuvor der Demokratin Ann Richards, der glücklosen Gegnerin und vormaligen Gouverneurin hatte zukommen lassen.

George W. war darüber informiert. Er, der früher so nachtragend gewesen war, nahm das Geld an, und er tat gut daran, denn Thomas Hicks machte Bush zu einem reichen Mann. Im Laufe der Jahre wurden die Verbindung zwischen den beiden immer enger.

Hicks besaß eine Eishockeymannschaft, die Dallas Stars, und wollte den Bau eines neuen Stadions durchsetzen, ganz wie es George W. für seinen Baseball-Club gelungen war. Im Juni 1997 unterzeichnete Gouverneur Bush ein neues Steuergesetz, das eine weitere Abgabe zur Finanzierung des Baus von Sportstätten vorsah. Einige Monate später wurde in Dallas eine 230 Millionen Dollar teure Baustelle eröffnet, auf der ein Eishockey- und Basketballstadion entstehen sollte. Nach diesem Vorstoß stieg Hicks' Eishockeymannschaft mächtig im Kurs, und auch für einen von Bushs größten Partnern, den Milliardär Rainswater, erwies sich die Initiative als einträglich, denn nach Fertigstellung des Stadions erhielt er eine Provision über zehn Millionen Dollar.

1998, ein Jahr später, gab Hicks seine Absicht bekannt, Bushs Club der Texas Rangers zu kaufen. Er bot 250 Millionen Dollar, dreimal soviel wie Bush und seine Partner 1989 bezahlt hatten. Als der Vertrag unterzeichnet war, konnte George W. seine Freude darüber nicht verhehlen:»Ich habe mehr Geld, als ich je zu träumen gewagt habe.« Gemessen an seinem Einstiegskapital stellten die 15 Millionen Dollar, die der künftige Präsident erhielt, in der Tat einen beträchtlichen Gewinn dar.

»Mitgefühl« und »Einsicht«

In der Politik betrachtete Bush sich vorzugsweise als »standhaften, aber mitfühlenden« Konservativen. Während seiner beiden Amtsperioden war Texas der amerikanische Staat, in dem die Todesstrafe am häufigsten angewendet wurde. Allerdings verwandelte sich das offen bekundete »Mitgefühl« in »Einsicht«, wenn es um Freunde und Verbündete ging, wie der Journalist Joe Conason für den *New York Observer* recherchierte. In jenen Jahren bildete sich um George W. ein eigenartiges Gefüge aus einander überschneidenden, sorgsam verhüllten Interessenlagen.

Als er zum Gouverneur gewählt worden war, ließ er seinen Anteil an den Texas Rangers treuhänderisch verwalten, anders als Gesetz und Anstand es gebieten. Jeder gewählte Politiker ist angehalten, seine Kapitaleinlagen auf einem Konto zu deponieren, zu dem er keinen Zugang hat und das er, solange er im Amt ist, auch nicht verwalten kann.

Bush blieb unbehelligt, aber als es später um die 15 Millionen Dollar aus dem Verkauf der Eishockeymannschaft ging, wurde ein Teil davon seinem Partner Rainwater als *blind trust* in Verwahrung gegeben. Bush schien wie selbstverständlich von Straffreiheit für seine Person auszugehen. Schon 1990, als er seine Harken-Aktien zwei Monate vor Saddams Einmarsch in Kuwait zum Höchstpreis abgestoßen hatte, hatten Branchenkenner auf ein Insider-Delikt getippt und George W. verdächtigt, sich Informationen seines Vaters zunutze gemacht zu haben. Als ein unbeirrbarer Anhänger von Präsident Bush hatte der damalige Präsident der SEC (US-Börsenaufsicht) die Angelegenheit jedoch zu den Akten gelegt.

Zu den Maßnahmen, die George W. in seiner ersten Amtszeit ergriff, gehörte auch die Privatisierung psychiatrischer Kliniken. Diese Entscheidung begünstigte dem *Houston Chronicle* zufolge die Magellan Health Services

Inc., ein Unternehmen, das unter der Aufsicht von Richard Rainwater stand. Er ernannte Thomas Hicks zum Präsidenten der University of Texas Investment Management Co., einer Privatinstitution, deren Gründung auf ein eigens von Bush verabschiedetes Gesetz zurückging und die sämtliche Vermögen und Beteiligungen der University of Texas verwaltete, ein wahrer Schatz, dessen Aktivposten auf 13 Milliarden Dollar geschätzt werden.

Neun Millionen Dollar wurden in Rainwaters Konzern Crescent Equities investiert. Der Vorstand unter Leitung von Hicks beschloss ferner, 1,7 Millionen Dollar, die ebenfalls Teil des Hochschulvermögens waren, gewinnbringender in Privatfirmen anzulegen. Eine lobenswerte Absicht, die jedoch dazu führte, dass ein Drittel dieser Summe in Fonds investiert wurde, die Freunden oder Partnern von Hicks gehörten. Alle Begünstigten sympathisierten mit der Republikanischen Partei und hatten zur Wahlkampagne von Gouverneur Bush im Jahr 1994 einen beachtlichen finanziellen Beitrag geleistet.

Selbst in einem Staat wie Texas, in dem öffentliche Interessen und Privatvermögen in einem Maße miteinander verknüpft sind, wie es im Rest des Landes nicht üblich und auch nicht vorstellbar ist, sorgten diese Praktiken für Entrüstung. Im März 1999 hieß es in einem Artikel der *Dallas Morning Post*, einige Beamte hätten an dem geheimnisumwitterten, von Hicks geleiteten Ausschuss und an den von ihm getroffenen Investitionsentscheidungen Anstoß genommen und auf mögliche Interessenkonflikte unter den Mitgliedern des Aufsichtsrats hingewiesen. Aus einem Bericht war hervorgegangen, die von Hicks gepriesene »aggressive« Investmentpolitik habe einen Ertrag von 16 % abgeworfen, was deutlich unterhalb der Gewinnmargen beim Dow Jones lag, und damit auch weitaus weniger eingebracht, als etliche andere Investoren erzielen konnten.

Ein weiterer Vorstoß, von dem damals niemand Notiz nahm, wirft ein besonderes Licht auf die ganze Komplexität und Widersprüchlichkeit der von den Bushs gebildeten Finanzgeflechte. Sie stellen eine Art Parallelmacht dar, und die durch sie geschmiedeten Bündnisse darf man getrost als überraschend bezeichnen.

Am 1. März 1995, nur wenige Wochen nach dem Amtsantritt von George W. als Gouverneur, beschlossen Thomas Hicks und sein Aufsichtsrat, zehn Millionen Dollar der University of Texas in die Carlyle Group zu investieren, eine in Washington beheimatete Investmentgesellschaft, die auf der dazugehörigen Internetseite als Firma beschrieben wird, »deren Investmentstrategie am Schnittpunkt zwischen Regierung und Geschäftswelt wirksam wird«.

Eine der ersten Errungenschaften der 1987 gegründeten Carlyle Group war die Übernahme von Caterair, einer der größten amerikanischen Flugzeugcatering- und -servicegesellschaften. 1990 war George W. in den Aufsichtsrat der Firma gewählt worden und blieb dort bis 1994, ohne seine aus dieser Tätigkeit resultierenden Einkünfte je zu melden.

Manische Geheimhaltung

Carlyle war mehr als nur eine einfache Investfirma. Die Firmengruppe bestand in erster Linie aus einem Kreis von Persönlichkeiten, die an den Schalthebeln der Macht saßen. Sie waren mit allen Entscheidungsträgern im Bereich von Politik, Wirtschaft und Finanzen bekannt und konnten Einfluss auf deren Entscheidungen nehmen. Schon die Lage des Washingtoner Firmensitzes auf der Pennsylvania Avenue, in der Mitte zwischen Weißem Haus und Kapitol und in unmittelbarer Nähe der wichtigsten Ministerien und Regierungsbehörden, ist durchaus symbolträchtig.

Die größte Privatinvestmentfirma mit ihrem manischen Hang zur strikten Geheimhaltung verfügt derzeit über ein Aktivvermögen von 16 Milliarden Dollar. Carlyle hält weltweit Beteiligungen an mehr als 160 Firmen, die insgesamt 70 000 Mitarbeiter beschäftigen. Carlyle vereint über 450 Banken und Rentenfonds, ähnlich wie Calpers, der größte amerikanischen Rentenfonds, der die Pensionen der Angestellten des öffentlichen Dienstes in Kalifornien verwaltet.

Als Frank Carlucci 1989 die Leitung der Carlyle Group übernahm, erweiterten sich deren Geschäftsbereiche wesentlich. Der langjährige stellvertretende Leiter der CIA und spätere US-Verteidigungsminister unter Ronald Reagan scharte lauter ehemalige Mitarbeiter des Pentagon und des Geheimdienstes um sich.

»Pentagon Inc.«, so der Spitzname des Verteidigungsministeriums, war ebenfalls ein riesiges Unternehmen, das mit sämtlichen Industriegiganten enge Verbindungen unterhielt. Carlucci kannte alle Firmenchefs persönlich, seine Hauptinvestitionen tätigte er im Verteidigungsbereich. Dabei bewies er ein sicheres Gespür, denn innerhalb von zwölf Jahren brachte er es auf eine jährliche Rendite von 34 %. Noch heute bilden Rüstungs- und Telekommunikationsfirmen zwei Drittel der Kapitalanlagen und Beteiligungen, der Fonds rangiert an elfter Stelle der amerikanischen Militärausrüster. Die beteiligten Unternehmen stellen namentlich Panzer, Flugzeugtragflächen, Raketen und eine Vielzahl anderer Ausrüstungsgüter her. Anlässlich eines Gesprächs ließ Carlucci wissen: »Donald Rumsfeld kenne ich sehr gut. Wir sind seit vielen Jahren befreundet. Wir haben zusammen studiert.« Erst vor kurzem haben die beiden Männer sich mehrmals getroffen, teils auch mit Vize-Präsident Dick Cheney, um »Militärprojekte« zu erörtern. Nach Aussage von Charles Lewis, Executive Director der gemeinnützigen Einrichtung Center for Public Integrity, ist Carlyle »so eng mit der Verwaltung verwoben und verflochten, wie man es nur sein kann«.

Ein einziges Beispiel genügt, um diese fast schon als osmotisch zu bezeichnende Verbindung zu veranschaulichen: 1997 hatte Carlyle für 850 Millionen Dollar die Rüstungsfirma United Defense Industries in Virginia gekauft.

Im September 2001, nach schriftlicher Zustimmung von George W., hat die Firma einen Vertrag über zwölf Milliarden Dollar mit dem Pentagon unterzeichnet, bei dem es um die Entwicklung des Crusader-Programms, eines hoch entwickelten Artilleriesystems ging. Und das, obwohl dieses Programm in den drei Jahren zuvor von sämtlichen Experten des Pentagon, die dazu befragt worden waren, als komplett ungeeignet für die Notwendigkeiten einer modernen Kriegführung abgelehnt worden war.

Schon die Entdeckung, dass ein Verantwortlicher einer Investmentfirma mit dem Verteidigungsminister eines Präsidenten verhandelt, der einst bei dieser Firma beschäftigt war, mutet eigenartig an. Umso überraschender ist die Entdeckung, dass der Vater des derzeitigen Präsidenten enge Verbindungen zu Carlyle hat. Was auch für seinen ehemaligen Außenminister James Baker gilt.

James Baker ist einer von achtzehn Partnern der Firma (jeder verfügt angeblich über ein Kapital von 180 Millionen Dollar) und Auslandsinvestor, während George Bush Sonderbeauftragter für Carlyles Asien-Fonds ist, der ein Gebiet umfasst, das von Korea bis Saudi-Arabien reicht. Im Glanz seines Sieges im Golfkrieg ist George Bush nach wie vor einer der bevorzugten Gesprächspartner Saudi-Arabiens. »Problematisch wird es, wenn private und politische Interessen derart vermengt werden«, so Peter Eisner vom Center for Public Integrity, und er fährt fort: »Was maßt sich der ehemalige Präsident eigentlich an, wenn er dem Kronprinzen Abdullah von Saudi-Arabien bei einem Treffen sagt, er brauche ›sich über die amerikanische Politik im Mittleren Osten keine Sorgen zu machen‹, oder James Baker, wenn er in Florida noch während der strittigen Stimmenauszählung der Präsidentenwahlen öffentlich für Bush junior Partei ergreift? Gerade aber diese Strukturen und Verbindungen haben Carlyle zum Erfolg geführt.«

»Ein offensichtlicher Interessenkonflikt«

Für Larry Klayman, den Vorsitzenden von Judicial Watch, eine NGO, stellt George Bushs Platz in der Führungsetage von Carlyle einen »offensichtlichen Interessenkonflikt dar. Jede Regierung, jeder ausländische Investor, der sich um die Gunst der Bush-Administration bemüht, wird irgendwann mit Carlyle ins Geschäft kommen. Und da Ex-Präsident Bush im Ausland für Investitionen in diesen Fonds wirbt, ist es nahe liegend zu vermuten, etliche Regierungen und Privatpersonen könnten die Interessen des Carlyle-Konzerns mit denen der amerikanischen Regierung verwechseln.«

Dieses Verwirrspiel um Interessen könnte noch ganz andere Ausmaße annehmen, wie Charles Lewis hervorhebt:»George Bush verdient an Privatgeschäften mit der Regierung, derweil sein Sohn Präsident ist. Und eines Tages könnte George W. Bush durch die Investitionen seines Vaters finanziell gewissermaßen von den Entscheidungen seiner eigenen Administration profitieren. Der normale amerikanische Bürger kriegt davon nichts mit.«

Während die Vorbereitungen zu einem neuen Krieg im Irak laufen, ist Carlyle als Nutznießer gut positioniert: United Defense Industries stellt Panzer der Marke Bradley her, die bereits in der Wüste an der Grenze zum Irak stationiert sind, sowie Flügelraketen, mit denen die amerikanischen Kriegsschiffe im Persischen Golf bestückt sind.

Darüber hinaus wird George Bush von Carlyle mit 100 000 Dollar pro Auftritt für Vorträge bezahlt, die er vor auserwähltem Publikum hält.

Während eines Aufenthalts in Saudi-Arabien anlässlich eines Wirtschaftsforums, wohin er in Begleitung des ehemaligen britischen Premierministers John Major gereist war, der ebenfalls in verantwortlicher Stellung für Carlyle tätig ist, wurde George Bush von König Fahd und vom Kronprinzen empfangen. Die saudischen Machthaber teilten»ihrem Gast« mit, sie wünschten die Privatisierung des landesweiten Telefonsystems, und ausländische Investoren seien willkommen.

Zahlreiche Firmen aus aller Welt bekundeten starkes Interesse an dem Projekt. Die Saudis schienen allerdings eine Firma zu favorisieren, und zwar die texanische SBC, die sich durch zwei Eigenschaften hervortat: Ihr Partner war Carlyle, und Carlyle war auch als Finanzberater für die saudische Regierung tätig. Und die verantwortlichen Firmenchefs hatten Bushs Wahlkampf für den Posten des Gouverneurs mit 50 000 Dollar bezuschusst.

Ein letztes Beispiel noch für die fragwürdige Verbindung zwischen dem Bush-Clan und Carlyle: In seiner Zeit als Gouverneur berief George W. mehrere Mitglieder in die Leitung einer Behörde, die mit der Aufsicht über die Rentenfonds texanischer Lehrkräfte betraut ist. Einige Jahre später beschloss die Leitung, 100 Millionen Dollar aus diesen öffentlichen Fonds in die Carlyle Group zu investieren.

George Bush bei den bin Ladens

Mit einer weiteren Tatsache hätte Carlyle allerdings am liebsten hinterm Berg gehalten, vor allem seit den Anschlägen vom 11. September: Einer der Finanzpartner in dem Fonds, bei dem George Bush als Berater tätig ist, war die Familie bin Laden. 1995 beliefen sich ihre Investitionen offiziell auf zwei Millionen Dollar, und die Familie hatte 1,3 Millionen erhalten, was einem Gewinn von 40 % entspricht. Mit Hilfe von 29 Investitions- oder Übernahmegeschäften war der Fonds Partners II in den Besitz mehrerer Luftfahrtunternehmen gekommen. Nach Schätzung eines Finanzexperten, der Geschäftsbeziehungen mit den bin Ladens unterhält, liegt deren wirklicher Kapitaleinsatz bei Carlyle weitaus höher, die zwei Millionen Dollar seien nicht mehr als ein »Einstiegskapital« gewesen. In London haben Carlyle und die bin Ladens angeblich denselben Anwalt, der ferner auch die Interessen des britischen Königshauses vertritt.

Mehrere Male sind Frank Carlucci und James Baker

nach Dscheddah geflogen, dem Hauptquartier der bin Laden Group, um die Brüder von Osama zu treffen. Der Konzern verzeichnet jährliche Einnahmen von über fünf Milliarden Dollar, beschäftigt 40 000 Mitarbeiter und hat sich im Laufe der Jahre diversifiziert. Im Zuge dessen entstanden insbesondere zu einigen amerikanischen Industriegrößen enge Verbindungen.

Der Riese General Electric hielt Anteile an einem Stromversorgungsunternehmen in Dscheddah, das von den bin Ladens kontrolliert wurde. General Electric hatte für mehrere Fabriken die Ausrüstung bereitgestellt. Motorola bekannte, dem Konzern Mobilfunknetze und -telefone verkauft zu haben und gemeinsam mit der Familie bin Laden an der mittlerweile bankrotten Satellitentelefongesellschaft Iridium beteiligt gewesen zu sein. Die bin Ladens haben auch mit dem kanadischen Riesen Nortel Networks zusammen gearbeitet, dessen Präsident einst Frank Carlucci war. Auch Tellabs Inc. in Illinois und Picture Corps in Massachusetts zählen zu ihren Geschäftspartnern.

Seit etlichen Jahren sind der Konzern und die Familie bin Laden bevorzugte Partner für ausländische Firmen. Ihre Verbindungen zu den Vereinigten Staaten wurden nach dem Golfkrieg noch intensiviert, als der Konzern einen Flughafen gebaut und die gesamte Infrastruktur für die dauerhafte Stationierung amerikanischer Truppen auf saudi-arabischem Boden geschaffen hat. Genau diese Maßnahme von König Fahd und dessen Beratern aber, von der eigenen Familie in die Tat umgesetzt, versetzte Osama bin Laden in Rage und führte seinen Bruch mit den saudischen Machthabern herbei, die er beschuldigte, den heiligen Boden durch die Duldung Gottloser beschmutzt zu haben.

Die Mitglieder der Familie bin Laden behaupten, mit

ihrem Bruder oder Halbbruder, dem 1994 die saudi-arabische Staatsangehörigkeit aberkannt wurde, schon vor langem gebrochen und nicht den geringsten Kontakt mehr zu ihm zu haben. Die Behauptung wird von manchen Ermittlern in Zweifel gezogen: »Es handelt sich um einen Clan, und es ist durchaus denkbar, dass manch einer darunter ist, der aus Gründen der Gesinnung oder auch aus rein familiären Beweggründen Kontakt zu ihm hält.« Die Person Osamas, der ein auf 50 bis 300 Millionen geschätztes Vermögen in bar und an Aktiva geerbt haben soll, darf die Entscheidungen und den allgemeinen Kurs des Konzerns jedenfalls keineswegs beeinträchtigen. Allerdings gibt es erstaunliche Vorfälle. 1996 kamen bei einem Bombenanschlag mit einem sprengstoffbeladenen Lastwagen in Dhahran 19 amerikanische Militärangehörige ums Leben. Die Ermittlungen brachten zutage, dass das Attentat von Sympathisanten des Netzwerks Al Qaida in Auftrag gegeben wurde, das schon seit langem eindeutig als großangelegte terroristische Bedrohung amerikanischer Interessen ausgemacht worden war. Kurz nach dem Anschlag wurde die bin Laden Group mit dem Bau von Rollbahnen und Baracken für amerikanische Truppen betraut, die aus Sicherheitsgründen mitten in die Wüste verlegt wurden.

Die bin Ladens unterhalten, teils über Carlyle, enge Verbindungen zu Politgrößen der Republikanischen Partei wie zum Beispiel zu James Baker, vor allem aber auch zu George Bush.

Im Zuge seiner Aufenthalte auf saudischem Boden stattet ihnen der amerikanische Ex-Präsident regelmäßig einen Besuch ab. So auch 1998, in Begleitung von James Baker, der ein Jahr später allein wiederkehrte und zu diesem Zwecke die Privatmaschinen der Familie nutzte. Nach einem plötzlichen und rätselhaften Gedächtnisausfall, vermutlich eine Folge der Anschläge vom 11. September, räumte George Bush ein, die bin Ladens im Januar 2000 erneut in Dscheddah getroffen zu haben. Jean Becker, die Assistentin des Ex-Präsidenten, rückte die Äußerung ins rechte Licht:»Präsident Bush hat sie zweimal getroffen. Er hat keine Verbindungen zur Familie bin Laden.«

In Wirklichkeit bestehen schon seit fast zwanzig Jahren Beziehungen zwischen den beiden Familien. Am 29. Mai 1988 kam Salem bin Laden, der den Konzern damals leitete und die Interessen der Familie vertrat, bei einem Flugzeugabsturz ums Leben. Der Unfall hatte sich kurz nach dem Start der Maschine in San Antonio in Texas ereignet; Salem bin Laden hatte das Flugzeug selbst gesteuert. Er war ein äußerst erfahrener Pilot, der über 15 000 Flugstunden absolviert hatte. Zeugenaussagen zufolge kam der Absturz»vollkommen unerwartet und [war] unerklärlich«.

Jim Bath war der Mann seines Vertrauens gewesen. Er war mit George W. befreundet, hatte von der CIA Flugzeuge übernommen und in den siebziger Jahren in Arbusto investiert, die erste vom Bush-Sprössling gegründete Erdölfirma:»Bath hat dieses Geld nicht gehabt«, so einer seiner ehemaligen Partner.»Vielleicht hatte er es von Salem bin Laden.« Zu den von Salem in Texas getätigten Finanzgeschäften gehörte der Kauf des Flughafens Houston Gulf. Nach Salems Tod ging seine Beteiligung an seinen Geschäftspartner und Freund Khalid bin Mahfouz, Eigentümer der größten saudi-arabischen Bank, der mit 20 % auch an der BCCI beteiligt war und bekanntlich auf Scheingeschäfte und kriminelle Organisationen spezialisiert war. Mahfouz, der auch George W. Bush geschäftlich beriet, steht heute in Verdacht, der Al Qaida über seine Bank etliche Millionen Dollar zugespielt zu haben. Die bin Ladens allerdings nehmen an diesen Machenschaften offenbar keinen Anstoß. Jedenfalls wickeln sie zahlreiche ihrer Geschäfte nach wie vor über Mahfouz' National Commercial Bank ab. Weitere Verbindungen: Zwischen 1994 und 1997 arbeitete die bin Laden Group eng mit der in Dallas ansässigen Firma HC Price zusammen, die auf das Verlegen von Pipelines im Mittleren Osten spezialisiert war. In der Folge kam es auch zu einem Joint Venture zwischen den bin Ladens und Price, die sich in Brothers Shaw Inc. umbenannte. Dieses Unternehmen wurde in eine Tochtergesellschaft von Halliburton Corporation umgewandelt, die nach der strittigen Übernahme von Dressler Industries weltweit zum Marktführer auf dem Sektor Erdölengeneering und -ausrüstung avancierte.

Geschäftsführer der texanischen Firma Halliburton war bis Januar 2001 der derzeitige Vize-Präsident Dick Cheney. Und die ebenfalls in Texas ansässige Dressler Industries war die erste Firma, die George Bush 1948 Arbeit bot.

»Ein Interessenkonflikt weitet sich zum Skandal aus«

Die bereits zitierte NGO Judicial Watch, die Fällen von Amtsmissbrauch und Korruption innerhalb der Regierung nachgeht und Kritik an den Verbindungen zwischen George Bush und Carlyle geäußert hatte, nahm dazu folgendermaßen Stellung: »Dieser Interessenkonflikt hat sich inzwischen zu einem Skandal ausgeweitet. Die Vorstellung, dass der Vater des Präsidenten, bei dem es sich zudem um einen Ex-Präsidenten handelt, mit einem Unternehmen [dem der bin Ladens] Geschäfte macht, gegen das seit den Terroranschlägen vom 11. September beim FBI ermittelt wird, ist furchtbar. Präsident Bush müsste nicht nur darum bitten, sondern darauf bestehen, dass sein Vater aus der Carlyle Group ausscheidet.« Erst im Oktober 2001, einen Monat nach der Tragödie vom 11. September, gab Carlyle in einer kurzen Mitteilung bekannt, die bin Ladens hätten sich aus dem Investmentfonds zurückgezogen, was zahlreiche Kenner jedoch mit Argwohn zur Kenntnis nahmen. Im *Wall Street Journal* vom 28. September 2001 hieß es:»Sollten die Vereinigten Staaten vermehrt militärische Anstrengungen unternehmen, um die terroristischen Aktivitäten von Osama bin Laden zu stoppen, könnte ihr Vorstoß einen unvermuteten Nutznießer hervorbringen: die Familie bin Laden.« Zu dem Zeitpunkt war der Kreuzzug gegen den Irak noch nicht eröffnet.

Am 24. September 2001 erschien Präsident George W. Bush im Rosengarten des Weißen Hauses zu einer Pressekonferenz. Er kündigte eine Offensive gegen den Terror fördernde Finanzgeflechte und deren Urheber an:»Amerikanische Banken, die über Aktivvermögen verfügen, das diesen Gruppen oder Personen gehört, müssen es einfrieren.« Und er fügte hinzu:»Amerikanische Bürger und Geschäftsleute dürfen mit ihnen keine Geschäfte machen.« Jedoch hatte sich, wie der Kommentator Wayne Madsen schrieb,»der Präsident nicht immer an das gehalten, was er jetzt predigt: Die eigenen Geschäfte der Bushs standen im Zusammenhang mit Persönlichkeiten aus der Finanzwelt, die in Saudi-Arabien bin Laden unterstützt haben.«

5

Bandar bin Sultan ist jemand, der die ganze Komplexität der ebenso zwiespältigen wie komplizenhaften Beziehungen zwischen den Vereinigten Staaten und Saudi-Arabien in Reinkultur verkörpert. Einem Kenner zufolge hat das Verhältnis zwischen der größten Weltmacht und dem weltweit größten Erdölproduzenten und -exporteur »mehr von einer Zwangsheirat als von einer Romanze«. Das Öl ist das Bindemittel für die Union zwischen dem Land, das die größte Demokratie zu sein beansprucht, und der theokratischen Monarchie, in der es weder Meinungsfreiheit noch politische Wahlmöglichkeiten gibt. Robert Kaiser und David Ottaway haben es in der *Washington Post* sehr zutreffend formuliert: »Jeder der beiden Partner wäre entsetzt gewesen, wenn der andere ihm seine Werte, seinen Glauben oder seine Bräuche hätte aufzwingen wollen.«

Bandar bin Sultan ist seit 1983 Botschafter in Washington. Der Sohn von Verteidigungsminister Prinz Sultan, dem Bruder von König Fahd, erfuhr von seinem Vater erst als Jugendlicher Anerkennung, weil seine Mutter eine Dienerin war.

Im Laufe der Jahre entwickelte er sich zu einem einflussreichen Mitglied der Herrscherfamilie und nach seiner Entsendung in die USA zu einer der angesehensten Persönlichkeiten in der amerikanischen Hauptstadt. Viele sahen in ihm sogar die maßgebliche Stimme der saudischen Diplomatie. Das Washingtoner Establishment erinnert sich der prachtvollen Empfänge und des außerordentlichen Prunks in seinem 25 Zimmer und 16 Bäder beherbergenden Haus in Aspen, Colorado. Bandar besitzt ein ausgeprägtes Selbstwertgefühl und schätzt die Rolle seines Landes hoch ein. Vor allem während der Reagan- und Bush-Ära stand er dem Weißen Haus sehr nahe und hielt enge Verbindungen zur CIA; sein besonderes Interesse waren Geheimoperationen. Als die CIA die gegen die Sowjets kämpfenden afghanischen Mudschaheddin unterstützte, wurde jede Million, die vom amerikanischen Geheimdienst kam, noch einmal um eine Million von den Saudis aufgestockt. Auf diese Weise steuerte Saudi-Arabien auf Veranlassung seines Botschafters über 30 Millionen Dollar bei.

Als Oliver North, der unter Reagan dem Nationalen Sicherheitsrat im Weißen Haus angehörte, infolge einer Ablehnung im Kongress nach einer Möglichkeit suchte, die Contras in Nicaragua zu finanzieren, die gegen das von Moskau unterstützte Regime der Sandinisten kämpften, stellte Bandar unter der Hand 20 Millionen Dollar zur Verfügung, ein Geschenk der saudischen Königsfamilie.

Während der ersten Golfkrise 1990 pendelte er häufig zwischen Saudi-Arabien und Washington. Für die Amerikaner war er die Schlüsselfigur, die ihnen bei den Saudis die Türen öffnete und sie für die Präsenz fremder Truppen auf ihrem Boden empfänglich machte, was sie bis dato immer abgelehnt hatten. Als Wächter über die Heiligen Stätten des Islam waren sie gegen jede westliche Präsenz.

Zur entscheidenden Wende kam es am 3. August 1990,

als Saddam Hussein gerade in Kuweit einmarschiert war. Bandar bin Sultan erhielt einen Anruf von Präsident Bush, der ihn für den Nachmittag ins Pentagon einlud. Verteidigungsminister Dick Cheney erwartete ihn gemeinsam mit Generalstabschef Colin Powell. Sie schlossen sich im so genannten »Panzer« ein, einem bewachten, abhörsicheren Raum.

Der Verteidigungsminister kam auf die irakischen Truppenbewegungen an der saudischen Grenze zu sprechen, die er mit Satellitenfotos belegte. Saddam Hussein könne versucht sein, auch die Ölquellen im Osten des saudischen Königreichs zu erobern.

Der saudische Botschafter entgegnete, dass die Machthaber in Saudi-Arabien auch angesichts einer realen irakischen Bedrohung am Willen der Amerikaner zweifelten, dieser Einhalt zu gebieten. Er erinnerte an die einstige »Geste« von Jimmy Carter, der während des Kriegs zwischen dem Iran und dem Irak, als sich der Konflikt auf die gesamte Region auszudehnen drohte, vorgeschlagen hatte, ein Dutzend unbewaffnete F-15-Abfangjäger zur Verteidigung des saudischen Königreichs zu schicken. Er sagte auch, dass eine amerikanische Militärhilfe von König Fahd und seinen Beratern immer wieder erörtert werde, sie aber nicht wollten, dass diese auf eine einfache Machtdemonstration hinauslaufe.

Cheney schob dem Botschafter die vor ihm liegende Akte hin und bat ihn, Einsicht zu nehmen. Es handelte sich um den Verteidigungsplan für Saudi-Arabien, der wenige Stunden zuvor ausgearbeitet worden war und zwei Teile umfasste: Die Stationierung von Schiffen und eines taktischen Luftstreitverbands sowie die Entsendung von Bodentruppen: insgesamt 700 Flugzeuge, mehrere Dutzend Schiffe und 140 000 Soldaten.

Bandar bin Sultan sagte, er werde unverzüglich seinen Onkel, den König, anrufen, um ihm den amerikanischen Plan ausführlich darzulegen. Am nächsten Tag telefonierte auf seine Anregung hin George Bush mit König Fahd. »Majestät, Sie müssen wissen, dass Saddam Hussein es nicht bei Kuweit belassen wird. Wir stehen an Ihrer Seite.«

Als sich Bush wenige Monate später zu einer Truppeninspektion nach Saudi-Arabien begab, schloss er Bandar bei seiner Ankunft in Riad mit dem Satz in die Arme: »Sie machen Ihre Sache gut.« Bandar fügte hinzu, der Präsident habe Tränen in den Augen gehabt.

Nach dem Golfkrieg war Bandar regelmäßig zu Gast im Hause Bush und wurde auch in die Sommerresidenz in Kennebunkport in Maine geladen. Bei Familienmitgliedern lief er unter der Bezeichnung »Bandar Bush«. Er lud seinerseits George Bush zur Fasanenjagd auf sein Gut in England ein. Damals schienen die amerikanisch-saudischen Beziehungen unter einem guten Stern zu stehen.

Saudi-Arabien ist »etwas weit weg«

Noch zur Entstehung des Königreichs hatten dagegen harte Zeiten geherrscht. 1930 bekannte Ibn Saud, der Begründer Saudi-Arabiens, er sei so arm, dass er »nicht einmal einen Stein besitze, auf den ich meinen Kopf betten kann«. Zwei Jahre später verfügte das Königreich, das er soeben durch den Zusammenschluss der Beduinenstämme ringsum geeint hatte, über keine andere Einnahmequelle als die Eintrittsgelder der Pilger von Mekka und Medina, und in manchen Jahren fielen diese Einnahmen so niedrig aus, dass das Land am Rande des Bankrotts stand. Ibn Saud richtete verzweifelte Hilferufe an die großen Erdölgesellschaften, vornehmlich in Großbritannien, damit diese saudisches Öl förderten. »Für eine Million Dollar«, versprach er einem englischen Geschäftsmann, »trete ich Ihnen so viele Konzessionen ab, wie Sie nur wollen.« Die Summe war lächerlich gering, aber niemand hatte Interesse an dem Angebot.

Vor allem durch die von der Irak Petroleum Company geförderten Mengen war so viel Erdöl verfügbar, dass die großen Firmen sich in einem wesentlichen Punkt einig waren: Das saudische Erdöl sollte niemals aus den Tiefen der Wüste an die Oberfläche gelangen, um einer Überproduktion vorzubeugen. Zudem war die arabische Halbinsel weder kommerziell noch politisch von Interesse.

Als der Gründer des Königreichs am 9. November 1953 in seinem Palast in Taef, östlich von Mekka, starb, trauerten nur wenige um ihn, wie sein Berater Harry Saint John Philby, der Vater des berühmten sowjetischen Spions Kim Philby, zu berichten wusste. Nur wenigen Saudis hatte seine Regentschaft Nutzen gebracht, die großen Gewinner waren die Vereinigten Staaten.

Auf dem Rückweg von der Konferenz von Jalta im Februar 1945 hatte Präsident Roosevelt den König an Bord des amerikanischen Kreuzers *Quincy* empfangen, der im Roten Meer vor Anker lag. Die Initiative ging auf Roosevelt zurück, der sich erhoffte, der König könne zugunsten einer friedlichen Lösung in Palästina intervenieren.

Der amerikanische Präsident war der Ansicht, Saudi-Arabien sei »etwas weit weg« für die Amerikaner, eine aus heutiger Sicht durchaus denkwürdige Einschätzung. Das Treffen an Bord der *Quincy* legte eher nebenbei denn in aller Form den Grundstein für eine Übereinkunft zwi-

schen den beiden Ländern, die fast sechzig Jahre lang auf
ein und demselben Postulat beruhte:»Wir gewähren
euch Schutz, und im Gegenzug versorgt ihr uns mit Öl.«
Ibn Saud hatte die Lage falsch eingeschätzt, die sich als
extrem profitabel für die Vereinigten Staaten erwies. Er
gab den amerikanischen vor den britischen Erdölgesellschaften den Vorzug, weil sie, wie er sagte,»der politischen Macht weniger nahe standen«.

Die Aramco, das Erdölkonsortium, das in Saudi-Arabien tätig wurde, vereinte die größten amerikanischen
Erdölfirmen und verfügte gleichzeitig über große Ein-
flussmöglichkeiten bei den Machthabern in Washington,
im Kongress ebenso wie im Weißen Haus.

Innerhalb nur weniger Jahrzehnte hatte sich das Blatt
gewendet und Saudi-Arabien hatte sich zum Erdölriesen
mit riesigen Vorkommen gewandelt, der acht oder auch
zehn Millionen Barrel pro Tag absetzen konnte. Nicht
eine wichtige Entscheidung in Sachen Erdölstrategie
konnte ohne die Saudis getroffen werden. Die letzte Krise erlebten die beiden Länder 1973, als sich König Faisal
dem Erdölembargo der OPEC-Staaten anschloss, wodurch der Preis pro Barrel von drei auf über elf Dollar
stieg. Durch die»Waffe Erdöl« waren etliche Hundert
Millionen Dollar aus den Verbraucherländern in die Pro-
duzentenländer transferiert worden. Saudi-Arabien wurde extrem reich, und die Amerikaner interessierten sich
schon sehr bald für die Rückführung dieser»Petrodol-
lars« und sahen sie als ein Mittel an, mit dem sich das
amerikanische Haushaltsdefizit beheben ließe. Dazu
müssten die Saudis lediglich Anleihen kaufen, was sie
auch taten.

In den Jahren nach dem ersten Ölschock gingen Wirt-
schaftsanalysten der Frage nach, was die Golfstaaten und

allen voran Saudi-Arabien wohl mit den enormen Geldern anfingen, über die sie verfügten. Wären sie nicht in der Lage, große Teile der Weltwirtschaft unter ihre Kontrolle zu bringen? Eine offenkundige Tatsache wurde dabei allerdings außer Acht gelassen. Die imposanten Summen, die von den Erdöl produzierenden Ländern in die Banken im Westen rückgeführt wurden, waren kein Beweis für ihre Macht, sondern eher ein Zeichen für ihre Schwäche und Anfälligkeit. Käme es zu einer weiteren internationalen Krise größeren Ausmaßes, würden all diese Guthaben auf der Stelle eingefroren.

Beim saudischen Königreich handelte es sich ferner um ein Land von Privatleuten, in dem der allzu schnell und allzu bequem erworbene Reichtum mit einer vorsichtigen und bisweilen sogar zögerlichen Regionalpolitik einherging.

Eine Folge dieses explosionsartig entstandenen Reichtums war ein beiderseitiger Zynismus. Die Amerikaner übten einen permanenten Kaufdruck aus, um Militärausrüstung, Boeings oder Infrastrukturmaßnahmen an den Mann zu bringen. Als Gegenleistung verlangten die Saudis mindestens fünfprozentige Provisionen, die in der Regel an die 8000 Prinzen im Land bezahlt wurden. In einem amerikanischen Fernsehinterview machte Bandar bin Sultan kürzlich ein überraschendes Geständnis. Danach seien von den 400 Milliarden Dollar, die das Königreich innerhalb von dreißig Jahren in den Aufbau eines modernen Staates investiert habe, 50 Milliarden durch Korruption oder Misswirtschaft verloren gegangen. Er fügte hinzu:»Korruption war schließlich keine Erfindung von uns.«

Selbst in Fragen der Verteidigung des Königreichs legten die Amerikaner eine eher kleinliche Haltung an den

Tag: So kamen sie nicht für das Kerosin auf, das die US-amerikanischen Flugzeuge auf saudischem Staatsgebiet verbrauchten. Wurde ein saudischer Offizier in den Vereinigten Staaten ausgebildet, kostete ihn sein Aufenthalt dort mehr, als es für Angehörige anderer Länder wie beispielsweise der NATO-Verbündeten der Fall war. Mit der Zeit exportierten die Saudis ebenso viel Geld in die Vereinigten Staaten wie Öl. Wie hätte ein unterbevölkertes und unterentwickeltes Land wie Saudi-Arabien auch diese vielen Hundert Millionen Dollar absorbieren sollen?

Seitdem hat sich allerdings viel verändert. 1981 betrugen die jährlichen Erdöleinnahmen 227 Milliarden Dollar. Fünf Jahre später fielen sie auf 31 Milliarden Dollar. In den neunziger Jahren lagen die Jahreseinnahmen bei rund 60 Milliarden Dollar, und im Jahr 2002 dürften sie ungefähr 50 Milliarden Dollar betragen haben.

Das Land befindet sich in einer Krise, die Wirtschaft stagniert. Das Pro-Kopf-Einkommen, das von 19 000 Dollar im Jahr 1981 auf 7300 Dollar im Jahr 1997 zurückging, nimmt weiter stetig ab. Das Königreich hat wohl die weltweit höchste Geburtenrate, für das Jahr 2015 geht man von 33 Millionen Einwohnern aus. Doch sehen die Verantwortlichen darin kein Problem. Ein Fachmann, der Prinz Abdullah persönlich dazu befragt hat, fasst dessen Haltung wie folgt zusammen: »Je größer unsere Bevölkerung ist, desto besser. Wenn wir bei 45 Millionen Einwohnern sind, können Sie wieder kommen und uns über Familienplanung aufklären.«

Sogar die 80 bis 100 Millionen Dollar, die das Land jährlich für den Unterhalt der amerikanischen Streitkräfte auf seinem Boden aufbringt, sind derzeit eine Bürde.

Ein in den Vereinigten Staaten lebender, seiner Regierung kritisch gegenüberstehender Saudi zieht folgendes Resümee: »Die Männer, die an der Macht sind, sind schlechte Landesfürsten, aber gute Verbündete.« Bandar bin Sultan, den eine amerikanische Zeitschrift als »Freund für immer« bezeichnete, liefert den Beweis dafür.

»Der Präsident hat sein Herz am rechten Fleck«

Dabei waren die Jahre der Präsidentschaft von Bill Clinton für ihn ein Spiegel der in seinen Augen tristen Verhältnisse in seiner Heimat. Bandar bin Sultan langweilte sich in seinem Amt und genoss auch nicht mehr die gewohnte Vorzugsbehandlung durch den Präsidenten und dessen Mitarbeiter. Der Sieg von George W. war ihm eine große Genugtuung. Bei den saudischen Machthabern war Bush senior der beliebteste Amerikaner, seit der Operation »Desert Storm« war er gar ein Nationalheld. Neuerliche Enttäuschungen und Meinungsverschiedenheiten ließen allerdings nicht lange auf sich warten.

Im August 2001 erreichten sie ihren Höhepunkt. Die israelisch-palästinensischen Auseinandersetzungen griffen immer mehr um sich, und Tsahals Antwort auf den Aufstand der zweiten Intifada fiel immer härter und blutiger aus. Das saudische Fernsehen zeigte Tag für Tag lange Berichte unter anderem von jungen Palästinensern, die sich den israelischen Panzern entgegenstellten. Aus dem Umfeld von Kronprinz Abdullah war zu hören, er sitze jeden Tag wie gebannt vor dem Bildschirm und verfolge die Berichterstattung mit Empörung, tiefer Bewegung und Entsetzen. Der 79-jährige Abdullah ist ein Halbbruder von König Fahd, der seit einem schweren Schlaganfall im Jahr 1995 seinen Amtsgeschäften nicht mehr nachgeht. Abdullah gilt als integer inmitten eines Sumpfes der Korruption und als den Vereinigten Staaten weniger ergeben als seine Halbbrüder. Ein ehemaliger Berater des Weißen Hauses vertraute dem Journalisten Seymour Hersh allerdings an: »Es gibt nur einen einzigen Grund, warum man Fahd am Leben lässt: um zu verhindern, dass Abdullah König wird.«

Seit der Wahl Ariel Scharons zum Premierminister im Februar 2001 wurde Bush von Abdullah in zahlreichen Briefen aufgefordert, Druck auf den israelischen Regierungschef auszuüben, doch ohne Erfolg. Der Vater des Präsidenten und Partner von Carlyle hatte lange mit Abdullah telefoniert, um ihn der guten Absichten seines Sohnes zu versichern und zu beteuern, dass »der Präsident sein Herz am rechten Fleck« habe. Was jedoch ohne Wirkung blieb.

Am 23. August drangen israelische Panzer in die Stadt Hebron ein, und der saudische Kronprinz war regelrecht schockiert vom Bild eines Soldaten, der einer palästinensischen Frau mit dem Stiefel den Kopf auf den Boden drückte. Tags darauf konnte er vernehmen, was George W. Bush bei einer Pressekonferenz auf seiner Ranch in Crawford erklärte: »Die Israelis werden nicht unter der Bedrohung des Terrors verhandeln, so einfach ist das. Und wenn die Palästinenser den Dialog wollen, fordere ich Arafat unmissverständlich auf, hundertprozentige Anstrengungen zu unternehmen, damit der Terror ein Ende hat. Ich glaube, Arafat kann seine Sache besser machen, als dies bisher der Fall war.«

Für Abdullah liefen die Worte des Präsidenten auf eine bedingungslose Unterstützung Israels und die endgültige Verurteilung der Palästinenser hinaus. Er griff sofort zum

Telefon, um Bandar bin Sultan in dessen Residenz in Aspen anzurufen, doch den erreichte seine Nachricht erst spät in der Nacht. Bei einem erneuten Anruf Abdullahs am darauffolgenden Morgen bat er bin Sultan, Bush eine sehr deutliche Botschaft zu übermitteln. Bandar traf Colin Powell und Condoleezza Rice, die Chefin des Nationalen Sicherheitsrates im Weißen Haus. Das Schreiben seines Onkels war 25 Seiten dick, und es versetzte die Verantwortlichen auf amerikanischer Seite in einen Schockzustand. Aus offiziellen saudischen Kreisen wurde Folgendes über den Inhalt bekannt: »Wir glauben, dass die Vereinigten Staaten die strategische Entscheidung getroffen haben, ihre nationalen Interessen im Mittleren Osten hundertprozentig auf Scharon zu stützen. Das ist natürlich das gute Recht der Vereinigten Staaten, aber Saudi-Arabien kann diese Entscheidung nicht akzeptieren. Von heute an gehen Sie Ihren Weg und wir den unsern. Ab sofort tragen wir Sorge für den Schutz unserer nationalen Interessen.«

Bandar erhielt auch Weisung, jede Verbindung zwischen den beiden Ländern abzubrechen. Am 25. August erging an den saudischen Generalstabschef, der am Vorabend zu Treffen mit hochrangigen Persönlichkeiten nach Washington gereist war, der Befehl, unverzüglich nach Riad zurückzukehren, ohne mit seinen amerikanischen Gesprächspartnern überhaupt Kontakt aufgenommen zu haben. Daraufhin trat eine vierzigköpfige Delegation von Offizieren, die in der Bundeshauptstadt weilte, sofort den Rückflug an.

Das schlug ein wie eine Bombe. Bandar hatte sich darauf gefasst gemacht, dass die Antwort des Präsidenten fünf oder sechs Tage auf sich warten lassen würde, doch kam sie bereits 36 Stunden später in Form eines zweiseitigen Briefes. Laut Auskunft von Adel Jubeir, dem außenpolitischen Berater des Kronprinzen, ging daraus hervor, dass Bush bezüglich des israelisch-palästinensischen Konflikts eine Haltung habe, »die von der Position Clintons nach dessen Weggang aus dem Weißen Haus nicht weit entfernt ist«. Die in der Botschaft enthaltenen Ansichten wichen beträchtlich von denen Scharons ab, sowohl was das Prinzip als auch die Modalitäten eines Friedensprozesses anging.

In seinem Brief hatte Abdullah geschrieben: »Ich weise die sonderbare amerikanische Haltung zurück, derzufolge das Blut eines israelischen Kindes wertvoller und geheiligter sein soll als das eines palästinensischen Kindes. Ich weise das Argument derer zurück, die behaupten, der Mord an einem Palästinenser sei ein Akt der Verteidigung, der Mord eines Palästinensers an einem Israeli dagegen eine terroristische Handlung.«

Bush erwiderte, dass »das Blut Unschuldiger stets das gleiche ist, ob es sich um Palästinenser, Israelis, Juden, Christen oder Muslime handelt«, und fügte hinzu, er »lehne jeden Akt der Demütigung« ab, was Abdullah als Entgegnung auf seine Erwähnung der von dem israelischen Soldaten mit dem Stiefel traktierten palästinensischen Frau deutete.

Die Saudis waren begeistert von der amerikanischen Antwort. Alle waren mit Bandar der Überzeugung, dass »die in dem Schreiben zum Ausdruck gebrachten Positionen nicht innerhalb von 36 Stunden aus dem Boden gestampft worden sein konnten. Die Administration musste schon lange damit beschäftigt sein, und wenn man sich bislang niemandem gegenüber entsprechend geäußert hatte, so nur deshalb, weil man auf den geeigneten Zeitpunkt wartete.«

Abdullah, der von einem Neubeginn in den amerikanisch-saudischen Beziehungen überzeugt war, drängte
Bush, den Inhalt seines Briefes öffentlich darzulegen. Anfang September überlegten Vertreter beider Länder, wie
die künftigen Schritte aussehen könnten: eine Rede von
Bush oder Powell, ein Treffen des amerikanischen Präsidenten mit Arafat anlässlich der Generalversammlung
der Vereinten Nationen ... Sämtliche Optionen wurden
diskutiert.

Bandar war euphorisch, und beide Länder bekundeten
mehrfach ihren guten Willen: Die Saudis würden weiterhin versuchen, amerikanische Interessen zu wahren, und
Washington bekräftigte seine Absicht, die Friedensinitia-
tive in der Region erneut voranzubringen.

Am 10. September abends schien sich die Lage noch
wunschgemäß zu entwickeln. Am 11. September morgens,
als Bandar die Tragödie im World Trade Center am Bildschirm verfolgte, wurde ihm klar, dass all seine Hoffnungen vermutlich gerade zunichte gemacht worden waren.

Doch erst weitere 24 Stunden später wurde er mit der
ganzen Wahrheit konfrontiert. Am 12. September um
22.30 Uhr wurde er durch einen Anruf von George
Tenet, dem Leiter der CIA, darüber informiert, dass 15
oder 16 der Luftpiraten aus Saudi-Arabien stammten.
»Es war, als hätten die Zwillingstürme mich unter sich
begraben«, gestand der Botschafter.

Bin Laden wird abgehört

»Verstehen die beiden Länder einander besonders gut?«,
so fragte Brent Scowcroft. »Vermutlich nicht, und ich
glaube, wir vermeiden es, über Themen zu reden, die

wirkliche Probleme darstellen, weil unsere Beziehungen sehr höflich sind. Aber es bleibt alles an der Oberfläche.« Missverständnisse und mangelndes Verständnis gab es sehr wohl, aber seit mehreren Jahren verfügten die Amerikaner über ausreichende Informationen, anhand deren sie sich eine präzise Vorstellung von der wirklichen Lage im Königreich machen konnten.

Seit über zehn Jahren fingen Spionagesatelliten und Abhörzentren der NSA Gespräche zwischen Mitgliedern der Königsfamilie ab. Sie deckten sowohl Meinungsverschiedenheiten zwischen den führenden Machthabern der theokratischen Monarchie auf als auch das ganze Ausmaß der Korruption und die in der Führungsriege grassierende Angst, dass die mit vielen Hundert Millionen Dollar unterstützten fundamentalistischen Organisationen sich möglicherweise gegen sie selbst richten und an ihrem Umsturz arbeiten könnten.

Schon 1996 war den Amerikanern durch Abhöraktionen zu Ohren gekommen, dass neben bin Laden auch etliche andere Kleinstgruppierungen in der Golfregion, im Mittleren Osten und in Südostasien mit saudischem Geld finanziert wurden. Diese Vielzahl von Organisationen schloss sich kurz darauf zur Al Qaida zusammen.

Bin Laden war beim NSA kein Unbekannter. Seine Gespräche wurden regelmäßig abgehört. Nach Angaben von James Bamford, dem Autor des Buches *Body of Secrets*, benutzte der Terroristenchef ein INMARSAT-Mobilfunktelefon (der Internationalen Fernmeldesatelliten-Organisation für die Seeschifffahrt), das sendet und empfängt. Dieses System wurde auf Schiffen sowie von Bohrtrupps benutzt. Bin Laden wusste, dass er abgehört wurde, aber Experten zufolge schien er dem keine Bedeutung beizumessen. Manchmal, wenn Vertreter der NSA bei hochrangigen Besuchern Eindruck schinden wollten, wurden Mitschnitte von Gesprächen zwischen bin Laden und seiner Mutter abgespielt.

Laut Seymour Hersh lieferten die Mitschnitte auch Erkenntnisse über Komplotte zwischen den Familienmitgliedern, die sich die Macht streitig machten, oder gaben Diskussionen über die Aufteilung einträglicher Provisionen wieder. Hersh zufolge ging aus mehreren abgehörten Gesprächen auch hervor, dass Bandar bin Sultan an Waffengeschäften zwischen London, dem Jemen und der Sowjetunion beteiligt war, bei denen Provisionen von mehreren Millionen Dollar gezahlt wurden.

Kronprinz Abdullah hatte sich bemüht, die Privilegien von 8000 Prinzen insoweit einzudämmen, als er sie anhielt, für ihre Telefonrechnungen selbst aufzukommen. Zwischen 1998 und 2000 war für unbezahlte Telefonrechnungen die astronomische Summe von 880 Millionen Dollar aufgelaufen; ferner waren 20 % der Erdöleinnahmen des Landes Mitgliedern der Königsfamilie vorbehalten. In seinen Berichten zeichnete die NSA das Bild einer herrschenden Dynastie, die der Mehrheit ihrer Untertanen vollkommen fremd geworden war. Sie fühlten sich mehr und mehr zu dem radikalen Islamismus hingezogen, den bin Laden predigte und verkörperte.

Nach der Tragödie vom 11. September und den Enthüllungen der darauffolgenden Wochen, die die maßgebliche Rolle der Saudis bei der Vorbereitung und Durchführung der Attentate ans Licht brachten, saß Saudi-Arabien nunmehr auf der Anklagebank. Als Antwort auf George W. Bushs Frage nach dem 11. September, »Seid ihr für uns oder gegen uns?«, entgegnete Charles Freeman, der während des Golfkriegs Botschafter in Riad gewesen war: »Wenn man diese Frage auf

Saudi-Arabien überträgt, muss man sich in der Tat fragen, wo sie stehen.«

Bill Clintons ehemalige Außenministerin Madeleine Albright fügte hinzu:»Die Saudis haben ein eigenartiges Verhalten, das sich daran fest macht, dass selbst das eigene Umfeld nicht mitbekommen soll, dass sie Beziehungen zu den Vereinigten Staaten unterhalten oder diese herzustellen versuchen.«

Wie es mit der amerikanischen Militärpräsenz im Königreich weitergehen sollte, wo 5000 Soldaten sowie Marine- und Luftverbände stationiert waren, war ebenfalls ungewiss. Es hieß, Abdullah wünsche ihren Abzug. Nawaf Obeid, ein gut unterrichteter saudischer Experte, sagte dazu:»Geht man von der nationalen Sicherheit und entsprechenden diesbezüglichen Planungen aus, liegt es auf der Hand, dass die amerikanische Präsenz auf saudischem Boden keine Option mehr ist. Das ist die Meinung, die in Riad schon lange vor den Ereignissen des 11. September vorherrschte.«

Dennoch wurde nach außen hin alles unternommen, um den Schein zu wahren, während die amerikanischen Medien sich äußerst kritisch zur tatsächlichen Kooperationsbereitschaft der Saudis im Kampf gegen den Terrorismus äußerten, eine Skepsis, die auch regelmäßig im Kongress zum Ausdruck kam. Abdullah hatte sich im saudischen Fernsehen zu Wort gemeldet und die amerikanische Presse beschuldigt, es darauf anzulegen,»das Ansehen des Königreichs zu untergraben«.

Bush hatte ihn daraufhin sofort angerufen. Abdullah berichtete, Bush habe»zunächst gesagt, es tue ihm Leid, und dann hinzugefügt: ›Wir werden es nicht hinnehmen, ich werde es nicht hinnehmen und viele Amerikaner werden es nicht hinnehmen.‹«

Kurz darauf vertraute sich Al Jubeir, der diplomatische Berater des Kronprinzen, amerikanischen Funktionären an: »Die Vorstellung, Riad würde nicht jede verfügbare Waffe im Kampf gegen Al Qaida zum Einsatz bringen, ist ungeheuerlich/vollkommen absurd. Bin Laden hasst die saudische Regierung noch mehr als die Vereinigten Staaten.«

Eine verheerende Begegnung

Bush und Kronprinz Abdullah begegneten sich zum ersten Mal am 25. April 2002. Der amerikanische Präsident hatte den saudischen Würdenträger auf seine Ranch in Crawford, Texas eingeladen, ein zusätzlicher Hinweis auf die Bedeutung, die er diesem Besuch beimaß.

Nach fünfstündigen Gesprächen – »zwei Stunden mehr als geplant«, wie die Delegationen betonten – zeigten sich beide Staatsmänner zufrieden. Nach den Worten eines Beamten im Weißen Haus war »die Begegnung ausgesprochen herzlich und persönlich, es wurden keinerlei Drohungen ausgesprochen«. In sorgsam gewählten, diplomatischen Phrasen wurde hervorgehoben, es sei bei sämtlichen Themen, die erörtert wurden – Wiederankurbelung des israelisch-palästinensischen Friedensprozesses, der Krieg gegen die Taliban, der Kampf gegen den Terrorismus oder eine mögliche Intervention im Irak –, »vollständige Einigkeit erzielt worden«. Diese Darstellung der Fakten war schlicht falsch.

Zumindest auf saudischer Seite bargen die Begegnungen einiges an Spannung, Verzweiflung und Wut in sich. Vor Abdullahs Unterredung mit Bush wurde er von Vizepräsident Dick Cheney empfangen, und im Verlauf dieses Gesprächs kam es zu heftigen Vorhaltungen von Abdullah: »Ich habe gehört, dass manche Ihrer Mitarbeiter behaupten, Saudi-Arabien sei bereit, ungeachtet anders lautender öffentlicher Beteuerungen mit Ihnen in einen Krieg gegen den Irak zu ziehen. Die Antwort lautet nein! Ich habe in Saudi-Arabien nein gesagt, ich sage jetzt nein und werde auch morgen nein sagen!« Das Gespräch mit Bush fachte Abdullahs Wut erneut an.

Einen Monat zuvor hatte der Kronprinz einen Friedensplan zu Papier gebracht, der als Versuch gedacht war, eine Lösung für den israelisch-palästinensischen Konflikt zu finden. Die Initiative, so seine Annahme, könne die Entschlossenheit des Präsidenten stärken, im Laufe der drei darauffolgenden Jahre die Schaffung eines palästinensischen Staates herbeizuführen. Nun sagte er zu Bush: »Wir haben Licht am Ende des Tunnels. Aber wir haben keinen Tunnel.«

Er hatte sein ganzes Ansehen in die Waagschale geworfen, vor allem bei den arabischen Ländern, und diesen Vorstoß gemacht, der über kurz oder lang die Anerkennung des Staates Israel vorsah. Nach vertraulichen Angaben einiger Mitglieder seiner Delegation fühlte er sich durch die Haltung des amerikanischen Präsidenten regelrecht beleidigt. Bush wusste über Abdullahs Friedensplan kaum Bescheid und erwähnte ihn in dem Gespräch nur am Rande. Der Kronprinz ging gedemütigt aus der Unterredung hervor. Einem Beobachter zufolge war diese Begegnung mit dem Wort »verheerend« treffend umschrieben.

Fortan herrschte eine schwere Krise, die jedoch offiziell von allen Seiten kaschiert wurde. Eine Anekdote, die allerdings schon weiter zurückreicht, karikiert diesen Zustand. Im Oktober 2001, kurz nach den ersten Luftangriffen gegen Afghanistan, war Donald Rumsfeld nach Saudi-Arabien gereist, woraufhin ein Foto um die Welt ging, das den amerikanischen Verteidigungsminister im Gespräch mit König Fahd in dessen Palast in Riad zeigte. Fahd, der seit seinem schweren Schlaganfall rund um die Uhr von einem 26-köpfigen Ärzte- und Pflegerteam betreut wird, kann, wenn überhaupt, auf einem Stuhl sitzen und die Augen öffnen, doch erkennt er seine Besucher, teils selbst nahestehende Verwandte, meistens nicht.

Ein dahinvegetierender Herrscher, der sich mit einem amerikanischen Minister über das Schicksal der Region »unterhielt« – das war lächerlich und surrealistisch zugleich, aber auch eine erstaunliche Illustration des neuen Kurses in den Beziehungen zwischen den USA und Saudi-Arabien: Die Verantwortlichen gaben vor, einander zu konsultieren und zusammenzuarbeiten, doch in Wirklichkeit lasteten der gegenseitige Groll und die wechselseitigen Verdächtigungen von Mal zu Mal mehr auf dieser »sechzig Jahre währenden Freundschaft«. Vor dem 11. September war über diese Freundschaft von hoher Stelle noch folgender Satz zu vernehmen gewesen: »In ihrer Intensität ist sie in jeder Hinsicht vergleichbar mit den ›besonderen Beziehungen‹ zwischen London und Washington.« Mit der Zerstörung der Türme des World Trade Center hatten die Terroristen auch dieses »Idyll« regelrecht hinweggefegt, und die Amerikaner schienen schlagartig die »dunkle Seite« ihrer Partner zu entdecken, wie es ein Funktionär auf saudischer Seite formulierte.

»Wir wussten nun«, so ein Verantwortlicher des Pentagon, der Rumsfeld auf seiner Reise nach Saudi-Arabien begleitet hatte, »dass während der Unterredung des Ministers mit dem König und den Prinzen wenige hundert Meter weiter in den Cafés und in den Koranschulen bin

Laden als Held und seine Taten allseits als Errungenschaften gewürdigt wurden.«

»Tot oder lebendig«

Als es darum ging, Informationen über die Selbstmordattentäter einzuholen, klagten FBI und CIA über das zögerliche Verhalten auf saudischer Seite. »Sie fürchteten allzu sehr, dass unsere Liste auf eigenartige Weise immer länger werden könnte, wenn wir ihren Spuren erst nachgingen«, so ein Geheimdienst-Mitarbeiter. Dabei stand Osama bin Laden für die CIA schon seit mehreren Jahren im Zentrum ihrer Beobachtungen. Die Informationen, die man sich über den Terroristen beschafft hatte, wurden in der Zentrale in Langley in einem eigenen Raum aufbewahrt, den man auch »The bin Laden Room« nannte.

Eine entscheidende Frage brachte die CIA allerdings in größte Verlegenheit, weswegen man es auch vermied, darauf zu antworten: Welchen Zweck verfolgte man tatsächlich damit, all diese Informationen zu sammeln? Bin Laden war von den Amerikanern und von der CIA im antisowjetischen Krieg in Afghanistan instrumentalisiert worden, und aus einer irritierenden Nachricht ging hervor, dass im Juli 2001, zwei Monate vor den Anschlägen, der CIA-Verantwortliche in Dubai bin Laden im amerikanischen Krankenhaus in den Emiraten besucht habe, als dieser bereits wegen zahlreicher tödlicher Attentate gesucht wurde. »Unser Hauptaugenmerk lag immer auf ihm, aber es gelang ihm jedes Mal, uns zu entkommen«, so lautete fortan die wenig überzeugende Auskunft der amerikanischen Geheimdienste.

Die von George W. Bush ausgegebene Losung »tot oder lebendig« verwandelte sich trotz der in Afghanistan eingeleiteten umfangreichen Militäroperationen im Laufe der Monate in die Feststellung »weder tot noch lebendig«. In Washington schien man auch zu entdecken, dass sich immer mehr Saudis fundamentalistischen Bewegungen angeschlossen hatten, die Al Qaida teils auch finanziell unterstützten. Schätzungen zufolge beliefen sich die allwöchentlich vor den Moscheen gesammelten Beträge auf 50 Millionen Dollar, von denen ein Teil über ebenso komplexe wie geniale Finanzstrukturen an Terrornetze weitergeleitet wurde.

Im November 2001 ließ der saudische Innenminister Prinz Najef, ein Bruder des Königs, offiziell verlauten, dass seine Regierung »keine einzige Person festgenommen oder inhaftiert [habe], die mit den Ereignissen des 11. September in Zusammenhang steht«.

Ein wunder Punkt war auch die Präsenz amerikanischer Truppen in Saudi-Arabien. Dass schon seit elf Jahren auf dem geheiligten Boden des Islam eine Armee »Gottloser« stationiert war, die zu einem Land gehörte, das Israel unterstützte, hatte die Spannungen immer weiter geschürt. Diese Situation hatte Osama bin Laden auch als Grund für den von ihm ausgerufenen »Jihad« angeführt. »Es gibt keine wichtigere Aufgabe, als den amerikanischen Feind aus dem heiligen Land zu vertreiben«, hatte er 1996 erklärt. Diese amerikanische Militärpräsenz, die sich im Wesentlichen auf den mitten in der Wüste liegenden riesigen Luftstützpunkt Prince Sultan konzentrierte, verursachte bei den saudischen Machthabern zunehmend Unbehagen und Nervosität.

Fortan drifteten die Auffassungen Washingtons und der wahhabitischen Monarchie bezüglich der strategischen Lage in der Region auseinander. Die Saudis hatten sich dem Iran angenähert, einem traditionell feindlich gesinnten Nachbarn, den die Amerikaner stets als Bedrohung betrachtet hatten. Auch gingen sie nicht länger davon aus, der geschwächte Irak könne eine Gefahr für sie darstellen, während die Verantwortlichen auf Seiten der Amerikaner verstärkt Vorbereitungen für einen Angriff auf das Land trafen.

Einen weiteren entscheidenden und von den Amerikanern ignorierten Sachverhalt hat der saudische Politologe Nawaf E. Obaid in einer Doktorarbeit für die Universität Harvard hervorragend herausgearbeitet:»Die amerikanischen Geheimdienste haben nie berücksichtigt, welchen Einfluss der Wahhabismus [der fundamentalistische Islam, der in Saudi-Arabien parallel zur Saud-Dynastie entstand] auf die jeweilige saudische Politik hatte, sei es beim Erdölembargo 1973 oder bei der Unterstützung der Taliban. Die amerikanischen Experten haben Wesen, Tendenzen und Zielsetzungen der wahhabitischen Bewegung in Saudi-Arabien und die Verbindung zu weltlichen Machthabern unterschätzt oder falsch gedeutet. [...] Für das Land beginnt eine Ära enormer und rasch aufeinander folgender Veränderungen, die mit einem dramatischen Bevölkerungswachstum, geringeren Erdöleinnahmen und der Ungewissheit über die königliche Nachfolge einher gehen. In dieser Situation wird den religiösen Führern noch mehr Macht zuwachsen, die für die Vereinigten Staaten eine noch größere Herausforderung darstellen wird.«

Die Saat des Terrorismus

Am 26. August 2002 telefonierte George W. Bush von seiner Ranch in Crawford aus mit dem Kronprinzen von Saudi-Arabien – um diesen zu beruhigen. Das Defense Policy Board, ein dem Pentagon zugeordneter Arbeitskreis, der vom »Falken« Richard Perle geleitet wird, hatte der Presse Äußerungen zugespielt, die ein Spezialist der dem Verteidigungsministerium nahe stehenden Rand Corporation in einer der Besprechungen des Defense Policy Board vorgetragen hatte. Der Redner hatte Saudi-Arabien als »Saatboden des Terrorismus« und als »ersten und gefährlichsten Gegner« der Vereinigten Staaten im Nahen Osten bezeichnet. Er empfahl, saudische Guthaben einzufrieren und die Ostprovinz des Königreichs mit ihren Erdölvorkommen und -lagern abzuspalten. Laurent Muraweic, ein ehemaliger Berater des französischen Verteidigungsministeriums, hatte hinzugefügt: »Saudi-Arabien ist in jeder Phase terroristischer Aktivitäten mit von der Partie, von der Planung bis hin zur Finanzierung, mit militanten Kämpfern an der Basis ebenso wie mit dem Chefideologen und dem Anführer ... Saudi-Arabien unterstützt unsere Feinde und greift unsere Verbündeten an.«

Der Ton war heftig, und die Analyse zeichnete sich durch äußerste Härte gegenüber dem saudischen Regime aus. Die Reaktionen aus Riad ließen eine Mischung aus Verwirrung und Besorgnis erkennen. In seinem 18-minütigen Gespräch mit Abdullah versicherte Bush, dass die von den Mitarbeitern der Rand Corporation geäußerten Ansichten »nichts mit den Positionen innerhalb meiner Administration einschließlich meiner eigenen, der des Verteidigungsministers oder des Vize-Präsidenten zu tun haben.«

Dieses diplomatische Beschwichtigen konnte nicht kaschieren, dass Saudi-Arabien von der amerikanischen Administration immer mehr Verdächtigungen ausgesetzt war. Über elf Monate nach den Anschlägen vom 11. September entpuppte sich der von den Saudis bekundete Wille zur vorbehaltlosen Zusammenarbeit bei den Ermittlungen als Lippenbekenntnis. Hunderte schriftlicher Anfragen, die das FBI und andere Ermittlungsdienste an saudische Amtskollegen gerichtet hatten, um zu präzisen Sachverhalten Informationen einzuholen, waren unbeantwortet geblieben. Die Saudis hatten noch immer nicht alle Auskünfte über die aus ihrem Land stammenden 15 der insgesamt 19 Terroristen beigebracht. Und obwohl man mehrfach darauf gedrängt hatte, das Königreich möge Konten von Staatsbürgern, die im Verdacht standen, Al Qaida mit Geldern zu versorgen, einfrieren, war auch hier eine verblüffende Untätigkeit zu verzeichnen.

Im Grunde war Richard Perle seiner Rolle bestens gerecht geworden und hatte lanciert, was die Bush-Administration zu diesem Zeitpunkt offiziell nicht kundtun konnte. Für die Saudis kam die Analyse der Rand-Experten einem Warnschuss gleich.

Der mit Zuckerbrot und Peitsche agierende Bush empfing tags darauf, am 27. August Bandar bin Sultan und seine Familie – namentlich seine Gattin, Prinzessin Haifa, die Tochter des ehemaligen saudischen Souveräns Faisal, der 1975 erschossen worden war – zu einem Privatbesuch auf seiner Ranch. Die beiden Männer tauschten sich über die Zusammenarbeit im Kampf gegen den Terrorismus und natürlich über Saddam Hussein aus, von dem Bush erneut behauptete, er sei »eine Bedrohung für den Weltfrieden, eine Bedrohung für den Frieden in der Region, und die Welt und der Nahe Osten würden ohne ihn besser dastehen und hätten mehr Sicherheit«.

Beim späteren Mittagessen kamen die beiden Ehepaare zusammen, zu denen sich auch Condoleezza Rice gesellte. Die sorgfältig ausgewählten Aufnahmen von dieser Begegnung, die vom Pressedienst des Weißen Hauses verbreitet wurden, zeigten einen auf einer Sessellehne sitzenden und mit Bush scherzenden Bandar, zwei Männer in entspannter Atmosphäre also.

Bandar bin Sultan war die ideale Figur, als es galt, die Illusion ungetrübten Einvernehmens zwischen Washington und Saudi-Arabien aufrechtzuerhalten. »Bei ihm findet sich nicht die leiseste Spur von radikalem Islamismus«, so ein amerikanischer Verantwortlicher nicht ohne Ironie. »Er raucht für sein Leben gern Cohiba-Zigarren und hätte allein schon Angst, dass Leute wie bin Laden und Organisationen wie Al Qaida diese konfiszieren könnten.«

130 000 Dollar

Bandar liebte den Luxus und stand bei Washingtoner Empfängen gern im Rampenlicht. Er gefiel sich in der Rolle des einflussreichen Mannes, der direkten Zugang zum Oval Office hatte. Doch war die Illusion für ihn und für die Bush-Administration nur von kurzer Dauer, denn die Folgen der Ermittlungen nach dem 11. September brachten beunruhigende Fakten ans Licht.

Im Oktober wurde ein parteiübergreifender Untersuchungsausschuss des US-Kongresses, der zu den Attentaten vom 11. September ermittelte, hinter verschlossenen Türen darüber informiert, dass der in San Diego in Kalifornien lebende saudische Student Omar Al-Bayoumi den beiden Luftpiraten Khalid Almihdhar und Nawaf Al-Hazmi, die das Flugzeug auf das Pentagon gelenkt hatten, dabei behilflich gewesen sei, sich in den Vereinigten Staaten niederzulassen, und er außerdem aus vermögenden saudischen Kreisen Geld erhalten habe. Al-Bayoumi hatte mehrere Jahre für das saudische Verteidigungs- und Luftfahrtministerium gearbeitet, bevor er nach Amerika gegangen war. Als die beiden Terroristen in San Diego angekommen waren, hatte er sie am Flughafen abgeholt. Wie die Untersuchung zutage förderte, waren sie über Malaysia eingereist, wo sie an einem wichtigen Treffen von Al Qaida teilgenommen hatten. Al-Bayoumi hatte auch eine Wohnung für sie gefunden, für die er als Kaution einen auf seinen Namen ausgestellten Scheck in Höhe von zwei Monatsmieten hinterlegt hatte. Später half er ihnen, sich an Flugschulen in Florida einzuschreiben.

Al-Bayoumi verließ die Vereinigten Staaten unmittelbar vor den Attentaten und ging nach Großbritannien, wo er vorübergehend inhaftiert wurde, bevor man ihn wieder auf freien Fuß setzte. Seither hat man seine Spur verloren, doch alles deutet darauf hin, dass er nach Saudi-Arabien zurückgekehrt ist.

Bei der Durchsuchung seiner Wohnung fanden die Beamten vom FBI die Telefonnummer eines Angestellten der saudi-arabischen Botschaft in Washington. Zwei Mitglieder der Abteilung für islamische Angelegenheiten in der Botschaftskanzlei wurden zu eventuellen Anrufen von Al-Bayoumi befragt. Wegen seines »sensiblen« Inhalts wurde der vollständige Bericht des FBI am 22. November dem Weißen Haus übermittelt. Bush wurde tags darauf, gleich nach seiner Rückkehr aus Europa, von ihm in Kenntnis gesetzt.

Newsweek hatte soeben eine Information aufgedeckt, die auf der Internetseite des US-Magazins für einiges Aufsehen sorgte: Über mehrere Jahre hinweg hatte die Gattin von Bandar bin Sultan der Frau eines engen Freundes von Al-Bayoumi Geld überwiesen.

Die Schecks von Prinzessin Haifa waren von der Riggs Bank, einem Washingtoner Geldinstitut, ausgestellt, wo die Prinzessin ein Konto hatte. Bandar rief sofort beim Direktor der Bank an, um es noch in derselben Nacht den Verantwortlichen der saudischen Botschaft zu ermöglichen, die eingelösten Schecks genau in Augenschein zu nehmen und festzustellen, ob manche vielleicht von Dritten eingelöst worden waren.

Begonnen hatte die Sache 1998, als Bandars Frau einen Brief von einem in San Diego lebenden Saudi namens Basnan erhielt. Dessen jordanische Frau litt, wie er behauptete, an schweren Schilddrüsenproblemen. Eine teure Behandlung war nötig, für deren Kosten sie aber nicht aufkommen konnte, und so bat ihr Mann um Hilfe.

Die *zaka* ist ein Gebot des Islam, welches besagt, dass wohlhabende Muslime einen kleinen Teil ihres Vermögens für humanitäre Zwecke stiften müssen. Im April 1998 spendete Bandar bin Sultan dieser Frau aus seinem persönlichen Vermögen 15 000 Dollar. Zwischen November 1999 und Mai 2002 überwies seine Gattin ihr monatlich 2000 Dollar. Die Gesamtsumme betrug rund 130 000 Dollar.

Als der an zweiter Stelle in der saudischen Botschaft rangierende Al Jabeir im Fernsehen dazu befragt wurde, erklärte er, dass zumindest einer der Schecks für Frau Basnan von der Frau von Al-Bayoumi eingelöst worden sein könnte. Tatsächlich schien dies auf mehrere Schecks zuzutreffen. Die Ermittler kamen zu dem Schluss, dass

Basnan und Al-Bayoumi in San Diego Nachbarn und Freunde gewesen waren. Einige verdächtigten Basnan sogar, ebenfalls die beiden Terroristen unterstützt zu haben. Sie waren sich in der Moschee begegnet, und Basnan hatte eingeräumt, ein Sympathisant von Al Qaida zu sein und »die Helden vom 11. September zu bewundern«. Am 17. November 2001 war er nach Saudi-Arabien abgeschoben worden, weil er kein gültiges Visum besaß; seine Frau musste zurück nach Jordanien.

Die Vorstellung, die Terroristen seien, wenn auch indirekt, mit dem Geld der saudischen Königsfamilie unterstützt worden, sorgte in Riad für helle Aufregung und bei etlichen amerikanischen Verantwortlichen für Wut.

In Washington wurde nun ein schärferer Ton angeschlagen, vereinzelt warf man der Bush-Administration vor, nicht genügend Druck auf die Saudis ausgeübt zu haben, aus Furcht, andere arabische Verbündete gegen sich einzunehmen. Immer wieder war von dem kurz zuvor erschienenen Bericht des sehr einflussreichen Council of Foreign Relations die Rede, in dem es hieß, Saudi-Arabien sei nach wie vor die wichtigste Finanzquelle für Al Qaida, und die Regierungen in Washington und Riad hätten nicht mit der nötigen Entschlossenheit gehandelt. Hinsichtlich der karitativen islamischen Organisationen, die der Finanzierung von Terrornetzen dienten, sei das Königreich »mit Blindheit geschlagen« gewesen. Die dreihundert auf saudischem Staatsgebiet verzeichneten Vereine brachten es auf Spenden in Höhe von vier Milliarden Dollar pro Jahr. Von dieser Summe wurden rund 300 Millionen Dollar mittels Schenkungen über die ganze Welt verteilt.

Insgesamt waren laut Angaben des amerikanischen Finanzministers seit dem 11. September weltweit Aktiva in

Höhe von 113 Millionen Dollar eingefroren worden; die Saudis hatten 33 Konten mit einem Gesamtguthaben von 5,6 Millionen Dollar gesperrt, ein mageres Ergebnis angesichts des Ausmaßes der terroristischen Bedrohung.

Die Geheimdienste und Finanzermittler hatten, soweit es ihnen im Rahmen langwieriger und schwieriger Datenvergleiche möglich gewesen war, eine Liste der neun reichsten Geschäftsmänner erstellt, die als Hauptgeldgeber von Al Qaida ausgemacht worden waren. Sieben von ihnen stammten aus Saudi-Arabien, einer aus Pakistan, ein weiterer aus Ägypten. Das Weiße Haus hat diese Liste zur Kenntnis genommen, weigert sich jedoch noch immer, sie herauszugeben.

Am 3. Dezember 2002 veröffentlichte das *Wall Street Journal* eine Untersuchung zu den Finanznetzen des saudischen Geschäftsmannes Yassim Al-Qadi. Der Mittvierziger hatte mehrere Jahre in Chicago gelebt. Einen Monat nach den Ereignissen vom 11. September hatte das amerikanische Finanzministerium seine Guthaben in Europa und in den Vereinigten Staaten eingefroren und ihn als »weltweit agierenden Terroristen« bezeichnet. Den Ermittlern zufolge hatte Al-Qadi in Europa und Afrika karitative Organisationen gegründet, die der Al Qaida etliche Millionen Dollar zukommen ließen.

Bis zu den Attentaten auf das World Trade Center hatten die zuständigen amerikanischen Stellen terroristischen Finanzstrukturen sehr wenig Beachtung geschenkt. Dabei hatten Experten schon 1996 eine Liste mit den Namen von 31 saudischen Wohlfahrtsorganisationen erstellt, die im Verdacht standen, die »Zellen« von Osama bin Ladens Terrornetzwerk mitzufinanzieren.

Im Oktober 2001 wurde die Stiftung Muwafaq von den Behörden als Finanzschleuse von Al Qaida ermittelt.

Die Konten wurden unverzüglich gesperrt. Der Vorsitzende der Stiftung war niemand anderer als Yassim Al-Qadi. Aber auch in diesem Fall förderte die Untersuchung erstaunliche Verbindungen zutage. Der größte Teil der von der Stiftung verwalteten 20 Millionen Dollar verdankte sich der Großzügigkeit eines einzigen Mannes, des unermüdlichen Geldgebers und Bankiers Khalid bin Mahfouz. Von dessen Freigiebigkeit profitierten Osama bin Laden und sein Schwager ebenso wie George W. Bush, dessen unselige Erdölgeschäfte in Texas er seit den siebziger Jahren finanziert und den er sogar vor der Pleite bewahrt hatte.

Wie erklärt sich unter all diesen unwahrscheinlichen Zufällen die seit zwanzig Jahren bestehende Beziehung zwischen dem derzeitigen amerikanischen Präsidenten und einem Mann, der verdächtigt wird, Al Qaida finanziert zu haben? Ein sonderbares Rätsel, zu dessen Lösung der Schriftsteller Paul Théroux in einem seiner Bücher möglicherweise den Schlüssel liefert. Dort kommt es bei einem Abendessen, an dem ein junger Gelehrter und ein einflussreicher, international tätiger Bankier teilnehmen, zu folgendem Dialog:»Ich kenne China«, sagte der Professor,»es hat jetzt über eine Milliarde Einwohner.« – »Irrtum«, entgegnete der Bankier mit amüsiertem Lächeln,»es gibt nur zwei wirklich wichtige Einwohner, und ich kenne beide.«

Prinz Nayef, der saudische Innenminister und Bruder des Königs, wertete die Informationen, denen zufolge offizielle saudische Stellen zur Finanzierung von Al Qaida beigetragen hätten, als»reine Erfindungen, die jeder Grundlage entbehren«. Das Ausmaß seiner Entrüstung entsprach durchaus der prekären Lage, in der sich der Prinz befand, denn die Amerikaner verfügten nun über einige die königliche Familie belastende Hinweise. Mehrere prominente Mitglieder der Königsfamilie hatten Osama bin Laden angeblich jahrelang regelmäßig riesige Summen in Höhe von insgesamt fast 200 Millionen Dollar zukommen lassen, damit dieser auf saudischem Staatsgebiet keine Anschläge mehr verübte.

Ein dem Nationalen Sicherheitsrat im Weißen Haus unterstellter Arbeitskreis unter dem Vorsitz von Condoleezza Rice hat Präsident Bush Ende November 2002 einen Aktionsplan überreicht, der einem Ultimatum gleichkommt: »Zerschlagen die saudischen Behörden nicht innerhalb von 80 Tagen die terroristischen Finanzkreisläufe, werden die Vereinigten Staaten ihrerseits dafür sorgen, dass die Verdächtigen vor Gericht gestellt werden.«

Auch wenn das Königreich ein Sechstel der Erdölimporte der Vereinigten Staaten liefert, werden George W. Bush und seine Leute »bei diesen Typen die Schlinge zuziehen«, wie ein Verantwortlicher im Pentagon es formulierte. Ein regelrechter Psychokrieg mit dem unmittelbaren Ziel, den Saudis für einen Krieg gegen den Irak die Zustimmung zur Benutzung der Luftstützpunkte in ihrem Land abzutrotzen. Bislang haben die Saudis sich geweigert, aber die Angst vor Enthüllungen seitens der Amerikaner bringt sie allmählich zum Einlenken. Herzstück der amerikanischen Militäranlagen ist die Basis Prince Sultan, die strategisch wegen der Rollbahnen als wegen ihres »Zentrums für kombinierte Luftoperationen« bedeutsam ist, das sich in einem Gebäude in der Mitte des Stützpunkts befindet.

Mit Hilfe dieser technisch hoch entwickelten Einrichtung lassen sich Informationen von Satellitenbildern oder Aufklärern auswerten, die präzise Daten über das Gelände liefern. Ferner lassen sich mit der Anlage mehrere hundert Flieger, die zeitgleich in der Region unterwegs sind, koordinieren und überwachen – ein wertvolles Instrument. Sollten die Saudis sich dennoch weigern, können die amerikanischen Militärstrategen immer noch nach Qatar ausweichen, wo sie ein kleineres Zentrum derselben Art eingerichtet haben. Doch das war nur eine mittelmäßige Leistung, wie ein Angehöriger des Ministers sagt:»Die Benutzung unserer Basis in Qatar als Hauptquartier ist für uns immer noch Teil von ›Plan B‹. Wir ziehen Saudi-Arabien vor und würden lieber mit den Saudis zusammenarbeiten als die Zelte abzubrechen und zu gehen.«

6

Am Morgen des 11. September wurde im Leitartikel einer bekannten Tageszeitung kritisiert, dass die Außenpolitik der Regierung Bush weder ein Ziel noch die geringste Vision erkennen ließe.

Nach den Terroranschlägen dieses Tages wandelte sich diese unentschlossene, farblose Regierung in das völlige Gegenteil – ebenso wie ihr Verteidigungsministers Donald Rumsfeld, von dem William Kristol einmal sagte: »Ein schlechter Verteidigungsminister, der sich als ausgezeichneter Kriegsminister erweist.«

Als einige Tage später George W. Bush die noch rauchenden Ruinen des Pentagon überflog, rief er seinen Mitarbeitern zu: »Schauen Sie sich das genau an. Was Sie hier sehen, ist der Beginn des ersten Krieges im 21. Jahrhundert.« Im Rahmen der Vorbereitungen für den militärischen Schlag gegen die Taliban versprach er wenig später, »die Welt im Krieg gegen den Terrorismus zu vereinen«. Der Feind war identifiziert. Der »Kreuzzug«, wie Bush selbst sagte, konnte beginnen.

Nur mit Messern bewaffnete Männer hatten dem Westen plötzlich das tatsächliche Ausmaß einer Bedrohung vor Augen geführt, die den Nachrichtendiensten angeblich seit Jahren bekannt war. Bereits seit den Anschlägen auf die amerikanischen Botschaften in Kenia und Tansania und auf das amerikanische Kriegsschiff *USS Cole* im Hafen von Aden 1998 ermittelte der amerikanische Geheimdienst im Fall bin Laden. Damals hatte die Al Qaida in einem Kommuniqué den Beginn des Jihad, des heiligen Krieges gegen amerikanische Interessen, verkündet. Für weltweite Ermittlungen wurden mehrere Millionen Dollar ausgegeben. Im Februar 2001 fasste George Tenet, Leiter der CIA, vor dem Senatsausschuss für nachrichtendienstliche Fragen das magere Ergebnis zusammen: »Bin Ladens Terrornetz stellt eine nicht zu unterschätzende, unmittelbare und gravierende Bedrohung der inneren Sicherheit unseres Landes dar.« Die Existenz des Netzes war nun offensichtlich. »Wahrscheinlich ist bin Laden der Generaldirektor der Jihad Inc. und deren Tochtergesellschaft jihad.com«, witzelte ein Experte und unterstrich so die Nutzung des Internet durch die Mitglieder der einzelnen Zellen und ihre Anpassungsfähigkeit an alle Facetten der Globalisierung.

Ein ehemaliger Offizier der pakistanischen Armee, der die amerikanischen Green Berets trainierte, bevor er sich der radikalen islamischen Bewegung in Kaschmir anschloss, erklärte einmal: »Wie die Amerikaner haben auch die Islamisten eine Vision von der Welt. Die neue amerikanische Weltordnung berührt jedoch auch den Koran. Doch die Welt gehört Allah, und Allahs Gesetz muss für den gesamten Planeten gelten.«

Bereits zwei Jahre vor den Anschlägen auf die Botschaften in Afrika hörten CIA und NSA fünf Männer ab, die im Verdacht standen, einer Zelle der Al Qaida in Kenia anzugehören. Da die Verdächtigen Pseudonyme und Codeworte benutzten, konnten daraus jedoch keine weiteren Erkenntnisse gewonnen werden. Bevor die Flugzeuge in die Türme des World Trade Centers und auf das

Pentagon stürzten, galt Osama bin Laden als Führer einer geheimen, weltweiten Vereinigung. Plötzlich wurde die Bedrohung offensichtlich und bekam eine gravierende Bedeutung – und vor allem gewann sie an Realität. »Bedroht ein neues Schreckgespenst die westliche Welt?«, fragte sich Olivier Roy. »Ein Gespenst des in vielen Formen auftretenden internationalen Terrorismus, heute islamistisch orientiert, morgen mit einer anderen Vision und von Mal zu Mal besser ausgerüstet? Ein Terrorismus, der in apokalyptischen Strategien nur darauf abzielt, Tod und Zerstörung über die Welt der Reichen zu bringen, und versucht, sich mit allen Mitteln Massenvernichtungswaffen zu beschaffen?« Und er fügte hinzu: »Durch den 11. September wurde plötzlich deutlich, wie der Einsatz von Massenvernichtungswaffen durch eine terroristische Gruppe aussehen könnte. Doch das Neue liegt in der Wahrnehmung der Gefahr, nicht in ihrer konkreten Auswirkung.«

Thérèse Delpech kommentierte: »Neun Monate nach seinem Amtsantritt mit klaren innenpolitischen Prioritäten wurde der neue Präsident plötzlich mit einem unvorhersehbaren und vernichtenden Angriff konfrontiert, den Amerika in dieser Form noch nie erlebt hatte. Der Präsident der Vereinigten Staaten und sein Verteidigungsminister hätten Anfang September 2001 kaum schlechter auf eine solche Katastrophe vorbereitet sein können. Nur unter schwierigsten Umständen hatte der Präsident die Wahl gewonnen und genoss im In- und Ausland nur begrenztes Ansehen. Sein Minister hatte große Probleme, sich im Pentagon durchzusetzen, und es gab sogar Gerüchte über seinen Rücktritt.«

Eine Kehrtwendung um 180 Grad

Und doch ist es Bush und seiner Regierung gelungen, eineinhalb Jahre nach den Anschlägen eine völlige Kehrtwendung zu vollziehen. Bin Laden, der »tot oder lebendig« gefasst werden sollte, lebt noch immer und ist nicht aufzufinden. Das Netz der Al Qaida stellt eine zunehmende Gefahr für die Sicherheit des Westens dar.

Warum also konzentrieren sich Washingtons Energie und sämtliche Antiterrormaßnahmen auf den Irak und Saddam Hussein?

Bereits Anfang 2002 erklärte Donald Rumsfeld: »Heute stellt Saddam Hussein eine größere Bedrohung dar als im Dezember 1998, als die UNO-Inspektoren das Land verlassen mussten. Es besteht nicht der geringste Zweifel, dass die Massenvernichtungswaffen und Saddams Aufrüstung deutlich zugenommen haben.«

Eine erstaunliche Feststellung, denn von Januar bis September 2001 haben Bush und Rumsfeld kein einziges Wort über das Ausmaß der irakischen Gefahr verloren.

Erstaunlich auch, dass eine amerikanische Regierung plötzlich ihre absolute Priorität in der Außenpolitik sieht. Doch angesichts eines unauffindbaren bin Laden, dessen Beliebtheit in der arabischen Öffentlichkeit ständig zunimmt, ist die Versuchung natürlich groß, sich auf ein leichter identifizierbares Ziel, den Irak, zu stürzen.

Der Mann, der »das Undenkbare gedacht hat«

Nur vier Tage nach den Ereignissen vom 11. September wurde Bagdad zum erklärten Ziel, und der lautlose Kampf, der sich monatelang bis zum endgültigen Sieg der »Falken« hinziehen sollte, begann. Am Freitag, dem 14. September, findet abends in Camp David, dem Wochenendsitz des amerikanischen Präsidenten, eine Besprechung zwischen George W. Bush und seinen wichtigsten Beratern statt. Am Samstagmorgen treffen auch George Tenet, Leiter der CIA, und die stellvertretenden Außen- und Verteidigungsminister ein. Vier Stunden lang werden die Möglichkeiten, Risiken und Auswirkungen einer Intervention in Afghanistan abgewogen.

Dann ergreift Paul Wolfowitz, stellvertretender Verteidigungsminister, das Wort und schlägt vor, die geplanten Militäroperationen nicht nur gegen die Taliban und Al Qaida zu richten, sondern auch andere terroristische Gruppierungen im Mittleren Orient wie Hamas und Hisbollah ins Visier zu nehmen. »Der Terrorismus wird weltweit von verschiedenen Ländern unterstützt. Was sollen wir dagegen unternehmen? Sicherlich existiert Al Qaida und Afghanistan, doch wir dürfen nicht die Botschaft verbreiten, es gäbe einen guten und einen bösen Terrorismus. Man kann nicht gegen Al Qaida kämpfen und gleichzeitig die Hisbollah unterstützen.« Als Beispiel nennt er den Iran, der diese Bewegung finanziert, aber vor allem spricht er vom Irak.

Minister Colin Powell weist darauf hin, dass es keine erkennbare Verbindung zwischen dem Irak und den Ereignissen des 11. September gibt. Wolfowitz entgegnet jedoch, dass die Bedrohung von Bagdad ausginge, und diejenigen, die die Möglichkeit eines Regimewechsels in Bagdad »noch nicht« einsähen, diese Möglichkeit »nur noch nicht denken könnten«. Er setzt sich so leidenschaftlich und engagiert für seinen Standpunkt ein, dass er zweimal seinem Minister Donald Rumsfeld ins Wort fällt, obwohl dieser die gleiche Meinung vertritt.

Während einer Pause wendet sich Andrew Card, Stabschef des Weißen Hauses, an die beiden Männer: »Es wäre wünschenswert, dass das Verteidigungsministerium mit einer Stimme spricht« – eine höfliche Aufforderung an Wolfowitz, den Mund zu halten.

Bush jedoch zeigt reges Interesse an Wolfowitz' Ausführungen und bittet ihn, nach der Sitzung noch zu bleiben. Bush und eine kleine Gruppe Berater, darunter auch Condoleezza Rice, hören den Argumenten Wolfowitz' aufmerksam zu. Dieser erläutert, dass die eigentliche Herausforderung viel wichtiger sei als das Problem Osama bin Laden und Afghanistan. Der Präsident müsse vor allem die Globalität der terroristischen Bedrohung erkennen, wozu auch Länder wie der Irak gehörten, die den Terrorismus finanzierten und unterstützten.

Paul Wolfowitz, achtundfünfzig Jahre alt, ehemaliger Dozent an der Princeton University, der renommierten »School of Advanced International Studies«, vermittelt Bush das nicht unberechtigte Gefühl, als Erster über diese neue Realität nachgedacht zu haben. Das diplomatische Programm von Condoleezza Rice und Colin Powell befasst sich zu diesem Zeitpunkt vornehmlich mit China und Russland, der Terminkalender von Vizepräsident Cheney ist mit Problemen der Innenpolitik gespickt, während sich Rumsfeld nur mit der Diskussion um das Raketenabwehrsystem beschäftigt.

Wolfowitz hat »das Undenkbare gedacht«. Die geopolitische Architektur, die er Bush vorschlägt, dürfte einem Präsidenten, der sich in dem Feld der Außenpolitik nicht allzu sicher bewegt und zugibt, meist instinktiv zu handeln, äußerst attraktiv erschienen sein. In missionarischer und prophetischer Weise erklärt Wolfowitz sein unerschütterliches Vertrauen in die Fähigkeit Amerikas, nach den eigenen Werten eine bessere Welt zu schaffen.

Der Präsident ist von Wolfowitz, Sohn eines Wissenschaftlers, der sechs Sprachen spricht, und dessen Ausführungen sofort begeistert. »Ich halte es für realistisch«, erklärt ihm dieser, »dass ein vernünftig regierter Irak – und dieses Land hat weitaus mehr Pluspunkte als Afghanistan – nach dem Sturz Saddam Husseins die erste Demokratie der arabischen Welt werden könnte, abgesehen von der kurzen demokratischen Episode im Libanon. Auch wenn es sich nur um eine Art ›rumänische‹ Demokratie handelte, wäre dies ein großer Fortschritt im Vergleich zu den anderen Ländern der arabischen Welt.«

Für die Experten des Außenministeriums um Colin Powell gehören diese Träume von einem demokratischen Irak ins Reich der Utopie. Das Szenario einer Invasion würde unweigerlich zu einem Zerfall des ganzen Landes in ethnische Enklaven und zu einer längeren Verwaltungs- und Aufbauarbeit durch das US-Militär führen. Ein wahrer Albtraum!

Ein Powell-Berater äußerte einmal vertraulich, Wolfowitz verführe den Präsidenten mit Konzepten und Spekulationen wie ›Schauen Sie sich die irakischen Kurden an. Unter amerikanischem Schutz haben sie im Norden des Landes eine offene Gesellschaft nach den im Mittleren Osten üblichen Vorstellungen aufgebaut.‹

Dann fügte er hinzu: »In Wirklichkeit machen diese

angeblich mit uns verbündeten Kurden allerhand Geschäfte mit Saddams Regime, vor allem mit dem Sohn des Diktators, der die gesamte Schattenwirtschaft fest im Griff hat.«

Wolfowitz' Vorgehensweise erinnert sehr an die von Robert McNamara während des Vietnamkriegs vor vierzig Jahren. Der ehemalige Generaldirektor bei Ford erstellte eine Analyse über Südvietnam, als wäre es ein Unternehmen, das sich durch Managementfehler in Schwierigkeiten manövriert hatte und nun saniert und umstrukturiert werden musste. McNamara gehörte zum engeren Kreis um John F. Kennedy – lauter Männer, die David Halberstam mit einer Mischung aus Bewunderung und Ironie als »die Besten und Intelligentesten« beschrieb. Wie Wolfowitz heute, waren sie damals die Elite der amerikanischen Universitäten. Und doch zerbrachen ihre Visionen ebenso wie ihre Taten an den harten Tatsachen der Realität.

»Ist das Problem erst einmal identifiziert, gibt es auch eine Lösung«, erklärte McNamara in dem blinden Glauben an vernünftige Maßnahmen. Vier Jahrzehnte später ist Wolfowitz' Diagnose über den Irak genauso fehlerhaft, denn sie macht keinen Unterschied zwischen dem Kampf gegen Massenvernichtungswaffen und einem Regimewechsel im Irak. Wer nun glaubt, die Vernichtung dieser Waffen sei das neue Ziel des Kampfes gegen den Terrorismus, der muss sich von Wolfowitz und der kleinen Gruppe, die sich um ihn geschart hat, folgende Antwort gefallen lassen: »Dieses Ziel kann nur durch einen Regimewechsel erreicht werden.«

Paul Wolfowitz steht mit dieser Meinung nicht allein. Sein engster Freund, Richard Perle, teilt seine Auffassung uneingeschränkt. Er sitzt zwar nicht in der Regierung, verfügt jedoch über ein Büro im E-Flügel des Pentagon, genau wie Rumsfeld, und hat direkten Zugang zu allen vertraulichen und geheimen Informationen. Unter der Reagan-Regierung war er Sonderbeauftragter im Verteidigungsministerium. Wegen seiner Vorliebe für verdeckte Aktionen erhielt er den Spitznamen »Fürst der Finsternis« (Prince of Darkness), der ihm bis heute geblieben ist. Als unerbittlicher Verfechter des Antikommunismus war sein Einfluss auf Ronald Reagan im Vergleich zur tatsächlichen Bedeutung seiner Aufgabe so groß, dass er bei dessen Begegnung mit Gorbatschow auf dem Gipfel von Reykjavik 1986 als einziger Vertreter des Verteidigungsministeriums an der Seite seines Präsidenten auftauchte.

1987 verließ er das Pentagon und verkaufte die Rechte an seinem Buch *Hard Line*, einem Polit-Thriller über einen führenden Mitarbeiter des Pentagon, der zur Zeit des Kalten Krieges gegen Bürokratie und Liberale kämpft, die für eine versöhnlichere Haltung gegenüber der Sowjetunion eintreten, für 300 000 Dollar an einen Verlag.

Den Ideologen und Provokateur Perle hätte Donald Rumsfeld gern zu seinem Stellvertreter gemacht, verzichtete jedoch darauf, weil der Senat wegen seines fragwürdigen Charakters sicher ein Veto eingelegt hätte. Stattdessen ernennt er ihn im Sommer 2001 zum Vorsitzenden des US Defense Policy Boards, einem Beirat, der sich mit der Verteidigungspolitik der USA befassen soll. An seiner Seite steht der ehemalige Minister Henry Kissinger. Nach den Ereignissen vom 11. September macht Perle diese untergeordnete Position zu einem herausragenden Resonanzboden und sich selbst zum einflussreichen Regierungsbeamten. Auf den Irak wendet er genau das gleiche Analyseraster an wie auf die UdSSR.

Wie ein Beobachter bemerkte, gibt es deutliche Unterschiede zwischen den Falken und den Neokonservativen. Perle spiele die Rolle der Puppe, die an Stelle des Bauchredners spricht. So könne die Bush-Regierung öffentlich kundtun, was sie offiziell nicht sagen darf. Zum Beispiel weigere sich Rumsfeld, Einzelheiten über den Regimewechsel im Irak preiszugeben, Perle hingegen spreche praktisch über nichts anderes.

Colin Powell spricht von ihm und seinem Team als »Bomber«. Ein Journalist fragte Perle: »Falls wir in den Irak einmarschieren und Saddam Hussein stürzen, was geschieht danach?«

»Ich denke, das ist dann das Ende der Terroristen.«

»Was macht Sie da so optimistisch?«

»Wenn wir die Taliban und das Regime von Saddam Hussein vernichtet haben, lautet die Botschaft an die anderen: ›*You are next*‹ – nur wenige Worte, aber eine äußerst effiziente Diplomatie. Ihr seid die Nächsten auf der Liste. Wenn ihr die Terroristennester in eurem Land nicht aushebt, vernichten wir euch auch.«

Die Falken brechen alle Regeln

Perle und Wolfowitz, die auch in der einflussreichen »trilateral Commission« sitzen, lernten sich 1976 im »Team B« kennen, einer Gruppe um den damaligen Leiter der CIA, George Bush. Sie sollte das Ausmaß der sowjetischen Bedrohung beurteilen und darüber einen Bericht erstellen. Bush hatte das Team aus Vertretern einer harten Politik gegenüber Moskau zusammengestellt. In ihren Augen war Henry Kissinger, der gemeinsam mit Nixon für eine Entspannungspolitik plädierte, so etwas wie der Antichrist.

Der Text, den sie schließlich verfassten, zeichnete ein apokalyptisches Bild. Er beschrieb eine auf Expansion erpichte Sowjetunion mit neuen Waffenprogrammen, die jedoch nie konkretisiert wurden. Allerdings verschwieg die Analyse die Probleme und Misserfolge der sowjetischen Wirtschaft. »Team B« kam zu dem eindeutigen Schluss, dass Moskau einen Atomkrieg auslösen und gewinnen könne. Die Verfasser betrachteten diesen Bericht zunächst als politische Waffe gegen die Washingtoner Verfechter der Waffenkontrolle und Reduzierung der Militärausgaben.

Paul Wolfowitz formuliert es so: »Dieser Bericht wurde als Guerillaangriff gegen konventionelles Denken konzipiert, insbesondere gegen die deutliche Tendenz der Nachrichtendienste, zu glauben, ihre Gegner argumentierten mit der gleichen Logik wie sie.«

Im *New Yorker* schreibt Nicolas Lemann: »Die Falken sind deshalb so interessant, weil sie keine Skrupel zu haben scheinen, sämtliche Regeln zu brechen. Außenpolitik beruht auf einem beiderseitigen Konsens, über den sich die Falken seit dreißig Jahren hinwegsetzen. Sie plädierten damals gegen die Entspannungspolitik gegenüber der Sowjetunion und haben heute mehr Einfluss denn je. Präsident Bush besteht auf absoluter Loyalität seiner Mitarbeiter und der zwingenden Vorschrift, jede Debatte [innerhalb der Regierung] zuerst intern zu führen. Doch die Falken verfolgen andere Ziele als die bloße Wiederwahl Bushs. Sie treffen und verkünden sogar Entscheidungen, noch bevor sich der Präsident selbst entschieden hat. (Eine Woche nach dem 11. September erklärte Paul Wolfowitz, die Vereinigten Staaten müssten endlich mit den Ländern aufräumen, die den Terrorismus unterstützen.) Washingtons Beziehung zu seinen Falken ist eine Mischung aus offizieller Missbilligung und stiller Bewunderung. Durch ihre wenig umsichtige Vorgehensweise kommen sie für offizielle Posten oft nicht in Frage, obwohl sie hohe Positionen bekleiden. Mit Eigensinn und intellektuellem Radikalismus verschaffen sie sich unverhältnismäßig viel Einfluss. Bushs ideologische Positionen sind eindeutig auf den Einfluss der Falken zurückzuführen.« Diese Männer sind deshalb so einflussreich, weil sie sich seit fast dreißig Jahren kennen und ein Netzwerk bis in die höchsten Machtpositionen bilden.

Neben Wolfowitz und Perle, den beiden Schwergewichten der Bush-Regierung, kennen sich auch Vizepräsident Cheney und Verteidigungsminister Rumsfeld seit 1969, dem Beginn der Nixon-Regierung. Zweimal war Rumsfeld Cheneys Vorgesetzter, einmal als Leiter des »Office of Economic Opportunity« (OEO) und das zweite Mal als Stabschef des Weißen Hauses unter Gerald Ford. Als Rumsfeld Verteidigungsminister wurde, trat Cheney seine Nachfolge als Stabschef an. Andererseits war Cheney unter Bush senior Verteidigungsminister. Die beiden Männer kennen sich gut. Häufig verbringen die beiden Ehepaare ihren Urlaub gemeinsam. Cheney war 2000 George W. Bushs engster Wahlkampf-Berater, doch hinter den Kulissen wurde auch Rumsfeld häufig zu Fragen der Raketenabwehr zu Rate gezogen.

Lewis Libby, der allmächtige rechte Arm des Vizepräsidenten, auch »Scooter« genannt, lernte Paul Wolfowitz auf der Universität in Yale kennen, wo er »begeistert« politische Wissenschaften studierte. Während der Reagan-Regierung arbeiteten sie im State Department eng zusammen. Libby trat an die Stelle Wolfowitz', der wiederum unter Bush senior als stellvertretender Verteidigungsminister unter Dick Cheneys Leitung für die politische Planung zuständig war. Im Golfkrieg 1990 forderte Wolfowitz als Erster den Einsatz von Bodentruppen.

Diese Männer »plus Perle am Rande des Spielfeldes« sind der einhelligen Meinung, dass die Welt, die seit dem Kalten Krieg unsicher und gefährlich geworden ist, bald außer Kontrolle geraten könnte, wenn die USA nicht rasch handeln. Amerika sei sehr wohl zu einem militärischen Erstschlag berechtigt, und George W. Bush, der ihren Vorstellungen und Anregungen ein offenes Ohr schenkt, stehe Ronald Reagan politisch näher als seinem Vater.

»Glauben Sie mir!«

Während George Tenet, Leiter der CIA, den Begriff »Terrorismus ohne Staat« prägte und Powell für »intelligente Sanktionen« gegen den Irak plädierte – teilweise Aufhebung der Einfuhrbeschränkungen für Medikamente und Lebensmittel, jedoch verstärkter Kampf gegen die Schattenwirtschaft, die Bagdads Aufrüstung finanziert –, verhärtet sich die Position des Quartetts Cheney, Rumsfeld, Wolfowitz und Perle gegenüber dem Irak.

»Sie vertreten zwar die Theorie, dass Bagdad mit den Attentaten vom 11. September in Verbindung steht, haben jedoch hierfür keine Beweise«, erklärte im Januar 2002 einer ihrer Mitarbeiter im Vertrauen. Wenige Wochen nach dem 11. September schickte Wolfowitz seinen langjährigen Freund James Woolsey, den früheren Leiter der CIA, in einem Jet der amerikanischen Luftwaffe nach London. Woolsey hatte den Auftrag, Beweise für die Verbindungen des Irak zu suchen, jedoch ohne Erfolg.

Es entstand das Gerücht, der Chef des Kommandos,

Mohamed Atta, habe sich in Prag mit einem Mitarbeiter des irakischen Geheimdienstes getroffen. Der tschechische Innenminister bestätigte zunächst diese Information, schwächte sie jedoch später ab und nahm sie sogar teilweise zurück. Bei einer Begegnung mit George W. Bush bezeichnete Präsident Václav Havel die Prager Spur endgültig als falsch. Der ihm vorliegende Bericht, den er auch dem amerikanischen Präsidenten vorlegte, konnte das Gerücht auch nicht bestätigen. Es stellte sich heraus, dass Atta keinen Kontakt zu irakischen Agenten hatte und sein Aufenthalt in Prag mehr als ungewiss erschien. Ohne Rücksicht auf die Realität führten die Falken dieses Argument jedoch monatelang immer wieder an.

Nach Verbindungen zwischen Saddam Hussein und den Terroristen-Netzen im Allgemeinen gefragt, erwähnt Wolfowitz den fragwürdigen Tod von Abu Nidal in Bagdad, der sich jedoch seit Jahren jeder gewalttätigen Operation enthalten hatte. Außerdem fügt Wolfowitz hinzu, dass die chemischen oder biologischen Waffensysteme des Irak in den Händen des internationalen Terrorismus eine zusätzliche Gefahr bedeuten. Daher sei ein Krieg unausweichlich.

Blinder Glaube an eigene Konzepte und doktrinäres Denken lenken das Handeln dieser Männer. Als der Journalist David Corn Richard Perle die Frage stellte: »Welche Beweise haben Sie, dass Saddam eine unmittelbare Bedrohung für die USA darstellt?«, erwiderte Perle nur: »Glauben Sie mir!«

Obwohl Bagdad in einem Krieg gegen den Terrorismus sicher nicht die einzige Front sein dürfte, machen diese Männer den Irak zum Kernproblem. Sie sprechen vom Zusammenbruch der Sowjetunion, dem großen Sieg Ronald Reagans und vergessen dabei, dass der frühere amerikanische Präsident nicht durch eine militärische Operation gegen Moskau siegte, sondern durch die vorausgegangene Destabilisierung der Randgebiete der UdSSR wie Polen und Afghanistan.

»Der Irak steht auch auf meiner Liste«

Man sagt, in Washington kämpfe jeder gnadenlos um die Gunst des Präsidenten. Offenbar haben die Falken ihr Ziel erreicht. Ein Sieg, der sich schon am 15. September abzeichnete, als George W. Bush Wolfowitz' Erläuterungen zum Irak ebenso fasziniert zuhört wie dessen Skizze einer geopolitischen Umgestaltung der Region nach dem Zusammenbruch des Regimes in Bagdad. Für den stellvertretenden Verteidigungsminister ist der Iran – ein weiterer Schurkenstaat – danach praktisch von Verbündeten der USA umzingelt: Afghanistan im Osten, Pakistan im Süden und Osten, Turkmenistan im Norden und Nordosten, Türkei im Nordwesten und Irak im Westen.

»Als er in Camp David eintraf«, berichtet einer seiner Vertrauten, »offenbarte Bush seine Einstellung: ›Bringt mir Osama bin Ladens Kopf‹ (eine witzig gemeinte Anspielung auf den Titel des Films von Sam Peckinpah: *Bringt mir Alfredo Garcias Kopf*). Zwei Tage später, bei seiner Rückkehr ins Weiße Haus, hatte sich seine Sichtweise gewandelt. Condoleezza Rice erklärt er: »Wir werden uns zuerst mit Osama bin Laden, seinen Offizieren und der Al Qaida befassen. Aber der Irak steht auch auf meiner Liste. Ich glaube, er gehört dazu. Das ist dann der nächste Schritt.«

Anfang April 2002 sagte er zum ersten Mal, dass »der Regimewechsel« im Irak sein Ziel sei. Im Oktober 2002 äußerte sich Perle lobend über George W. Bushs Haltung: »Ich habe keinerlei Zweifel«, erklärte er, »dass er die Vision im Auge hat, die auch Ronald Reagan verfolgte, und dass er in der Lage ist, wichtige Veränderungen im Irak und in der ganzen Region zu erwirken.«

Schon im September 2000 stand in einem Bericht des »Project for The American Century«: »Zu keinem anderen Zeitpunkt in der Geschichte standen die Sterne der nationalen Ordnung und Sicherheit für amerikanische Interessen und Ideale so günstig. Die Herausforderung dieses Jahrhunderts besteht darin, den ›amerikanischen Frieden‹ zu wahren und zu sichern.« Paul Wolfowitz und Lewis Libby hatten diesen Bericht verfasst.

Das Vorgehen der Falken beinhaltet auch die unbedingte Unterstützung Israels. 1996 wurde unter Perles maßgeblicher Beteiligung eine Analyse erstellt, die sich an den künftigen israelischen Premierminister Benjamin Netanjahu richtete. Man gehe davon aus, dass Israel gemeinsam mit der Türkei und Jordanien alles unternehmen müsse, um Syrien zu schwächen. Ein probates Mittel, das die Bestrebungen Syriens in der Region sicher bremsen könne, sei ein Machtwechsel im Irak.

Perle arbeitet mit der Pressegruppe Hollinger, die in Großbritannien den *Daily Telegraph* herausgibt und in Israel einen Sitz in der Geschäftsführung der *Jerusalem Post* hat. Beide Blätter gehören zum konservativen Flügel. Wie Wolfowitz ist auch Perle am Nachrichtensender *Fox News Channel* beteiligt, ein Konkurrent von CNN, der dem Medienmagnaten Rupert Murdoch gehört und ihnen praktisch ein eigenes Forum bietet. Perle, Researcher am *American Enterprise Institute*, einem der Think-tanks, das der Reagan-Regierung ebenso wie der Regierung George Bush eine Reihe führender Mitarbeiter bescherte, ist mit David Wurmser, dem Leiter der Abteilung Mittlerer Osten an diesem Institut, eng befreundet. Zusammen mit Oberst Ygal Carmon, dem ehemaligen Chef des israelischen Nachrichtendienstes, ist Wurmsers Frau Meyrav Mitbegründerin des Middle East Media Research Institute (MEMRI), das die arabische Presse übersetzt und rigoros analysiert.

Meyrav Wurmser arbeitet ebenso wie Perle im Middle East Forum mit. Eine Forscherin des Forums, Laurie Mylroie, veröffentlichte ein Buch mit dem Titel *Study of Revenge – Saddam Hussein's Unfinished war against America*, in dem sie versucht, zu beweisen, dass Bagdad hinter dem ersten Anschlag auf das World Trade Center 1993 steckte.

Wolfowitz trägt jedoch eine etwas andere Nuance bei. Er hegt große Bewunderung für den Mut, den Sadat bewies, als er in Jerusalem seine Friedensrede hielt. Wer ihn kennt, weiß, dass er sich wenig Sorgen um die Sicherheit Israels macht, sondern hofft, die Entstehung eines gemäßigten Islams erleben zu dürfen. Während des Golfkriegs konnte er die Regierung Yitzhak Schamir sogar überreden, nicht zurückzuschlagen, sollten irakische Scudraketen auf israelischem Boden einschlagen. »Von Ariel Scharon würde er dieses Zugeständnis nicht so leicht bekommen«, erklärte uns ein Mitarbeiter des israelischen Premierministers.

Seine Unterstützung Israels, insbesondere des rechten Flügels der Likud-Partei, schließt auch die unablässige Kritik an arabischen »nicht demokratischen« Regierungen ein, obwohl Ägypten und Saudi-Arabien Washingtons engste Verbündete sind.

Im Pentagon wird Rumsfeld als »CEO des Unternehmens« beschrieben und Wolfowitz als »strategischer Denker, der ihn mit neuen Ideen versorgt«.

»Paul ist der Kopf«, erklärt Vin Weber, einer seiner Vertrauten, »der die Strategien, die Politik und ihre geostrategischen Auswirkungen ausarbeitet.« Kritiker behaupten sogar, der Verteidigungsminister stünde völlig unter dem Einfluss seines Stellvertreters, seine private Ansicht über den israelisch-palästinensischen Konflikt sähe ganz anders aus. Bei einem Gespräch mit dem Mitarbeiterstab des Pentagon am 8. August 2002 sprach der Verteidigungsminister von »angeblich besetzten Gebieten« und erklärte, es handele sich dabei um Gebiete, die die Kriegsgegner 1967 an Israel verloren hätten. Seitdem »bauen die Israelis Siedlungen in einem angeblich besetzten Gebiet, das aus einem gewonnenen Krieg stammt ... Immer wieder boten sie den Palästinensern bestimmte Abschnitte des angeblich besetzten Gebiets an, doch die andere Seite schlug jedes Angebot aus.«

Der Außenseiter unter den Falken

Rumsfeld, Cheney und Bush bescheinigen Paul Wolfowitz einhellig die erforderlichen Kompetenzen. 1979, zwölf Jahre vor der Operation Wüstensturm, verfasste er als junger Analyst im Pentagon einen geheimen Bericht über die Bedrohungen in der Golfregion. Schon damals betonte er das Risiko, das der Irak für seine Nachbarn und für amerikanische Interessen darstellte.

Der Außenseiter unter den Falken ist Minister Colin Powell. Wolfowitz erwähnte gegenüber einem seiner Vertrauten, dass er den Posten als Nummer zwei des Pentagon hauptsächlich deshalb angenommen habe, um ein Auge auf Powell zu haben und ihn gegebenenfalls bremsen zu können. Die gnadenlose Auseinandersetzung wird allerdings nur verdeckt geführt.

»Powell ist ungemein vorsichtig«, erklärt einer seiner Mitarbeiter, »so vorsichtig, dass er jede gewagte Möglichkeit sofort verwirft, auch wenn viele Gründe dafür sprechen.«

»Vorsicht ist kein Fehler«, entgegnet Powell. »Ich halte sie für eine Tugend. Wäre Vorsicht ein arger Fehler, hätten mich die führenden Politiker, für die ich im Laufe der Jahre gearbeitet habe, sicher nicht lange behalten.«

Die Falken werfen ihm seine Haltung bei der Golfkrise und seine Weigerung vor, trotz zunehmender Spannungen Kreuzer in die Region zu entsenden, um Saddam ein Signal der amerikanischen Entschlossenheit zu setzen. Diese Maßnahme hätte den Einmarsch in Kuweit wahrscheinlich verhindert. Paul Wolfowitz plädierte damals vehement für diesen Beschluss.

Powell setzte sich auch für die Alternative ein, vor der Entsendung von Truppen die wirtschaftlichen und politischen Sanktionen zu verlängern. Auch als nach fünf Tagen Landkrieg alle Nachrichtendienste der Welt verkündeten, die Hälfte von Saddams Elitetruppen sei entkommen, war er gegen eine Bombardierung, weil er fürchtete, Amerika könne sich den Ruf der Brutalität einhandeln. Im September 2001 schrieb William Kristol, Leiter des einflussreichen konservativen Magazins *Weekly Standard*, dass sich Bush senior »trotz Powells Widerstand« auf einen Krieg gegen den Irak eingelassen habe, und riet seinem Sohn, das Gleiche zu tun.

Bush und seine Mitarbeiter betrachteten die Regierung Clintons als Schande für Amerika. Während einer Sitzung im Weißen Haus, als Powell wieder einmal für eine moderate Annäherung an den Irak und die Zustimmung aller Verbündeten plädierte, erwiderte ihm Rumsfeld: »Colin, Sie arbeiten nicht mehr für Clinton.«

Das Lager des Außenministers weist nicht ohne Hintergedanken darauf hin, dass sämtliche Befürworter einer bewaffneten Auseinandersetzung mit dem Irak keinerlei Kriegserfahrung haben. Während Powell in Vietnam war – wenn auch nicht im Kampfeinsatz –, haben Cheney, Wolfowitz, Andrew Card, Stabschef des Weißen Hauses, und der Berater des Präsidenten, Karl Rove, jede Berührung mit dem Militär vermieden. George W. Bush leistete seinen Militärdienst in der texanischen Nationalgarde, die ein Kabarettist einmal als »letzte Bastion Texas gegen eine bevorstehende Invasion durch Oklahoma« bezeichnet hat.

»Dick Cheney, der Stratege«

Von außen betrachtet ist der Eindruck sicher falsch. Die Europäer glauben und möchten glauben, dass die Auseinandersetzung zwischen Powell und den Falken ausgewogen verläuft. Tatsächlich war dieser Kampf jedoch immer ungleich. Powells Mitarbeiter im Außenministerium sind seit langem demotiviert und demoralisiert. Sie fühlen sich an den Rand gedrängt, denn alle wichtigen Fälle werden vom Weißen Haus oder dem Pentagon übernommen. Sogar mit seinen engsten Mitarbeitern, wie zum Beispiel John Bolton, zuständig für Internationale Sicherheit und Waffenkontrolle, der von Vizepräsident Dick Cheney ernannt wurde, muss Powell Kompromisse eingehen.

Verstärkt wurde das Ungleichgewicht durch die zunehmende Macht des Pentagon, das jetzt über fast 400 Milliarden Dollar verfügt – das größte Budget in der Geschichte Amerikas und mehr als die gesamten Militärausgaben der 25 folgenden Länder. Doch auch die Generäle sind beunruhigt. General Tommy Franks, der an der Spitze des Central Command (Centcom) steht, traf sich innerhalb von vier Monaten mehr als zwanzig Mal mit George W. Bush. Wie Powell ist auch Franks ein umsichtiger Politiker, der »lieber in Deckung geht, als anzugreifen«, wie ein Mitarbeiter bemerkte. Centcom, auf der Mac Dill-Airforce Base in Florida, ist im Falle eines Krieges gegen den Irak für die Koordination aller Operationen zuständig. Die Strategen des Pentagon haben die Welt in so genannte Interventionszonen eingeteilt und Centcom eine Zone zugewiesen, die sich über 26 Millionen Quadratkilometer von Kenia bis Pakistan erstreckt. 70 % aller Erdölvorräte der Welt befinden sich in dieser Region. Während des Golfkriegs stand General Schwarzkopf an der Spitze des Centcom. Damals setzte sich der damalige Verteidigungsminister Dick Cheney für eine Verstärkung der Interventionstruppen ein. Seit 1991 ist Centcom mehr und mehr zu einem Versuchszentrum geworden, das sämtliche Szenarien durchspielt, die nach irakischen Angriffen auf Saudi-Arabien denkbar wären, sowie die Möglichkeiten amerikanischer Gegenschläge.

Seit einigen Monaten wird ein Teil des Personals und der Ausstattung des Centcom auf eine speziell gebaute Basis im Emirat Katar, in unmittelbarer Nähe der militärischen Aktionen, ausgelagert.

General Franks und die drei Generäle der Streitkräfte äußerten Bush gegenüber wiederholt ihre Bedenken. Die Air Force bezweifelt, dass ihre Piloten einen längeren Krieg führen können, wenn sie nicht auf Basen im Grenzgebiet des Irak zurückgreifen können. Die Marine fürchtet, dass zu viele Kriegsschiffe in dieser Region zusammengezogen werden und die Überwachung der anderen Ozeane nicht mehr gewährleistet ist, und reagierte mit Entsetzen, als Rumsfeld den Abzug der Kampfjets von verschiedenen Flugzeugträgern befahl, um diese den Sonderkommandos in Afghanistan zur Verfügung zu stellen. Das Heer ist besorgt über den erheblichen Einsatz von Bodentruppen und eine mögliche anhaltende Besetzung des Irak. Doch Vizepräsident Dick Cheney, dessen Wort bei Bush großes Gewicht hat, schob diese Bedenken beiseite. Während Wolfowitz unter den Falken als Theoretiker und Denker gilt, ist Cheney der Stratege, der dafür sorgt, dass diese Gruppe von Männern beim Präsidenten immer ein offenes Ohr findet.

In den Kabinettssitzungen sitzt er stets rechts neben Präsident Bush. Bei Diskussionen meldet er sich selten zu Wort und wartet lieber, bis er allein mit dem Chef der Exekutive sprechen kann. Ihm ist der Beschluss zur Planung der Militäraktion gegen den Irak zu verdanken. Genau diese Haltung vertrat er als Verteidigungsminister während der Golfkrise vor zwölf Jahren. Der ehemalige Präsident George Bush erwähnte einmal, sein Staatssekretär James Baker hätte gezögert, militärisch vorzugehen, und darauf bestanden, zuerst alle Mittel der Diplomatie und der Sanktionen auszuschöpfen. Cheney wäre der Meinung gewesen, man würde früher oder später doch zur Militäraktion greifen, und hätte damals sogar eine aggressivere Position vertreten als die Militärs.

Am 27. August 2002 sprach Cheney sich auf einem Veteranen-Kongress in Nashville für eine Präventivmaßnahme gegen den Irak aus und erklärte: »Ich habe keinerlei

Zweifel, dass Saddam Hussein Massenvernichtungswaffen besitzt und diese gegen unsere Freunde, Verbündeten und unser Land einsetzt.« Dann fügte er hinzu: »Massenvernichtungswaffen in den Händen eines Terrornetzes oder eines mörderischen Diktators stellen die schrecklichste Bedrohung dar, die man sich vorstellen kann.« Cheney zitierte auch Bushs Formulierung: »Die Zeit ist nicht auf unserer Seite« und ergänzte: »Die Risiken des Nichthandelns sind sehr viel größer als die des Handelns.«

Er beendete seinen Vortrag mit der Erklärung, die USA würden sich einen Irak mit eigenem Territorium und demokratischer und pluralistischer Regierung vorstellen, eine Nation, in der die Menschenrechte jeder Minderheit und Religion geachtet und gewahrt werden.

Äußerst lobenswerte Prinzipien, deren Umsetzung sich in der Praxis jedoch als ziemlich schwierig darstellt. Im Juni 2002 erklärte Präsident Bush während einer Rede an der Militärakademie in West Point, dass die USA eindeutig das Recht hätten, jedes Land, das eine Bedrohung darstellt, präventiv anzugreifen. Bei dieser Gelegenheit betonte er, dass die beiden militärischen Lehrmeinungen, Eindämmung der Sowjetunion und nukleare Abschreckung, die seit dem Ende des Zweiten Weltkriegs die amerikanische Außenpolitik bestimmten, in einer Zeit, die von Terroristen oder Diktatoren wie Saddam Hussein, der Massenvernichtungswaffen besitzt und ohne jede Vorwarnung einen Angriff starten könne, weder durchführbar noch anwendbar seien.

Diese Äußerungen spiegeln die Lehrmeinung der Falken. Am 9. August behauptet Richard Perle im *Daily Telegraph*: »Die Entscheidung zum Einsatz von Waffen ist weitaus schwieriger, wenn demokratische Gesellschaften präventiv handeln müssen. Deshalb warteten die Kon-

tinentalmächte so lange, bis Hitler 1939 in Polen ein-
marschierte – und Amerika bis zum 11. September, um
Osama bin Laden zu bekämpfen. Hitlers offen ausge-
sprochene Absichten und militärische Aufrüstung waren
ebenso wie bin Ladens teuflische Pläne lange vor ihren
aggressiven Angriffen bekannt und bewiesen und machten einen Gegenschlag notwendig. Beide hätten durch
eine Präventivaktion zum richtigen Zeitpunkt aufgehal-
ten werden können.«

»Zum Wohle der Welt«

»2002 war der letzte Akt einer Auseinandersetzung, die
fast dreißig Jahre früher mit der Demütigung in Vietnam,
einem schändlichen, unter dramatischen Umständen ver-
lorenen Krieg begann«, erläutert Colin Powell, Akteur
und Symbol dieses Krieges. Die Analyse der Falken lautet
anders. Der Krieg sei verloren worden, weil es an politi-
schem Willen fehlte. Als Beispiel führten sie Reagan an,
dessen Entscheidung zur Investition von mehreren Milliarden Dollar in militärische Projekte zum Zusammenbruch der Sowjetunion geführt habe. Das Gleiche gelte
für den ersten Golfkrieg. Laut Cheney und Wolfowitz
war die Armee viel zu früh zurückgerufen worden. Schon
damals plädierte Wolfowitz als Cheneys Stellvertreter im
Pentagon für ein militärisches Eingreifen Washingtons,
um eine Zerschlagung des Widerstands der Kurden im
Norden und der Schiiten im Süden durch Saddam Husseins Truppen zu verhindern. Powell war eindeutig gegen
dieses Szenario. Bush gab ihm Recht und ließ damit das
Abschlachten Tausender Oppositioneller durch irakische
Hubschrauber und Sondereinheiten zu – für Wolfowitz

und seine Freunde eine äußerst fragwürdige Entscheidung, durch die Saddam Hussein an der Macht blieb. Doch elf Jahre später wurde die »irakische Gefahr« für diese Männer zum besten Argument, mit dem sie die 180-Grad-Wende der amerikanischen Doktrin in Bezug auf Sicherheit und internationale Beziehungen bewirkten.

Richard Perle stellte nun die Behauptung auf: »Ich bin davon überzeugt, dass die amerikanische Macht stets dem Wohl der Welt dient. Wir, als einzige Großmacht, haben die Verpflichtung, jede Bedrohung der globalen Sicherheit auszuschalten.« Hiermit ergänzte er Wolfowitz' Analyse, es gebe in der Öffentlichkeit einen breiten Konsens für eine amerikanische Führungsposition.

Diese Sätze fielen bei einer Diskussion über Multilateralismus oder Unilateralismus, welche die konträren Visionen zur Lage der Welt und der menschlichen Natur widerspiegelte. Multilateralisten wie Powell glaubten an Abkommen und internationale Organisationen. Unilateralisten hielten nichts von internationalen Organisationen und fanden den gegenwärtigen Zustand ideal, da er es ermögliche, durch den Einsatz von Waffengewalt die eindeutige Vormachtstellung Amerikas wieder herzustellen. Wie Perle es unumwunden formulierte: »Wenn wir Saddam wie eine Ameise zertreten, wird die Welt erkennen, wie stark und entschlossen wir sind.«

Daraufhin erklärte der ägyptische Außenminister Maher in einem vertraulichen Gespräch: »In dieser Regierung sitzen zu viele Ideologen und Doktrinäre. Ihre Ideologie stützt sich auf eine Konfrontationslogik, die sie glauben lässt, es sei ihr gutes Recht. Dieses Land ist so sehr auf sich konzentriert und sich seiner Macht so sicher, dass es die eigenen Interessen verleugnet, nämlich die Stabilität der Welt.«

In Washington kündigten die »Propheten« sowohl unruhige Zeiten als auch ein wieder erstarktes Amerika an, das sich nach Bushs eigenen Worten darauf einrichte, dem »schlimmsten Regime mit den schlimmsten Waffen« entgegenzutreten.

Als der amerikanische Präsident nach seiner Wahl 2000 Rumsfeld den Posten des Verteidigungsministers anbot – den dieser bereits fünfundzwanzig Jahre zuvor bekleidet hatte –, warnte ihn Rumsfeld: »Amerika reagiert in den Augen der Welt auf jedes Risiko allergisch. In diesem Konflikt werden jedoch große Entscheidungen von uns verlangt. Unser Land muss nach vorn schauen und vorangehen und darf sich nicht zurückziehen, denn sonst tun die anderen das Gleiche.« Laut Rumsfeld soll Bush erwidert haben: »Sie haben absolut Recht. Ich stimme Ihnen aus ganzem Herzen zu.«

Große Pläne für die CIA

Anfang 2002 genehmigte und unterzeichnete der amerikanische Präsident eine geheime Anweisung, die es der CIA gestattet, Saddam Hussein mit allen Mitteln zu stürzen, ihn mit Waffengewalt gefangen zu nehmen oder zu töten, falls die im Irak operierenden Agenten in Gefahr sind.

Diese Maßnahmen wurden vom Vizepräsidenten, Dick Cheney, gemeinsam mit General Wayne A. Downing, dem stellvertretenden Berater für nationale Sicherheit und Leiter der Terrorismusbekämpfung, überwacht. Downing, früher Chefkommandeur für Sondereinsätze und zeitweilig Mitarbeiter der CIA, war gemeinsam mit dem CIA-Chef, George Tenet, für die Koordination verantwortlich.

»Bush und Cheney hatten große Pläne mit der CIA«, erklärte ein Mitarbeiter des Weißen Hauses im Vertrauen. »Doch Leiter und Mitarbeiter des Geheimdienstes reagierten äußerst verlegen auf die Ehre, die ihnen zuteil wurde.« Der umsichtige Tenet stand an der Spitze einer Organisation, die in großen Schwierigkeiten steckte und schon seit Jahren nicht mehr die wichtigste Spionageabwehr der Amerikaner war. Er überstand die Clinton-Jahre und das Attentat des 11. September, das die Mängel der amerikanischen Nachrichtendienste zutage brachte. An diesem Tag wurden nicht nur die Türme des World Trade Centers und ein Teil des Pentagon zerstört, sondern auch die Illusion, die Großmacht Amerika besäße einen effizienten Nachrichtendienst. Jedes Jahr wurden für diese Einrichtungen mehrere Milliarden Dollar bereitgestellt. Obwohl CIA, FBI, DIA (militärischer Nachrichtendienst) und NSA die ganze Welt abhörten, waren sie nicht in der Lage, Osama bin Laden auszuschalten, geschweige denn sein Terrornetzwerk zu zerstören.

Auch die Bilanz in Bezug auf den Irak war nicht gerade brillant. Seit 1990 hatte die CIA ihre Aktionen erheblich reduziert. James Woolsey, Wolfowitz' Freund und unter Bill Clinton zwei Jahre lang Direktor der CIA, gestand enttäuscht, dass er in dieser Zeit nur zweimal mit dem Präsidenten gesprochen hatte. Die wenig geschätzte CIA hatte auch ihre geheimdienstlichen Aktivitäten vor Ort stark reduziert. Ihren »Antennen« in den arabischen Ländern fehlte es an fähigen Augen und Ohren, die geheime und vertrauliche Informationen erlangen und entsprechend analysieren konnten. In Beirut, früher ein wichtiger Stützpunkt, war nur ein einziger arabisch sprechender Agent übrig geblieben – eine Teilzeitkraft. Im wichtigsten Land, Saudi-Arabien, verfügte man nur über einen arabisch sprechenden Rentner, der gerade wieder eingestellt worden war.

Bin Laden entkam nach seinen Anschlägen in den Höhlen von Tora Bora. Saddam Hussein konnte im Irak nicht lokalisiert werden, wechselte unbehelligt seinen Aufenthaltsort und war ständig von einem engen Kreis Getreuer umgeben. Eine erschütternde Bilanz für die CIA.

Dennoch glaubte George W. Bush an die Möglichkeit, wie im Falle von Afghanistan, »andere Regierungen«, die bereit sind, Saddam zu stürzen oder zu liquidieren, für die amerikanische Sache zu gewinnen. Deshalb ließ er in Nachtragshaushalten mehrere zehn Millionen Dollar für die CIA bereitstellen. Doch Bagdad ist nicht mit dem Taliban-Regime vergleichbar. George Tenet erklärte dem Präsidenten auf einer Kabinettssitzung im Weißen Haus, er sähe die Chancen, dass die CIA allein einen höheren Offizier finden würde, der dem irakischen Diktator eine Kugel in den Kopf schießen oder einen Staatsstreich auslösen könnte, bei höchstens 10 bis 20 % liegen.

Diese tiefe Überzeugung, man könne »durch wunderbare Fügung einen Mann finden, der diese Arbeit erledigen und die Risiken einer Militärintervention verhindern könne«, wie ein früherer leitender Mitarbeiter der CIA es formulierte, wurde vom Lager der Falken seit Jahren heftig kritisiert.

Dieselben Männer, aber eine neue Zukunft

Am 14. Oktober 1998, fünfundsiebzig Tage nachdem die UNO-Inspektoren den Irak verlassen hatten, forderte Richard Perle den Rücktritt des Leiters der Abteilung Mittlerer Osten der CIA »wegen Inkompetenz und mangelnder fachlicher Qualifikation«. Er zählte die vielen Misserfolge der CIA hinsichtlich des Irak auf und schloss: »Am schlimmsten ist ihre Überzeugung, dass Saddam nur durch einen Staatsstreich ausgeschaltet werden kann. Aber er hat bessere Chancen, diese Versuche zu überstehen als wir, sie zu organisieren.«

Und wer kommt nach Saddam Hussein? Einen irakischen »Karzai« zu finden, wäre nicht schwer. Doch in Washington verspricht man den Irakern eine neue Zukunft, aber mit denselben Männern.

Da nichts Besseres zur Verfügung stand, hatte die Bush-Regierung eine irakische Exilopposition reaktiviert, die im eigenen Land weder eine Basis noch die geringste Glaubwürdigkeit besitzt. Zusammengefasst zum Irakischen Nationalkongress (INC) mit Sitz in London gehören dieser Opposition Männer mit völlig unterschiedlichen politischen Tendenzen an – der Cousin des früheren irakischen Königs, Schiiten, Kurden, ehemalige Mitglieder der Baath-Partei, die in Bagdad an der Macht war, abtrünnige höhere Offiziere und sogar Anhänger von Ajatollah Khomeini. Sie alle werden von der CIA und früheren Angehörigen des Pentagon beraten und unterstützt. Für General Anthony Zinni, ehemaliger Chef der *Marines* und des Centcom, von George W. Bush mit zahlreichen heiklen Aufgaben betraut, ist dies »ein Haufen Männer in Seidenanzügen und mit Rolexuhren am Handgelenk, die völlig unrealistische Kriegspläne schmieden«. Ein strenges Urteil, aber durchaus begründet.

Für die höflichsten seiner Kritiker ist der INC nur eine »Dachorganisation«, unter der sich Männer oder Gruppierungen versammeln, die einzig der Hass auf Saddam und die gegenseitige Feindseligkeit verbindet.

Im Wesentlichen vertritt der INC etwa 20 bis 25 % der

kurdischen Bevölkerung im Norden, aber mehr als 55 % der Schiiten im Süden und rund um Bagdad. Doch der irakische Diktator kann sich auf die sunnitische Minderheit stützen, die bei einem Regimewechsel die Machtübernahme durch die beiden ethnischen Gruppen und Repressalien befürchten muss.

In dieser Region ohne klar definierte Grenzen ist der Irak ein ebenso willkürlich entstandener Staat wie Kuweit. Als 1916 Frankreich und Großbritannien im Sykes-Picot-Abkommen das Gebiet des Osmanischen Reichs unter sich aufteilten, wurde der Irak aus den drei alten türkischen Provinzen Bagdad, Bassora und Mossul gebildet.

Diese Situation lässt sich in einem Satz zusammenfassen: »Der Irak ist eine Dummheit von Churchill, der die zwei Erdölquellen Kirkuk und Mossul durch die Vereinigung von drei verschiedenen Völkern, Kurden, Sunniten und Schiiten, zusammenlegen wollte.«

Durch seine instabile und prekäre Konstruktion erlebt der moderne Irak immer wieder Gewalt und Auseinandersetzungen. 1958 wird die prowestliche Monarchie gestürzt, König Faisal ermordet und sein Premierminister Noury Saïd von der aufgebrachten Menge gesteinigt. General Kassem, der neue Staatschef, entgeht ein Jahr später nur mit knapper Not einem Attentat. Zum Mordkommando gehörte ein junger Mann, Saddam Hussein, gerade zweiundzwanzig Jahre alt, dem es gelingen sollte, das benachbarte Syrien für sich zu gewinnen.

Die Beziehung zwischen dem INC und Washington ist von gegenseitigem Misstrauen geprägt.

Nach dem Erfolg der Operation Wüstensturm riefen George Bush und sein Team die Iraker zum Aufstand gegen Saddam Hussein und seinem Sturz auf. Daraufhin rebellierten Schiiten und Kurden tatsächlich, doch die amerikanische Regierung leistete keinerlei militärische Unterstützung, und der Aufstand wurde blutig niedergeschlagen. 1996 billigte Bill Clinton zunächst den Plan der CIA, von Kurdistan aus in den Irak einzumarschieren, verwarf ihn jedoch wieder. Saddam nutzte die Gelegenheit. Er schickte seine Truppen in die kurdische Zone und ließ die Aufständischen foltern und abschlachten. Dabei profitierte er auch von den mörderischen Auseinandersetzungen zwischen den beiden großen kurdischen Widerstandsbewegungen.

Nach dieser Militäraktion hatte Saddam die gesamte Logistik des INC zerstört, dem nach Expertenmeinung nur noch ein einziger Kriegsschauplatz blieb: Washington. Der Gründer und Präsident des INC, Ahmed Chalabi, früher Bankier und Diplommathematiker des MIT (Massachusetts Institute of Technology), hatte damals wichtige Fürsprecher in der amerikanischen Regierung und im Kongress.

1998 beschloss der amerikanische Kongress, den INC für die Befreiung des Irak mit 97 Millionen Dollar zu unterstützen. Doch durch unüberwindliche persönliche Streitigkeiten zersplitterte der INC und erwies sich als unfähig, diese Mittel sinnvoll einzusetzen. Jahrelang hatten CIA und State Department Ahmed Chalabi und seine Bewegung unterstützt und finanziert, doch mit der Zeit erlahmte diese Zusammenarbeit. Angaben des INC über die Lage im Irak waren unzuverlässig, und Chalabis autokratischer Führungsstil, seine Weigerung, die Macht zu teilen, führten zu wachsender Kritik innerhalb der Organisation. Wenig transparent war auch die Verwaltung der von Washington zur Verfügung gestellten Mittel. Im Januar 2002 stellte das Außenministerium seine Zahlungen wegen fehlender Ausgabenbelege über die Verwendung von 578 800 Dollar ein.

Ein Beobachter meinte: »Gerettet wurde der INC durch die Konjunktur. State Department und CIA wollten schon das Handtuch werfen, doch Bush und sein Team nahmen in Erinnerung an die Reagan-Zeit die Dinge wieder in die Hand.«

Und wieder wirkte Paul Wolfowitz' Fähigkeit, dem Präsidenten fertige Lösungen zu liefern, wahre Wunder. Mehrfach hob er detailliert die wichtige Unterstützung der Contras hervor, jener Rebellen, die in Nicaragua gegen das prokubanische und prosowjetische Sandinisten-Regime kämpften, als Beweis dafür, dass die Unterstützung einer inneren Opposition zur Ausschaltung eines feindlichen Regimes führen kann.

Leider war diese Beweisführung in zwei Punkten nicht richtig: Die Contras führten einen Kampf, während der INC und Chalabi über keinerlei Streitkräfte verfügten, die sie Saddam vor Ort entgegensetzen konnten, und die Ausschaltung der vom Krieg geschwächten Sandinisten erfolgte durch den Urnengang – eine für den Irak kaum vorstellbare Lösung.

Doch das zählte nicht. Männer wurden aktiviert, die zum Teil seit fast dreißig Jahren nicht mehr im Irak waren. Das Pentagon sollte an Stelle des Außenministeriums das Unternehmen betreuen und die Mittel für eine durch die Aussicht auf den baldigen Sieg erstarkte Opposition bereitstellen.

Das änderte jedoch nichts an der Realität, die ein führendes ehemaliges Mitglied des INC in folgende Worte fasst: »Der Irakische Nationalkongress ist keine oppositionelle Kraft, sondern lediglich eine Gruppe von Männern, die von den Amerikanern eingesetzt wurden.«

»Ein schwieriger Fall«

Im August 2002 treffen sich die Oppositionsführer – der INC ist nur ein Element davon – in Washington zu einem Gespräch mit dem State Department, das sie aufgefordert hatte, ihre Streitigkeiten ruhen zu lassen und ihre Einheit wieder herzustellen, um gemeinsam Saddam Husseins Sturz zu betreiben. Die Tatsache, dass Vizepräsident Cheney per Videokonferenz mit den irakischen Vertretern spricht, ist ein deutliches Zeichen dafür, dass die Initiative dieser Versammlung von höchsten Kreisen ausgeht. Der ganze diplomatische und militärische Apparat sowie die Geheimdienste, insbesondere die DIA (militärischer Nachrichtendienst) werden mobilisiert, um diese Bewegungen zu betreuen. Fieberhaft arbeiten sie daran, die Oppositionsführer als demokratische Alternative erscheinen zu lassen.

Die Gespräche zwischen den Delegierten und amerikanischen Regierungsvertretern dauern über zwei Stunden. Trotzdem konnte die Frage, wie viele Oppositionsgruppen sich in der amerikanischen Hauptstadt befinden – sechs oder sieben –, abschließend nicht beantwortet werden.

Alle Mitglieder der Bush-Regierung scheinen von der unausweichlichen Niederlage Saddam Husseins überzeugt. Doch niemand zieht in Betracht, dass der Sturz des irakischen Diktators und die dadurch ausgelöste Schockwelle in der arabischen Öffentlichkeit langfristig einen erneuten Sieg für Osama bin Laden und die Al Qaida bedeuten könnte.

Zweiter Teil

7

Wann beschloss George W. Bush, den Irak anzugreifen –
oder wie er es gerne ausdrückt, den Irak zu befreien, um
eine stabile und für den gesamten Mittleren Osten vor-
teilhafte Demokratie aufzubauen? Bereits im Wahlkampf Anfang 2000 sprach der künftige US-Präsident über Saddams Regime. Nicht etwa aus
Überzeugung, sondern wegen der Einfachheit des The-
mas. Mit dem Anprangern des irakischen Regimes ging
er auf Stimmenfang, sicherte sich die allgemeine Zustimmung, ohne sich in komplizierte und häufig politisch ge-
fährliche Betrachtungen ergehen zu müssen wie beispielsweise über den israelisch-palästinensischen Konflikt.

Sucht man allerdings nach einem genauen Zeitpunkt,
an dem Bagdad zur absoluten Priorität des Weißen Hauses wurde, stößt man auf die Rede des Präsidenten zur
Lage der Nation am 29. Januar 2002.

Die politischen Kommentatoren Amerikas rechneten
mit einer radikalen Wende – jedoch in eine andere Richtung. Nach dem raschen Sieg in Afghanistan, der relativ
wenige – amerikanische – Menschenleben kostete, auch
wenn bin Laden und die meisten seiner Offiziere unauf-
findbar blieben, ging man davon aus, dass George W.
Bush in seiner Rede hauptsächlich auf innenpolitische
Fragen wie die Privatisierung der Sozialversicherung oder

auch den Aufschwung der Wirtschaft, der durch den Krieg in Afghanistan nicht gerade beschleunigt worden war, eingehen würde.

Stattdessen wurde die Rede zur Lage der Nation eine Hinwendung zu neuen Kriegen, zur Ausdehnung des gegenwärtigen Konflikts auf weit größere, strategisch schwierigere Militärmächte, wovon sich zwei im Mittleren Osten befinden. Bush erläuterte sein Bild vom Terrorismus: Netzwerke wie Al Qaida agieren innerhalb der »Achse des Bösen« von Irak, Iran und Nordkorea aus. Länder, die auf den ersten Blick wenig gemein haben. Die Terroristennetze müssen zerstört werden. Doch dieses Ziel lässt sich nur erreichen, wenn mit den Regimen, die ihnen Unterschlupf gewähren, aufgeräumt wird. Es ist zwar keine Kriegserklärung, aber eine deutliche Warnung an diese Länder. Entweder sie »ändern« sich oder sie setzen sich dem Kreuzfeuer aus, dem die Taliban innerhalb weniger Wochen erlagen.

Was aber sollen diese Länder »ändern«, abgesehen davon, dass es sich um drei autoritäre, korrupte Terror-Regime handelt? Wieso wurden gerade sie von den Amerikanern aufs Korn genommen? Warum nicht Somalia oder der Sudan, von denen man weiß, dass sie wahre Umschlagplätze des islamischen Terrors sind? Warum nicht der Jemen, ebenfalls ein neuralgischer Angelpunkt für die Al Qaida-Netzwerke? Noch schwieriger, aber näher liegend: Warum wurde Saudi-Arabien nicht auf diese Liste gesetzt? Fünfzehn der neunzehn Luftpiraten der Attentate vom 11. September reisten mit saudi-arabischen Pässen in die USA ein. In diesem Land ist der Antisemitismus neben primitivsten antiwestlichen Theorien ebenfalls verbreitet.

Obwohl bin Laden dort wegen seiner aufrührerischen Äußerungen gegen die königliche Familie offiziell geächtet wird, stehen zahlreiche Imame den vielen, in einigen Nachbarländern offen niedergelassenen Organisationen von Al Qaida sehr nahe. Doch offensichtlich gehört Riad nicht zu der »Achse des Bösen«, von der George W. Bush spricht, ebenso wenig wie die Vereinigten Arabischen Emirate, obwohl Angehörige dieses Landes die terroristische Organisation mit unglaublichen Summen unterstützt haben sollen.

George W. Bush will uns also weismachen, diese drei Länder unterhielten die intensivsten Beziehungen zur Al Qaida und hätten – weit mehr als Saudi-Arabien, Sudan oder der Jemen – unseren berechtigten Zorn verdient.

Von Nordkorea ist allerdings nicht bekannt, dass es eine Verbindung zu bin Laden unterhält. Zwischen dem vermoderten Marxismus des Kim Il Sung und dem wahnwitzigen Extremismus eines bin Laden besteht keine ideologische Gemeinsamkeit.

Trotz des äußeren Anscheins gibt es auch zwischen Iran und dem saudi-arabischen Milliardär keinerlei Berührungspunkte, nicht einmal den Islam, denn der Führer der Al Qaida ist Sunnit, während der Iran wie auch die Mullahs, die seit dem Sturz des Schahs das Land regieren, überwiegend schiitisch ist.

Doch der Irak bleibt die große Unbekannte in dieser Gleichung. Auch wenn die Falken eine Sondereinheit ins Leben gerufen haben, deren einzige Aufgabe darin besteht, die vertraulichen Unterlagen von CIA, DIA, NSA und anderen amerikanischen Nachrichtendiensten auf eine Verbindung zwischen Saddam und bin Laden zu durchforsten, hat sich bisher keine solide Spur ergeben.

Obwohl das Weiße Haus sehr wohl weiß, wie mager

diese ursprüngliche Argumentation ist, führt es eilig ein Argument an, das in den nächsten Monaten zum allgemeinen Credo wird und von jedem Sprecher auf Fragen zum Irak wie ein Werbespot verbreitet wird: »Diese Länder stellen Massenvernichtungswaffen her. Wollen wir warten, bis sie diese an Organisationen wie Al Qaida verkaufen, bevor wir endlich handeln?«

Es geht also nicht mehr um »Terrororganisationen und Länder, die ihnen Unterschlupf gewähren«, wie George W. Bush erklärte, sondern um Länder, die spaltbares Material und Massenvernichtungswaffen herstellen, die an Terroristen verkauft und im Westen verbreitet werden können.

In diesem Fall scheint Bush also doch an die richtigen Türen geklopft zu haben, als er von der »Achse des Bösen« spricht. Dennoch ist die Reihenfolge seiner Prioritäten fragwürdig, denn die USA konzentrieren sich offenbar auf das einzige Land, das über kein funktionsfähiges Nuklearprogramm verfügt.

Der Reaktor in Osirak wurde in den 70er Jahren mit Unterstützung der Franzosen gebaut, die sehr wohl wussten, dass er Teil eines militärischen Programms war (oder glaubten sie etwa ernsthaft, ein Land, das Erdöl im Überfluss besitzt, wolle trotz astronomischer Kosten auf Kernenergie umstellen?). 1981, kurz bevor das für den Bau der ersten Atombombe erforderliche angereicherte Uran erzeugt werden konnte, zerbombte die israelische Luftwaffe die Anlage.

Der Iran dagegen besitzt »zivile« Reaktoren. Doch auch hier handelt es sich laut Khidir Hamza, dem ehemaligen Leiter des irakischen Nuklearprogramms, der seit 1994 in den USA lebt, um eine Täuschung mit der Absicht, genügend spaltbares Material für die militärische

Nutzung zu gewinnen. Dennoch gibt es bis heute keine Beweise dafür, dass der Iran eine fertige, einsatzbereite Atomwaffe besitzt.

Nordkorea wiederum bekannte öffentlich, Spaltmaterial zu besitzen, und verfügt damit über angereichertes Uran für eine Rakete, die auf Seoul oder sogar Japan abgeschossen werden könnte.

Die amerikanische Unbeugsamkeit gegenüber dem Irak ist kaum zu verstehen, denn das Atomwaffenprogramm steckt nach den meisten Analysten – zumindest im Vertrauen – noch in den Kinderschuhen. Gleichzeitig erklärt Präsident Bush, dass er »mit Nordkorea anders umgehen« werde, obwohl das Regime genauso verabscheuenswürdig sei wie die Regierung in Bagdad. Das Volk lebe in ähnlicher Knechtschaft, und die Haltung des Staates gegenüber Südkorea und Japan sei auch nicht verantwortungsvoller als das Vorgehen Bagdads gegenüber Kuweit oder dem Iran.

Warum also zwei so unterschiedliche und Besorgnis erregende Äußerungen? Diplomatisch mit einem Regime, das eine deutlich erkennbare Gefahr darstellt, unnachgiebig mit dem Führer in Bagdad, der keine Atomwaffen besitzt – eine Tatsache, die Donald Rumsfeld selbst einräumte.

Weil George W. Bush sich nach erhitzten Debatten und aufgewärmten Konzepten, in denen er »die faschistische Achse« des Zweiten Weltkriegs mit dem »Reich des Bösen«, wie sein Amtsvorgänger Ronald Reagan die Sowjetunion bezeichnete, verglich, anders entschied.

Die Eroberung der arabischen Welt
durch die Demokratie

Der amerikanische Präsident, der nicht wusste, wie der Premierminister von Pakistan heißt, bevor dieser zur wichtigsten Figur auf dem diplomatischen Schachbrett des Afghanistan-Kriegs wurde, und den Präsidenten Brasiliens fragte, ob es »in seinem Land viele Schwarze« gäbe, dieser Präsident stürzt sich in ein waghalsiges Abenteuer. Der Plan ist so gewagt, dass er in den ersten Phasen seiner Umsetzung absolut geheim gehalten werden muss: Die Eroberung der arabischen Welt durch die Einführung der Demokratie. Die Idee klingt im ersten Augenblick großzügig, ist es aber nicht. Der Einsatz im Vergleich zum Gewinn wäre lächerlich gering. Neben neuen Absatzmärkten und diplomatischem Einfluss würde Amerika vor allem seine Sicherheit wieder gewinnen. Präsident Bush und seine Berater vergleichen die Eroberung der arabischen Welt durch die Demokratie mit der Impfung eines Virus in das Herz eines jungfräulichen Organismus.

George W. Bush braucht einen Ausgangspunkt, ein erstes Ziel, auf das sich das neue Konzept konzentriert, und suchte sich dafür den Irak aus. Nach Überzeugung des Präsidenten, der mit Subtilitäten und Nuancen wenig anzufangen weiß, stellt Saddam Hussein, der Führer eines brutalen Regimes, von dem sich die irakische Bevölkerung lieber heute als morgen befreien würde, das perfekte Ziel dar. Entwickelt sich das Volk in diesem wichtigen Land der arabischen Welt zum demokratischen Vorbild, könnte das eine Art Dominoeffekt und weitere Veränderungen bei den verknöcherten Regierungen der Region auslösen. Dann könnte das nun gemäßigte Land bei der

Lösung des israelisch-palästinensischen Konflikts eine führende Rolle bei allen Friedensbemühungen übernehmen. Nicht zu vergessen, dass es Washington schon in absehbarer Zeit eine Erdölquelle bescheren würde, die Saudi-Arabien mit seinem ewigen Doppelspiel, das die Amerikaner zunehmend stört, ersetzen könnte.

Das amerikanische Volk erfuhr kein Wort von den Demokratisierungsplänen, geschweige denn der Rest der Welt, denn dieses immense Vorhaben duldet keine Öffentlichkeit, zu groß wäre der Gesichtsverlust des Weißen Hauses im Falle eines Misserfolgs. Außerdem würde Washington für diese Pläne wohl kaum Verbündete in der islamischen Welt finden.

In der Rede zur Lage der Nation vermittelte George W. Bush der Öffentlichkeit die Verbindung zwischen dem Irak und dem Krieg gegen den Terrorismus, auch wenn seine Theorie umstritten blieb. Ohne seine wahren Absichten preiszugeben, gelang es ihm, eine angeblich unmittelbare Bedrohung seitens Bagdads glaubhaft zu machen, allerdings mit gemischtem Erfolg. Der Angriff auf ein Land, dem keinerlei Beteiligung an den Anschlägen vom 11. September nachzuweisen ist, wird als logische Fortführung des Afghanistan-Konflikts dargestellt. In gewissem Sinne stimmt das auch, doch die angeführten Gründe sind äußerst fragwürdig.

Jedenfalls brachte der 29. Januar 2002 einen weiteren Sieg für die Falken. Die Aufstockung des Verteidigungshaushalts um 48 Milliarden Dollar, 150 % des französischen Militärhaushalts, nach den USA der zweitgrößte der Welt, die Donald Rumsfeld noch in derselben Woche beantragte, liefert ein weiteres Indiz für die Allmacht der »Kriegspartei« im Umfeld des Präsidenten.

Diese Entscheidung, vor allem die gigantischen Summen, verdienen einen Augenblick des Nachdenkens. George W. Bush stellte schon häufig die Erfordernisse der Verteidigung und der nationalen Sicherheit in den Vordergrund jeder Erwägung. Seine höchste Aufgabe sei es, so fügt er hinzu, Amerika und die Amerikaner vor ihren Feinden zu schützen. Zusätzliche 48 Milliarden Dollar würden erheblich dazu beitragen, könnte man vermuten. Das ist jedoch keineswegs der Fall. Donald Rumsfelds Laufbahn im Pentagon ist eine Folge gebrochener Versprechen – vor und nach dem 11. September. Mit seiner Ernennung zum Verteidigungsminister machte er sich die Erneuerung der archaischen Strukturen seines Ministeriums zur Aufgabe, insbesondere die Umwidmung der Milliarden Dollar, die jedes Jahr in völlig sinnlose Programme fließen oder in Projekte, die so kostspielig sind, dass sie von den Streitkräften nie eingesetzt werden können.

Die gleichzeitige Entwicklung von drei neuen Kampfjets, schwerer Artillerie und gigantischen Zerstörern für den Fall einer Ost-West-Auseinandersetzung und der Verteidigung gegen einen Feind, den es zu diesem Zeitpunkt schon lange nicht mehr gab, kostete 12 Milliarden Dollar. Im Kampf gegen den Terrorismus ist ihre Verwendung, wie zahlreiche Militärexperten meinen, mehr als fragwürdig.

Nach der Ankündigung dieser Haushaltserhöhung verlangte Richard Myers, Generalstabschef der Streitkräfte, ebenfalls eine unverzügliche Anhebung seines Budgets auf 40 Milliarden Dollar, damit die Armee die mit den zusätzlichen 48 Milliarden Dollar entwickelten Systeme überhaupt kaufen könne.

Rumsfeld, der zweifellos zu den fanatischen Kriegstreibern dieser Regierung zählt, war nicht in der Lage, seine

Vorhaben umzusetzen, obwohl er alle erforderlichen Mittel dazu besaß. Obwohl nach dem 11. September klar wurde, dass sich für diesen Kampf beispielsweise führerlose, mit zwei Raketen bestückte Drohnen, die nur 80 km/h fliegen und weniger als 4 Millionen Dollar kosten, die schlagkräftigsten Waffen wären, ließ er weiterhin Kriegsschiffe und tonnenschweres Artilleriematerial bauen, das sich nur für einen globalen Konflikt eignen würde, der jedoch, zumindest in naher Zukunft, nicht bevorsteht. Dagegen mangelt es spürbar an Waffen, um den Sieg in einem Krieg gegen den Irak zu garantieren. Die Joint Direct Attack Munitions, ungelenkte Sprengkörper, die mit Hilfe einer elektronischen Steuerung am Heck lenkbar gemacht werden, sind derzeit nicht auf Lager. Die Geschäftsführer von Boeing, wo diese JDAMs hergestellt werden, gehen davon aus, dass diese Waffen erst gegen Ende 2002 für einen neuen Konflikt (nach Afghanistan) in ausreichender Anzahl zur Verfügung stehen. Die Kosten der JDAMs sind verhältnismäßig niedrig: 27 000 Dollar pro Steuereinheit montiert auf einem Sprengkörper, der auch nicht mehr kostet. Zum Vergleich: Der Preis einer einzigen Cruise Missile liegt bei etwa 1 Million Dollar, je nach Modell.

Natürlich könnten die 48 Milliarden Dollar, die für den zukünftigen Schutz Amerikas gedacht sind, in anderen Bereichen sinnvoller eingesetzt werden. Rumsfeld hat sich gegen die preiswerte Lösung eines nützlichen Waffensystems und für die extrem teure Entwicklung anderer Waffensysteme, die zu nichts nütze sind (und die wahrscheinlich auch nicht gekauft werden) entschieden. Amerika predigt einen unkonventionellen Krieg, die dafür erforderliche zusätzliche Ausrüstung bekommt die Armee jedoch nicht.

Aber mit einem Budget von insgesamt 396 Milliarden Dollar gegenüber einer »Achse des Bösen«, die zusammen weniger als 12 Milliarden Dollar pro Jahr für ihre Streitkräfte ausgibt, verfügt Washington zweifellos über eine ausreichende Marge, um die enormen und ungerechtfertigten Ausgaben des Pentagon einfach zu ignorieren ...

Der »Pudel« und der Präsident

Wenn es auch nicht sehr sinnvoll erscheint, ist das Budget der amerikanischen Verteidigung dennoch beeindruckend, insbesondere für europäische Politiker, die wegen der Haltung von Bush und seinen Offizieren gegenüber dem Irak schon seit geraumer Zeit besorgt sind. Sie waren bereit, den Krieg in Afghanistan zu unterstützen, doch die zunehmend blutrünstigen Äußerungen im Hinblick auf Bagdad wurden in letzter Zeit mit gemischten Gefühlen aufgenommen.

Der außenpolitische Sprecher der deutschen CDU/CSU, Karl Lamers, fasst die vorherrschende Meinung des Alten Kontinents präzise zusammen: »Es besteht die Gefahr, dass die Amerikaner und die Europäer im Kampf gegen den Terrorismus unterschiedliche Meinungen vertreten. Ich bitte unsere amerikanischen Freunde, uns an der Ausarbeitung der Strategie mitwirken zu lassen, anstatt sie allein zu entwickeln und uns dann herbeizurufen, um neben ihnen herzutrotten.« Ein Hinweis auf die mangelnde Logik in der Herstellung des Zusammenhangs zwischen Irak und Al Qaida, dem ursprünglichen Ziel.

Selbst in Großbritannien, dem traditionellen Verbündeten der USA, werden Stimmen laut, die sich von den

Äußerungen aus Washington distanzieren, wie zum Beispiel in der Erklärung von Condoleezza Rice am 1. Februar: »Wir dürfen nicht warten, bis die Gefahr so weit angewachsen ist, dass es zu Ereignissen kommt. Wir werden alles tun, was in unserer Macht steht, um dieser globalen Bedrohung entgegenzutreten.« Menzies Campbell, der Sprecher der liberal-demokratischen Partei für Auslandsfragen, erklärt, dass für eine »Operation gegen den Irak eindeutige Beweise notwendig sind«.

Blair bleibt jedoch der unerschütterliche Verbündete der amerikanischen Sache. Wenige Monate später, während eines Besuchs auf Präsident Bushs Ranch in Crawford, wird Blair im viel gelesenen englischen Blatt *Mirror* auf der Titelseite mit einem »Pudel« verglichen, der seinem amerikanischen Herrn treu ergeben ist. Tatsächlich scheint der Premierminister dem amerikanischen Präsidenten ohne Bedenken treu zu folgen. Da Großbritannien kaum Gewinn aus dieser engen Beziehung zu den USA zieht, ist das Festhalten Londons an der amerikanischen Sache kaum zu verstehen. Blair erwies George W. Bush große Dienste. Im Afghanistan-Konflikt drängte sich der Eindruck auf, Blair sei zum amerikanischen Minister avanciert: Während Bush im Weißen Haus blieb, unternahm sein britischer Amtskollege eine ermüdende Reise nach der anderen in den Mittleren Osten und nach Südasien, um die Koalition mit Washington aufrechtzuerhalten.

Zu bestimmter Zeit befanden sich fast ebenso viele britische wie amerikanische Soldaten in Afghanistan, trotz des offensichtlichen Unterschieds in Größe und Mitteln der beiden Länder.

Der Irak brachte eine Wende in den britisch-amerikanischen Beziehungen – und für Blair neue Schwierigkeiten in der politischen Vermittlung des bevorstehenden Konflikts. Seine Partei ist gegen Krieg und gegen einen »Regimewechsel« in Bagdad, wie ihn sich die amerikanischen Falken vorstellen. Die Rede zur Lage der Nation läutete eine zunehmend angespannte Phase ein.

Die herrschende Unzufriedenheit unter den Abgeordneten der Labour-Partei steigt und führt wenige Monate später zu offener Rebellion. Das Paradoxe daran ist, dass Blair die meiste Unterstützung bei seinen politischen Gegner, den Konservativen, findet, denn sie halten die Linie des Premierministers für logisch, kohärent und im Interesse Großbritanniens.

Das Verhältnis zwischen Blair und Bush durchlebt ebenfalls Spannungen. Im Januar 2002 missachtet der Präsident die Einwände seines »Freundes« im Zusammenhang mit den Haftbedingungen der mutmaßlichen islamischen Terroristen auf der Militärbasis von Guantanamo, zu denen auch Briten gehören. Eine harmlose Erklärung oder eine unbedeutende Geste, um das Gesicht des Verbündeten zu wahren, hätten der amerikanischen Regierung politisch sicher nicht geschadet. Im Gegenteil – dadurch hätte man englischen Kritikern den Wind aus den Segeln genommen, die die Zusammenarbeit als »Einbahnstraße« für den Premierminister bezeichneten. Blairs Bitte um Auskunft über das Schicksal der britischen Gefangenen stieß auf eine Mauer der Gleichgültigkeit und des Schweigens.

In seiner Rede zur Lage der Nation lobte Bush die Kooperation der arabischen Länder im Kampf gegen den Terrorismus, jedoch verlor er über Großbritannien und seinen Premierminister kein Wort. Wieder eine Taktlosigkeit des Präsidenten, den die Gesten der Solidarität der Außenwelt überhaupt nicht zu interessieren scheinen. In der Hoffnung auf Anerkennung, die er jedoch nicht erhält, geht Blair in seinem Engagement an der Seite Washingtons immer weiter und damit immer größere Risiken innerhalb seiner eigenen Regierung ein.

Eine Taube im Falkennest

Der einzige Hoffnungsschimmer, den die europäischen Länder hinter den dicken Mauern der Bush-Regierung erkennen können, ist das Außenministerium. Außenminister General Colin Powell zeigt sich als bescheidener Mann, dem die kriegslüsternen Reden Wolfowitz', Cheneys und anderen Getreuen Rumsfelds ebenso große Sorge bereiten wie seinen ausländischen Amtskollegen. Inmitten einer Regierung, die um jeden Preis Krieg mit Irak will, ist Powell isoliert. Die lächerliche Erhöhung seines Haushalts (4 %), verglichen mit dem Anstieg des Pentagon-Budgets um zweistellige Prozentzahlen, zeigt deutlich, welche Atmosphäre im Präsidententeam herrscht und wie prekär die Position des Außenministers ist.

Im Unterschied zu den Falken ist Powell Berufssoldat. Er hat in Vietnam gekämpft, wurde mehrfach ausgezeichnet. Seine militärische Lehre, die seine Gegner gern als übermäßig vorsichtig abtun, ist sehr viel komplexer und nuancierter, als es auf den ersten Blick scheint. Ausführungen dazu lieferte er in dem 1995 veröffentlichten Werk *My Journey to America*.

Der ehemalige Stabschef betrachtet sich als ein Produkt Vietnams, eines Konflikts, so erklärt er,»in dem ich mehr Mut und Tapferkeit erlebt habe als in jedem anderen Krieg. Und genau das ist der ausschlaggebende Punkt: Man darf den Heldenmut nicht ohne klares Ziel, ohne Zustimmung der ganzen Nation aufs Spiel setzen, und schon gar nicht ohne die feste Absicht, die gesteckten Ziele zu erreichen. Wir haben für eine Bankrott-Politik gekämpft. Unsere Vorgesetzten schickten uns in einen Krieg, der mit allen möglichen antikommunistischen Parolen gerechtfertigt wurde, ohne die Gesetze des Vietnam-Konflikts zu erkennen. Die Wurzeln dieses Konflikts liegen im Nationalismus, im Antikolonialismus und gehen weit tiefer als im simplen Ost-West-Konflikt. Unsere vorgesetzten Offiziere wussten, dass der Krieg einen ungünstigen Verlauf nahm. Dennoch beugten sie sich den Denkern, den Pressure Groups. Die Armee als Institution meldete sich nicht deutlich zu Wort, weder gegenüber ihren politischen Befehlshabern noch in den eigenen Reihen. Zu keinem Zeitpunkt äußerte das Oberkommando gegenüber dem Verteidigungsminister oder dem Präsidenten: ›Dieser Krieg kann durch diese Art Kampf nicht gewonnen werden.‹ Viele Männer meiner Generation, ebenfalls Berufssoldaten, Kommandanten, Majore oder Oberleutnants, legten beim Antritt ihrer Funktionen einen Eid ab, anders zu handeln. Sie schworen, nicht still schweigen und gegen ihre Überzeugung in Operationen einzuwilligen, die aus nebulösen Gründen durchgeführt werden sollen, Operationen, die das amerikanische Volk weder verstehen noch billigen würde. Wenn wir uns selbst, unserer zivilen Führung und dem ganzen Land gegenüber behaupten können, dieses Versprechen eingehalten zu haben, dann waren die Opfer, die wir in Vietnam gebracht haben, nicht umsonst.«

Im Lichte dieser Äußerungen erscheint Powell als besonders umsichtiger Mensch. Er fürchtete nicht den Krieg, er fürchtete nur einen schlecht vorbereiteten Krieg. Liefe ein Konflikt im Irak, mitten im Pulverfass des Mittleren Ostens, aus dem Ruder, wären die Folgen für die amerikanische Führungsmacht und für die Stabilität der Welt untragbar. Powell ist sicher keine »Taube«, aber in der Regierung wollen offenbar alle dieses Gerücht über ihn verbreiten. Zunächst die Falken: Was ist von einem Mann zu halten, der eine gründliche Abwägung des Einsatzes von Waffengewalt predigt und diesen als letzte Möglichkeit, wenn alle diplomatischen Wege ausgeschöpft sind, betrachtet? Sie halten ihn für eine »Taube«, wie jene allzu vorsichtigen Generäle, die im Bosnien-Konflikt gegen die Entsendung amerikanischer Truppen waren.

Doch nicht nur die Falken profitieren von dieser abweichenden Stimme im Chor der Regierung. Selbst der Präsident nutzt diese Doppelstimmung, um die ängstlichsten seiner Verbündeten zu beruhigen. Powell ist der ideale Partner. Er liefert Amerika das Image, das die Europäer gerne sehen wollen: Er ist offen für jeden Dialog, und vor allem wohl kaum geneigt, die riesige Streitmacht Washingtons einzusetzen.

Powell ist »für den Export« fast maßgeschneidert. In den Vereinten Nationen und im Ausland wirkt er Wunder, obwohl ihm die amerikanische Presse in dieser Zeit oft die Fähigkeit abspricht, den Manövern des gegnerischen Blocks unter Wolfowitz' Führung auszuweichen.

In dieser Regierung sind die Rollen ausgesprochen gut verteilt. Colin Powell beruhigt, predigt Mäßigung und unternimmt sogar Abstecher in die Innenpolitik, um Erklärungen des Präsidenten zu korrigieren. Zwei Wochen nach der berühmten Rede zur Lage der Nation erklärte Colin Powell, dass zur »Achse des Bösen«, von der George W. Bush sprach, nicht die Bevölkerung der drei avisierten Länder gehöre. Amerika habe nichts gegen die Iraker, Ira-

ner oder Nordkoreaner. Washington habe nur ihre Führungen im Auge, die allein diese »Achse des Bösen« ver-
körperten. Diese Terminologie, die in den ausländischen
Hauptstädten eine gewisse Aufregung ausgelöst hatte, ergänzte Powell hastig: »Das heißt nicht, dass wir ihnen den
Krieg erklären. Das heißt nur, dass wir die Dinge beim
Namen nennen ...«

Powell schwächt ab, spricht und erklärt, grenzt sich
aber nie wirklich von der Linie des Präsidenten ab. Er
drückt dessen Politik nur mit anderen Worten aus und
bringt Argumente, die nur a priori im Widerspruch zu
den Gründen der Falken stehen. Wenn das Pentagon zum
Beispiel meint, dass die irakische Opposition ein zentra-
les Element jeder militärischen Operation bilden müsse,
erklärt das Außenministerium (wie übrigens auch die
CIA) unverblümt seine Vorbehalte gegen diese Organisation, die keine echte demokratische Grundlage hat und
deren Führung mehr durch finanzielle als durch patrioti-
sche Erwägungen motiviert wird.

Kann man deshalb schon von einem Gegensatz zwischen den Kriegsbefürwortern und den Verfechtern des
Friedens sprechen? Natürlich nicht. Powell und Wolfowitz verkörpern die beiden Linien der gleichen Politik, sie
divergieren lediglich in der Wahl der Mittel und in der
Tragweite des Risikos, das sie bereit sind einzugehen.
Doch diese Unterschiede im Vorgehen und in der Persön-
lichkeit werden absichtlich hochgespielt und zu einer
wahren ideologischen Schlucht aufgebauscht. Mit der
Wahrheit hat dies nichts zu tun.

Die doppelte Führungslinie innerhalb seiner Regierung
ermöglicht dem Präsidenten, auf zwei Ebenen zu agieren:
die Ängste des Auslands zu beruhigen und dennoch sein
Ziel, Saddam Hussein zu stürzen, zu verfolgen.

»Ein Kinderspiel«

Die Rede zur Lage der Nation bringt ebenfalls Bewegung in die Falken. Diesmal formuliert man das angestrebte Ziel klar und eindeutig, und Powell stellt sich darauf ein. Obwohl immer etwas konzilianter als die anderen, äußert er doch seine Zustimmung zu einem Regimewechsel im Irak. Die Bedenken bezüglich einer Militäraktion gegen Bagdad scheinen fast ausgeräumt. In der *Washington Post* vom 13. Februar 2002 erklärt Ken Adelman, Leiter der Rüstungskontrolle unter Präsident Reagan, schlicht: »Ich glaube, dass es ein reines Kinderspiel, ein gemütliches Picknick sein wird, die militärische Macht [Saddam] Husseins zu zerschlagen und den Irak zu befreien. Dafür gibt es ein paar einfache und vernünftige Gründe: Erstens war es schon beim letzten Mal ein Kinderspiel. Zweitens ist der Irak schwächer und drittens sind wir stärker geworden ...«

Übrigens war der Verfasser dieses erstaunlich optimistischen Artikels von 1975 bis 1977 Donald Rumsfelds Assistent.

Ken Adelman versucht anschließend die Argumente, die in einem Artikel, der zwei Monate zuvor von zwei Mitgliedern des berühmten Brookings Institute veröffentlicht wurde, zu widerlegen. Diese hatten eine sehr viel düsterere Vision eines möglichen Konflikts auf irakischem Boden gezeichnet. Die beiden Autoren, Phillip H. Gordon und Michael O. Hanlon, erklären darin unter anderem: »Wahrscheinlich benötigen die USA ein Kontingent Bodentruppen von 100 000 bis 200 000 Mann. Die früheren Auseinandersetzungen – Panama, Somalia und die israelisch-arabischen Kriege – zeigen, dass die

USA bei dieser Operation tausende von Männern verlieren könnten.«

Die Darlegung der beiden Akademiker, die irakischen Elitetruppen (republikanische Garde) würden sich im Falle einer amerikanischen Invasion erbittert zur Wehr setzen, wies Adelman mit dem Hinweis auf irakische Einheiten, die sich im ersten Golfkrieg mitten in der Wüste einem italienischen Fernsehteam ergeben wollten, zurück.

Jedoch wäre es gefährlich, systematisch jeden lächerlich zu machen, der für eine umfangreichere Militäroperation plädiert. In gewissem Sinne hat Adelman mit der Behauptung Recht, Amerika sei heute stärker und der Irak schwächer als 1991. Etwa 94 % der im ersten Konflikt eingesetzten Sprengkörper waren »blind« und wurden mit erschreckender Ungenauigkeit aus Flugzeugen abgeworfen. Sie besaßen kaum taktische Wirkung und trafen vor allem die Zivilbevölkerung.

Bei einem erneuten Konflikt im Irak wären 80 % der Sprengkörper »intelligent«. Außerdem wurden die Steuer- und Leitsysteme in den letzten Jahren weiter entwickelt und somit die Präzision und Effizienz dieser Waffen deutlich verbessert. Der früher eingesetzte Laserleitstrahl, der nur bei klarem Wetter funktioniert, wurde durch eine Satellitenführung ersetzt, die auch bei schlechtem Wetter einwandfrei arbeitet. Falls Saddam Hussein tatsächlich seine Erdölfelder anzünden sollte, wie manche Strategen befürchten, können die US Air Force oder die Navy dennoch problemlos ihre Ziele erreichen.

Amerika ist stärker, das steht fest. Der technische und militärische Fortschritt der letzten Jahre würde ein ganzes Buch füllen. Der Irak dagegen verfügt über eine marode Marine, eine seit zehn Jahren nahezu untrainierte

Luftwaffe und über Bodentruppen mit uneinheitlicher Ausrüstung und Motivation.

Zu glauben, die irakischen Streitkräfte würden sich wegen ihrer Unterlegenheit kampflos ergeben, bedeutet, einen wesentlichen Faktor der Gleichung außer Acht zu lassen: Amerika gewährt diesmal keinen Rückzug und keinen Fluchtweg.

1991 hatte die Kriegskoalition erklärt, sie werde Saddam Husseins Truppen aus Kuweit vertreiben. Der Kampf war von Anfang an aussichtslos, und viele Soldaten beschlossen, lieber ihre Haut zu retten, als sich in einem sinnlosen Gemetzel abschlachten zu lassen. Später wurden sie in den Irak zurückgeschickt.

Heute bestimmt Amerika mit der Forderung nach einem Regimewechsel die Spielregeln. Eben diese Forderung erzeugt bei den Elitetruppen wie der republikanischen Garde eine Motivation, die ihnen Saddam nicht bieten konnte. Diese Männer, die ihre Mitbürger terrorisieren und von einem Regime profitieren, das auf Terror und Unterdrückung beruht, wissen, dass sie Teil dieses Regimes sind. Sie wissen auch, dass eine Niederlage nicht wie vor zehn Jahren die Rückkehr in eine schützende Diktatur bedeutet. Diesmal bedeutet eine Niederlage, dem Zorn ihrer Mitbürger ausgeliefert zu sein, der sich durch jahrzehntelange Unterdrückung und Gewalt gegen sie aufgestaut hat.

Natürlich spricht die amerikanische Regierung auch von Versöhnung. Sie hat es nur auf Saddam Hussein und sein engstes Umfeld abgesehen. Doch die Propaganda des irakischen Präsidenten macht seinen Truppen bereits jetzt klar, dass die Yankee-Aggressoren die Armee vernichten würden, gelänge es ihnen, Bagdad einzunehmen. Selbstverständlich ist das falsch, doch sollte Saddam tatsächlich gestürzt werden, besteht kein Zweifel, dass es zur Abrechnung kommen wird. Das wissen auch die Männer der republikanischen Garde, der Sondereinheiten und der Staatspolizei – auf sämtlichen Ebenen. Deshalb ist die Brutalität der irakischen Soldaten auf keinen Fall zu unterschätzen, denn viele sehen im Falle einer Niederlage keinen anderen Ausweg, keine Überlebenschance.

Niemand weiß, ob die Amerikaner mühelos in Bagdad einmarschieren werden. Doch bei einer militärischen Operation, an der mehrere hunderttausend Männer beteiligt sind, kann man auch nicht von einem Kinderspiel sprechen.

174

8

Die zunehmend kriegslüsternen Gespräche in den Fluren des Weißen Hauses und des Pentagon und die gezielten und deutlichen Angriffe auf Saddam Hussein werden durch das Auftauchen eines Mannes, der bis zum 11. September praktisch nicht in der politischen Szene auftrat, noch verstärkt. Dick Cheney, die Nummer zwei der amerikanischen Exekutive und unmittelbarer Nachfolger von George W. Bush im Falle dessen Todes, wurde aus Sicherheitsgründen dem öffentlichen Leben fern gehalten. Die beiden Männer treten nie gemeinsam auf, und der Aufenthaltsort des Vizepräsidenten wird stets geheim gehalten.

Doch im Februar 2002, als der Irak die Al Qaida allmählich aus den Schlagzeilen der großen Tageszeitungen verdrängte und der Afghanistan-Krieg weitgehend als Erfolg gilt, taucht Cheney wieder auf. Kaum drei Wochen nach der Ansprache an die Nation besucht er einen Marinestützpunkt in Kalifornien, der um neun Soldaten trauert, die bei Einsätzen gegen die Camps von bin Laden und die Taliban umgekommen waren. An der Seite der Familien der Opfer und der Überlebenden spricht Cheney einige tröstende Worte:

»Die Familien dieser *Marines* dürfen stolz sein. Diese jungen Amerikaner, die die Uniform unseres Landes trugen und dem Vaterland in dieser schwierigen Zeit dienten, werden in unserer Erinnerung einen Ehrenplatz einnehmen. Der beispiellose Einsatz der Opfer und derjenigen, die heute unter unserer Fahne dienen, macht der Welt das Beste der USA sichtbar.«

Der Vizepräsident nutzte diese Gelegenheit, um sich im Hinblick auf die »Achse des Bösen« vorbehaltlos hinter Bush zu stellen: »Bei manchen Menschen haben die Äußerungen des Präsidenten eine gewisse Nervosität ausgelöst, doch die meisten Amerikaner sind beruhigt, weil sie einen Oberkommandierenden haben, der die Dinge beim Namen nennt und sagt, was er denkt.«

Mit diesem Auftritt wurde auf die Rückkehr eines Mannes hingewiesen, der eine der Schlüsselfiguren im künftigen Krieg gegen den Irak darstellt. Ohne Zustimmung der anderen ein arabisches Land anzugreifen, wäre Wahnsinn. George W. Bush und seine Mitarbeiter sind sich dessen wohl bewusst. Hier geht es nicht darum, eine »Koalition« zu bilden, wie der 41. Präsident (Bush senior) es für den ersten Golfkrieg getan hatte. Abgesehen von Europa oder den Vereinten Nationen ist auch die Zustimmung und stillschweigende Unterstützung der Nachbarländer des Irak eine unabdingbare Voraussetzung für eine militärische Offensive. Das Weiße Haus kann es sich nicht erlauben, in dieser Region unilateral zu operieren, und zwar aus zwei Gründen.

Erstens würde dadurch das sowieso schon schlechte Image der USA in der arabischen Welt noch schlechter. Für den »Mann auf der Straße« in Damaskus, Amman, aber auch in Kairo oder Rabat, ist Amerika der Erzfeind der Araber, das Land, das durch finanzielle und militärische Unterstützung Israels die Palästinenser unterdrückt, das Land, das seit über zehn Jahren das irakische Volk durch Sanktionen knechtet, wodurch Saddam Hussein reicher und sein Volk ärmer denn je geworden ist. Aus diesem Grund wäre es Wahnsinn, den Irak ohne die Zustimmung seiner Nachbarn anzugreifen. Eine solche unilaterale Entscheidung würde die Regierungen in Ägypten, Jordanien, Syrien und Saudi-Arabien zwingen, sich Washington gegenüber sehr viel unnachgiebiger zu zeigen, um sich nicht dem Volkszorn auszusetzen.

Der zweite Grund ist noch klarer: Die Flugzeugträger stellen keine ausreichende Basis für den massiven Aufmarsch, der für eine solche Operation erforderlich wäre. Die Militärbasen im Golf und in der Türkei sind strategisch notwendige Abschussrampen für die ununterbrochene Bombardierung, die in der ersten Phase des Konflikts prinzipiell von der US Air Force (und der Navy) durchgeführt werden muss. Saudi-Arabien (mit dem Stützpunkt Prince Sultan), Kuwait und Katar (mit dem Stützpunkt Al Udeid, ein annehmbarer Truppenverbandsplatz im Falle des Zerwürfnisses mit Saudi-Arabien) sind wichtige Verhandlungspunkte mit den Regierungen der Region, die sich bis jetzt alle kategorisch gegen eine amerikanische Invasion im Irak aussprachen. Genau in diesem Augenblick erscheint Dick Cheney auf der Bühne.

Ein Angriff ohne Begeisterung

Der Vizepräsident hat zu dieser Region eine enge Verbindung. »Berufliche Bindungen, natürlich, aber auch persönliche.« Gleichzeitig erfährt man, dass er im nächsten Monat zu einer Marathon-Rundreise in die meisten Hauptstädte des Mittleren Ostens aufbrechen wird. Sein äußerst enger und ermüdender Zeitplan (zwölf Länder in zehn Tagen) zeigt, dass es sich nicht nur um Höflichkeitsbesuche handelt. Offiziell soll er beruhigen und erklären, dass keine überhastete Aktion geplant ist. Sein ganzes Geschick als Unterhändler wird erforderlich sein, um einen Konsens für einen Angriff zu schmieden, der im Augenblick auf sehr wenig Begeisterung stößt. Ein Mitglied der Regierung, das in der *Washington Post* vom 24. Januar in einem Artikel zitiert wird, bringt die Schwierigkeit dieser Übung auf den Punkt: »Cheney sagt ihnen [den arabischen Regierungen], dass er gerne hören möchte, was sie zu sagen haben. Doch diese Vorgehensweise kann leicht ins Gegenteil umschlagen: Wenn man sagt, dass man gerne hören möchte, was sie zu sagen haben, muss man sich den Vorwurf gefallen lassen, man sei ohne Pläne gekommen. Wenn wir aber mit einem fertigen Plan kommen, beklagen sie sich, dass sie nicht angehört wurden!«

Die in der Region vorherrschende Meinung zu ändern, ist eine schwierige Aufgabe, viel schwieriger als 1990, denn damals wurde kein Land der Region angegriffen. Der unilaterale Angriff Amerikas könnte den gesamten Mittleren Osten entzünden wie nie zuvor. Selbst Kuweit lässt heute durch seinen Verteidigungsminister, Scheich Dschabir Al Mubarak Al Sabah, erklären: »Wir werden ohne internationale Deckung (vermutlich meint er die Abstimmung in den Vereinten Nationen) keine Militäroperation gegen irgendein Land gestatten.«

Laut Eliot Cohen, dem Direktor für strategische Studien an der berühmten Johns Hopkins School for Advanced International Studies, bilden Kuweit und die Türkei die beiden »wesentlichen« Säulen zur Durchführung einer Militäraktion gegen den Irak.

Ein weiteres Problem für Dick Cheney besteht darin, die Politiker der Region zu überzeugen, dass ein Sturz Saddams im Irak nicht zur Anarchie führen würde. Niemand hegt Zweifel, dass die amerikanischen Truppen in der Lage sind, den Diktator zu stürzen. Doch sehen die arabischen Regierungen – wie auch andere – noch keine Alternative von Washington. Der INC, ein Zusammenschluss der Opposition gegen Saddam Hussein, den die Bush-Regierung vorschlägt, genießt im Außenministerium und in den Reihen der CIA nur wenig Glaubwürdigkeit, nicht zuletzt wegen seiner durch zahlreiche Betrügereien, Unterschlagungen und chronischer Unfähigkeit belasteten Vorgeschichte.

Außerdem nahm eine wichtige irakische Bewegung der von Washington unterstützten Organisation, der dem Iran sehr nahe stehende Oberste Islamische Revolutionsrat, Bushs Aussage, Teheran gehöre zu jener, um jeden Preis zu bekämpfenden »Achse des Bösen«, sehr übel.

Cheneys Besuch war schwierig. Niemand glaubte an Wunder, aber in Washington erwartete man dennoch, dass Cheney nicht mit völlig leeren Händen zurückkehrt. Seine Gespräche mit Prinz Abdullah von Saudi-Arabien bezeichnete er im Nachhinein als »erhitzte Diskussionen«. Doch diplomatische Ergebnisse hat er nicht vorzuweisen.

Obwohl die Reise nicht schlecht begann. Auf einem Zwischenstopp in London empfängt ihn der »Pudel« des Präsidenten. Premierminister Tony Blair erklärt nach den Gesprächen: »Entscheidungen über den Umgang mit dieser Bedrohung wurden nicht getroffen. Jedoch besteht kein Zweifel über die Gefahr, die von Saddam Hussein und seinen Massenvernichtungswaffen ausgeht …«

Eine Woche zuvor, als der irakische Vizepremierminister vor führenden UNO-Mitgliedern erklärte, dass die Inspektoren nicht nach Bagdad zurückkehren dürften, stieg die Spannung. Als gäbe es nicht schon genug Meinungsverschiedenheiten, kontert Cheney mit der Aussage, dieselben Inspektoren müssten sowieso wesentlich strikter vorgehen, wenn sie ihre Arbeit wieder aufnehmen. Am nächsten Tag reist Dick Cheney nach Amman zu einem Treffen mit König Abdallah von Jordanien, angeblich einer der »treuesten Verbündeten« der USA in dieser Region. Doch während der Vizepräsident in London noch mit Tony Blair plauderte, befand sich der junge König in Damaskus bei Izzat Ibrahim, Mitglied des Irakischen Revolutionsrats, und erklärte: »Jordanien ist der Meinung, dass ein Angriff auf den Irak nicht nur für dieses Land, sondern für die gesamte Region eine Katastrophe wäre. Eine solche Entscheidung würde die Sicherheit und Stabilität des Mittleren Ostens gefährden.«

Abdallah ist im mathematischen Sinn des Wortes eine »Unbekannte« auf dem Schachbrett des sich abzeichnenden Konflikts. Im ersten Golfkrieg unterstützte sein Vater als einziger Saddam Hussein. Uday, der Vergewaltiger, Folterer und Serienmörder, Saddam Husseins Sohn, unterhält sehr freundschaftliche Beziehungen zum jungen König. Angeblich bekam dieser bei seiner Krönung drei nagelneue Porsche von Uday. Außerdem sollen die beiden gemeinsam zahlreiche, äußerst lukrative Geschäfte mit illegalen irakischen Öllieferungen an Jordanien abgewickelt haben.

Die anfängliche Begeisterung des Präsidententeams für den jungen König ließ weiter nach, als dieser Dick Cheney deutlich seine Meinung kundtat: »Eine amerikanische Militäraktion im Irak könnte die Stabilität der ganzen Region gefährden, und Amerika täte gut daran, sich auf den israelisch-palästinensischen Konflikt zu konzentrieren.« Eine eindeutigere Position ist kaum denkbar. Während Cheney nach Erklärungen sucht und zu überzeugen versucht, verstärkt Bush den Druck. Am nächsten Tag erklärt er, dass, falls es zu einer Konfrontation mit den Staaten kommt, die mit dem Einsatz von Massenvernichtungswaffen drohen, »alle Optionen vorstellbar« sind – auch Atomwaffen. Bei dieser Pressekonferenz konzentriert er sich ausschließlich auf den Irak – bin Laden scheint völlig vergessen.

»Was die Israelis getan haben, ist nicht gerade hilfreich ...«

Al Qaida hat für Bush offenbar nicht mehr oberste Priorität. Als die Rede auf Saddam Hussein kommt, schüttelt er ärgerlich den Kopf: »Ich lasse nicht zu, dass ein Land wie der Irak durch die Entwicklung von Massenvernichtungswaffen unsere Zukunft bedroht!«

Ausgerechnet als Dick Cheney mit führenden Politikern der arabischen Welt verhandelte, war seine Reaktion auf Fragen zu Israels wiederholtem Eindringen in die besetzten Gebiete ausgesprochen vage: »Was die Israelis getan haben, ist nicht gerade hilfreich!«

Diese unterschiedlichen Äußerungen bestärkten die Araber in ihrer Meinung, Amerika sei parteiisch, unversöhnlich und kompromisslos gegenüber seinen arabischen Partnern, aber durchaus bereit, »Ausrutscher« Israels zu entschuldigen. Bei einem vierstündigen Besuch in Bahrain, dem Land, das die 5. Flotte der US-Navy beherbergt und einen strategisch wichtigen Stützpunkt für eine mögliche Militäroperation gegen Bagdad darstellt, lässt der Thronfolger Hamad Bin Isa Al Khalifa den amerikanischen Präsidenten nach einem Gespräch mit Dick Cheney wissen, dass die Araber eine Strategie gegen den Irak nicht in Betracht ziehen, während gleichzeitig Bilder von Palästinensern, die bei Auseinandersetzungen mit der israelischen Armee getötet wurden, über die Bildschirme flimmern. Diese Äußerung fasst die Meinung aller Politiker zusammen, die der Vizepräsident auf seiner Rundreise besuchte.

»Die Menschen, die heute auf den Straßen umkommen, sind nicht Opfer irakischer Gewalttaten. Diese Menschen sterben durch israelische Angriffe. Israelis sterben wiederum durch Reaktionen auf vorangegangene Gewalttaten. Daher liegt für die arabische Welt die Bedrohung in diesem Konflikt.«

Präsident Bush ist zwischen zwei widersprüchlichen Bemühungen zerrissen. Der 11. September führte ihm vor Augen, was Israel seit langer Zeit erlebt, aber vor ihm kein anderer amerikanischer Präsident erleben musste: brutalen und ungerechtfertigten Terror im eigenen Land. Wie kann man Israel anklagen, weil es Männer der Hamas und der Al Aqsa-Brigaden auch auf palästinensischem Boden verfolgt, wenn man selbst gerade in Afghanistan einmarschiert?

Andererseits ist Bush auf arabische Verbündete für seinen Krieg gegen Irak angewiesen. Die Politik Ariel Scharons zu unterstützen, ist der sichere Weg, die notwendige Unterstützung für Saddam Husseins Sturz zu verlieren. Es bedarf feinster Justierung der Waagschalen, um diese Ziele zu erreichen, und Bush beherrscht diese Disziplin nicht gerade brillant.

Nach seinen Gesprächen in Bahrain beendet Cheney einen erfolglosen Tag beim Emir von Katar – ebenfalls

ohne Ergebnis. Dieses Land gilt im Fall Irak als kompro-
missbereit. Doch eine Woche zuvor schlug Außenminister Hamad Bin Jasim Al Thani den Beginn eines Dialogs
zwischen den Golfländern und dem Irak vor. Wieder ein
Misserfolg!

Noch in Bahrain hatte Cheney versucht, dieser Reise
den fehlenden optimistischen Ton zu verleihen. Da er in
den arabischen Ländern keine nennenswerten Erfolge im
Hinblick auf Zustimmung zu einer Militäraktion verzeichnen konnte, versuchte der amerikanische Vizepräsident, die Bedeutung dieser Thematik abzuschwächen.
»Manche Menschen glauben wohl, ein militärisches
Abenteuer im Irak sei die einzige Frage, die mich hierher
geführt hat. Das ist jedoch nicht richtig, es ist nur ein
Thema unter anderen Punkten.«

Fünf Tage, nachdem die *Nuclear Posture Review* bestimmte Informationen veröffentlichte, die lange als »vertraulich« galten, wurden diese als nicht mehr »geheim«
erklärt. Ein Dokument des Pentagon untermauert die nur
wenige Tage zuvor gemachte Erklärung des Präsidenten,
dass gegen Länder, die über Massenvernichtungswaffen
verfügten, alle Optionen – auch Atomwaffen – in Frage
kämen.

Mit diesem Dokument wird ein »offensives Abschre-
ckungssystem« proklamiert, das mit den Verhaltens-
weisen des Kalten Krieges endlich aufräumen soll. Für
einen massiven Gegenschlag gegen die Sowjetunion im
Falle eines nuklearen Angriffs wurden mehr als tausend
Atomsprengköpfe auf strategische Ziele in der UdSSR
und Osteuropa gerichtet: Kasernen, Fabriken, Raketen-
silos, Flughäfen usw. In manchen Fällen dauert die Änderung der Abschussparameter und Zielkoordinaten
mehrere Monate. Bill Clinton bemühte sich um eine

deutliche Verkürzung dieser Zeiten, damit rascher auf eine neue unvorhergesehene Bedrohung reagiert werden kann.

Das Konzept der offensiven Abschreckung, das in diesem Jahr dem Kongress vorgelegt wurde, geht noch einen Schritt weiter und soll wesentlich schneller auf eine eventuelle Bedrohung reagieren können. Es wurden drei Reaktionsgeschwindigkeiten für drei Gefahrenstufen festgelegt. Die höchste Stufe wurde von den Strategen des Pentagon »Immediate Contingency« genannt. Hierfür werden »Raketen mit programmiertem Ziel« benötigt, das heißt, sie sind ständig auf strategische Organe des betreffenden Gegners gerichtet.

In dem Dokument werden die Länder mit der höchsten Gefahrenstufe genannt, also Gebiete, auf die Tag und Nacht amerikanische Atomsprengköpfe gerichtet sind:

– Irak im Fall eines Angriffs auf Israel oder ein anderes Nachbarland,

– Nordkorea im Fall eines Angriffs auf Südkorea,

– China im Fall einer militärischen Auseinandersetzung im Zusammenhang mit dem Status von Taiwan.

Obwohl sich der Ton gegenüber dem Irak verschärft, muss man leider feststellen, dass die Diplomatie in einer Sackgasse steckt. »Diplomatie« soll hier jedoch keinesfalls bedeuten, dass die Regierung eine Koalition sucht, wie sie 1991 zustande kam. Anfang April 2002 versucht Bush lediglich, der arabischen Welt die bittere Medizin des Krieges zu verkaufen, um Saddam stürzen zu können, ohne sich hierdurch den Zorn einer Milliarde Muslime zuzuziehen. »Wir tun das für euch«, lautet Bushs simple und fast ironische Botschaft an die Bevölkerung der arabischen Hauptstädte, die ihm nicht gerade wohl gesonnen ist.

Dick Cheneys Reise ist trotz seiner »politischen und

persönlichen Beziehungen« in dieser Region ein Misserfolg. Überall musste er sich die gleiche Botschaft anhören: Kümmert euch erst einmal um die Palästinenser, bevor ihr uns in die Irak-Sache verwickelt.

Die Botschaft ist angekommen. Am Mittwoch, dem 3. April, springt Bush ins kalte Wasser. Er, der stets vermied, ins israelisch-palästinensische Wespennest zu stechen, beschließt nun, sich doch einzumischen – durch eine Rede.

Er lässt eine Online-Video-Konferenz mit Cheney, Powell, Rice, Stephen Hadley, ein Mitglied des Sicherheitsrats, Karen Hughes, seine Beraterin, und Michael Gerson, dem ranghöchsten Redenschreiber im Weißen Haus, anberaumen.

Die erste Fassung seiner Rede wird heiß diskutiert. Sie soll den Arabern eine versöhnliche Haltung vermitteln, entwickelt sich aber im Laufe der Diskussion ins Gegenteil. Nach den »feststehenden« Aussagen über die Haltung Israels und die Besetzung des Westjordanlands, so ein Teilnehmer, wird Arafat und dessen fehlende Kontrolle über die radikalen Palästinenser scharf kritisiert.

Dieser erste Entwurf erfüllt jedoch bei weitem nicht die erwarteten Kriterien, um das Interesse der Araber zu wecken. Rice, Powell, Hadley und Gerson arbeiten den ganzen Tag, bevor sie kurz vor 20 Uhr dem Präsidenten eine neue Fassung seiner Rede vorlegen. Im Laufe des Abends überarbeitet der Präsident den Text noch mehrmals telefonisch mit seinen Beratern. Das Ergebnis ist eine wahre Gratwanderung und geht sicher nicht als bedeutende Rede in die Geschichte ein. Indem er einerseits das Recht Israels auf Selbstverteidigung und andererseits das Recht der Palästinenser auf Selbstbestimmung anerkennt, lässt sich der Präsident alle Möglichkeiten offen und nimmt keinen der Beteiligten – schon gar nicht die USA – in die Pflicht. Die Rede soll eigentlich nur die aufgebrachten Gemüter und den Zorn der Araber beruhigen.

In den Vereinten Nationen wird die Veröffentlichung eines amerikanischen Berichts über die Bemühungen Bagdads, sich Massenvernichtungswaffen zu beschaffen, verschoben. Der Grund ist der durch die israelischen Operationen im Westjordanland hervorgerufene Zorn der arabischen Länder.

Diesen Bericht hatte man bereits erwartet, denn seit Monaten sprechen die Amerikaner immer eindringlicher von einer irakischen Bedrohung, ohne jedoch den geringsten schriftlichen Beweis für ihre Behauptungen vorzulegen. Das Gleiche gilt für Großbritannien, das ein präzises Protokoll über die Entwicklung der Militärprogramme in Bagdad über chemische, bakteriologische oder gar nukleare Waffen erstellen soll. Im Augenblick gibt es nur die Reden von Bush, Blair und ihren Mitarbeitern, in denen sie die Welt bitten, ihnen einfach zu glauben. Unter diesen Umständen sei die Frage erlaubt, ob der Zorn der Araber über die Eskalation des israelisch-palästinensischen Konflikts Washington nicht eine willkommene Entschuldigung für die verzögerte Veröffentlichung seiner Informationen liefert.

Die amerikanische Presse stellt sich ebenfalls Fragen. Die *Washington Post* schreibt am 7. April: »George Tenet, der Direktor der CIA, teilte im letzten Monat dem Streitkräfte-Ausschuss des Senats mit, dass er den Irak verdächtigt, sein Arsenal verbotener Waffen aufstocken zu wollen. Jedoch stehen konkrete Beweise zur Stützung seiner Behauptungen noch aus ...«

Während die Amerikaner den israelisch-palästinensischen Konflikt vermutlich als Ausrede für die verzögerte Veröffentlichung eines Berichts nutzen, den sie selbst als unzureichend einstufen, gewinnen die Iraker Zeit. Am Freitag, dem 12. April, sagt Bagdad die für die folgende Woche geplanten Gespräche über die Rückkehr der Inspektoren mit der Ausrede ab, dass der Irak »die öffentliche Aufmerksamkeit nicht von der israelisch-palästinensischen Krise ablenken« wolle. Eine löbliche Absicht, doch wer die irakische Strategie – Verhandlungen zu akzeptieren, um sie dann hinauszuzögern – in der UNO kennt, weiß, dass eine solche Geste nur den Interessen Bagdads und nicht denen des Gazastreifens dient.

Die CIA nimmt Hans Blix unter die Lupe

Drei Tage später wird bekannt, dass Paul Wolfowitz die CIA aufgefordert hat, gegen den Mann zu ermitteln, der die Kommission zur Waffenkontrolle im Irak leiten soll – falls die internationale Gemeinschaft sich mit Bagdad einigt. Warum? Vor allem aus folgendem Grund: Blix stand ausgerechnet dann an der Spitze der Internationalen Atomenergiebehörde, als Saddam den Großteil seines Atomprogramms entwickelte. Einige Mitglieder der amerikanischen Regierung fürchten einen Interessenkonflikt.

Wolfowitz weiß sehr genau, dass Saddam zwar gewalttätig, aber nicht dumm ist. Er fürchtet, dass Saddam die Inspektoren durch Manipulation nach ihrer Rückkehr in die Falle einer Art Kooperation locken könnte. Ein solcher Schachzug ermöglichte dem Diktator, den Großteil seiner geheimen Waffen über elf Jahre lang zu behalten – vor den Augen der UNO. Woher soll man wissen, ob Blix manipulierbar ist oder die nötige Standfestigkeit besitzt? Die Amerikaner brachten in Erfahrung, dass er sein Inspektoren-Team aufgefordert hatte, Kurse in »kultureller Anpassung« zu besuchen, um Saddams Handlanger, die sie während ihres Aufenthalts bespitzeln sollen, nicht zu brüskieren. Verständlich, dass sich Wolfowitz Sorgen macht.

Der Bericht der CIA erweist sich als relativ neutral, doch das Problem der Inspektoren stellt ein erstrangiges Hindernis für die Falken dar. Sollte durch die UNO-Inspektoren der irakische Fall gelöst werden, wäre es aus mit dem ersehnten Krieg. Deshalb wird bereits das Prinzip der Inspektionen durch die Erklärung, ihr Erfolg würde die Bedrohung durch Saddam nicht mindern, untergraben.

Am 16. April erklärt Donald Rumsfeld, dass er nicht daran glaube, eine neue Inspektionsserie könne verlässliche Garantien für das Nichtvorhandensein von chemischen, biologischen oder nuklearen Waffenprogrammen im Irak liefern.

Wieder ist Colin Powell gefragt, der eine Strategie ausbrütet, von der er nicht mehr abweicht und die in den kommenden Monaten auch befolgt wird. Er vertraut den Inspektoren, zumindest behauptet er nicht das Gegenteil. In seinen Augen ist die UNO nicht nur ein schwerfälliger, unzeitgemäßer und bürokratischer Apparat.

Er besteht auf einer raschen Wiederaufnahme der Überwachung irakischer Militärprogramme. Damit vertritt er die gegenteilige Meinung zu Rumsfeld und Wolfowitz. Der Sprecher des Außenministeriums, Philip Reeker, fordert am 15. April, dass der Irak der UNO einen »vollständigen und bedingungslosen« Zugang zu verdächtigen Anlagen und Orten zu gewähren hat. »Die Inspektoren müssen nach den UNO-Vorschriften jederzeit und überall tätig werden können.«

Bedeutet das, dass Powell einen Konflikt unbedingt vermeiden will? Im Augenblick wohl schon. Doch seine Strategie stützt sich auch auf eine Analyse, die ebenso sicher zum Krieg führen kann wie die seiner Gegner im Pentagon oder im Weißen Haus. Der Außenminister will alle diplomatischen Möglichkeiten ausschöpfen. Vielleicht hofft er auf eine Lösung auf dem Verhandlungswege. Vermutlich aber möchte er einen so massiven und gefährlichen Krieg nur mit Unterstützung der internationalen Gemeinschaft und in erster Linie mit der arabischen Welt führen.

Die meisten Nachbarn wünschen sich, dass Saddam geht oder stirbt. Doch nach regionalen Standards verfügt er über eine schlagkräftige Armee und ist entschlossener als jeder andere Staatschef am Golf – von denen übrigens niemand als erstes sagen will: »Ich unterstütze Amerika, den Freund Israels, unseren Erzfeind, wenn es eines unserer Bruderländer angreift.« Die Zustimmung der UNO würde den Ländern diese prekäre Entscheidung ersparen. Wie der saudische Außenminister, Prinz Al Saud, später erklärt: »Im Falle eines Konflikts mit dem Irak lassen wir nicht zu, dass Amerika den Boden unseres Königreichs betritt. Sollte diese Operation jedoch mit Zustimmung des Sicherheitsrats geschehen, muss sich jeder dieser Entscheidung beugen.«

Die UNO bietet den arabischen Ländern eine legale »Absicherung«. Diese kollektive Verantwortung befreit sie von einer individuellen Entscheidung, die in der einheimischen Öffentlichkeit als Verrat gelten würde. Colin Powell versteht diese Zusammenhänge vermutlich besser als Rumsfeld und die anderen. Indem er alle Mittel der

Diplomatie ausschöpft, obwohl er genau weiß, dass sie zum Scheitern verurteilt sind, verschafft er der amerikanischen Sache eine beispiellose Legitimität. Diese Strategie kann man so zusammenfassen: »Wir haben alles getan, um diesen Krieg zu vermeiden. Jetzt bleibt uns nichts anderes übrig, als einzumarschieren.«

Auf derselben Pressekonferenz antwortet Reeker auf eine Frage nach Hans Blix, den Wolfowitz von der CIA unter die Lupe nehmen ließ: »Blix genießt unser volles Vertrauen.« Noch vor dem Aufmarsch im Irak erlebt Washington einen wahren Stellungskrieg zwischen Powells und Wolfowitz' Männern.

9

Dieses andauernde Hickhack zwischen zwei rivalisieren-
den Fraktionen derselben Regierung, bei dem immer wieder das eine und fast gleichzeitig sein Gegenteil verkündet
wird, lässt immerhin wieder eine Stimme hörbar werden,
von der lange nichts zu vernehmen war – die der Opposition. Hatte einige Tage nach dem Bericht zur Lage der
Nation der ehemalige demokratische Vizepräsident Al
Gore noch kaum gewagt, eine geringfügig andere Meinung als George W. Bush darüber vorzubringen, wie der
künftige Krieg gegen den Irak geführt werden sollte – wobei er sich hinter Colin Powell stellte, der die Unterstützung der Vereinten Nationen wünschte –, werden gegen
Ende April 2002 bissigere, wenn auch noch immer vor-
sichtige Kritiken laut. Aus diesem Grund schrieb die *Washington Post* am 21. dieses Monats:
»Trotz des fast ungeteilten Beifalls, der dem Präsidenten für seine Außenpolitik in den sechs Monaten seit den
Terrorangriffen des 11. September zuteil wurde, sieht
sich George W. Bush heute Vorwürfen ausgesetzt, er sei
unentschlossen und lasse in einer Serie internationaler
Krisen strategisches Geschicke vermissen. In den letzten
Wochen haben die proisraelischen Konservativen und die
palästinenserfreundlichen arabischen Staaten erklärt,
dass es der Politik Bushs im Nahen Osten trotz ihrer zu-

nehmenden Aktivitäten an Klarheit und Beständigkeit fehle.

Wie zur Bestätigung dessen, was zahlreichen Verantwortlichen als tiefe Verwerfungen im Inneren der Administration erscheint, hat die eine Gruppe wiederholt behauptet, es würden Vorbereitungen für einen Angriff gegen den Irak getroffen, während eine andere Gruppe den zunehmend nervöser werdenden Verbündeten versicherte, es gebe überhaupt noch keinen Plan. Gleichzeitig hat die Regierung immer wieder andere Gründe vorgebracht, um den Sturz Saddam Husseins zu rechtfertigen.

Während etliche Mitglieder des Kongresses aus beiden politischen Lagern nicht gezögert haben, ihrem Missfallen über das Management der Nahostkrise durch die Regierung Ausdruck zu verleihen, hat die Mehrzahl es vorgezogen, den Präsidenten oder seine politische Bilanz nicht direkt anzugreifen. Doch der ultrakonservative religiöse Führer Pat Robertson hat in der letzten Woche erklärt: »Der Präsident hat einen schweren Fehler gemacht, als er die Militäraktion Israels wieder in Frage gestellt und mit dem Palästinenserführer Jasir Arafat verhandelt hat.«

Das Eingreifen der USA in den Kern des israelisch-palästinensischen Konflikts markiert eine strategische Wende in der Vorbereitung auf die Auseinandersetzung mit dem Irak. Washington möchte das Herz der Araber gewinnen, und bei diesem Spiel muss Bagdad Amerika zuvorkommen. Am 23. April 2002 verkündet Saddam Hussein, jede Palästinenserfamilie, die während der israelischen Militäraktionen in Dschenin ihr Haus verloren habe, erhalte vom irakischen Staat 25 000 Dollar.

Saddam macht Punkte

Gleichzeitig verstärkt der irakische Führer das rein symbolische »Erdölembargo«, das er zwei Wochen zuvor verhängt hat. Dieses Land, das der Kontrolle der UNO untersteht, fördert täglich nicht mehr als zwei Millionen Barrel Öl: ein Tropfen im Meer der OPEC. Diese Entscheidung, dazu gedacht, die Sympathien der arabischen Massen zu gewinnen, hat keinerlei Auswirkung auf die Erdölpreise.

Doch diesmal fordert Saddam von den Bruderländern, sich dem Embargo aus Solidarität mit dem palästinensischen Volk anzuschließen, und erklärt sogar: »Nein, das Erdöl ist kein Panzer, kein Jagdflugzeug und keine Kanone. Aber es kann wie eine Waffe eingesetzt werden, so dass dieselben Panzer, Jagdflugzeuge oder Kanonen nicht die erhoffte Wirkung erzielen. Oder es kommt gar nicht erst dazu, dass sie eingesetzt werden.«

Saddam als Führer der arabischen Massen und des Kampfs gegen die israelische Unterdrückung in »Palästina« – das ist die Botschaft, die verbreitet werden muss, um die Regierungen der Region zu lähmen und jede zukünftige Zusammenarbeit der arabischen Länder mit den Vereinigten Staaten bei dem Bestreben, sein Regime zu stürzen, im Keim zu ersticken.

Parallel zu dieser Strategie sucht Saddam auf der internationalen Bühne Zeit zu gewinnen. Er weiß, dass es innerhalb der Vereinten Nationen und im Sicherheitsrat mehr als genug Staaten gibt, die nichts weiter wollen, als sich von der »Aufrichtigkeit« des Irak überzeugen zu lassen – Frankreich, China, aber vor allem Russland. Aus diesem Grund werden die Diskussionen über die Rückkehr der Inspektoren am 1. Mai wieder aufgenommen, mit der Billigung und einer klaren Weisung des irakischen Führers: Zeit gewinnen. Die grundlegende Schwäche der Vereinten Nationen, die gegensätzlichen Interessen der einzelnen Länder und ihre Handlungsunfähigkeit, obwohl sie von Saddam seit über zehn Jahren aufs Gröbste manipuliert wurden, gibt dem Irak Anlass zu Optimismus. Reden kostet nichts, und sein Unterhändler Nadschi Sabri ist noch wendiger als dessen Vorgänger Tarek Aziz. Er hat seine Laufbahn als Journalist begonnen, trat anschließend in die Regierung ein und diente von 1975 bis 1980 an der Botschaft in London. Danach war er drei Jahre lang im Kabinett tätig, bevor er als Berater des Ministers für Information und Bildung fungierte. Daneben hatte er als Vertreter des Irak einen Sitz in der Internationalen Atomenergiebehörde. Nadschi Sabri vermittelt das Bild eines gemäßigten Politikers, mit dem ein Dialog möglich ist, während sein Verhandlungsspielraum in Wirklichkeit so eng ist wie der seiner Vorgänger.

»Es ist einer der Fehler der westlichen – aber vor allem der europäischen – Regierungen«, erklärte uns ein hoher Amtsträger des englischen Geheimdienstes, »irakischen Regierungsvertretern Glauben zu schenken, die sich insgeheim ins Fäustchen lachen. So diplomatisch, gebildet und offen sie auch sein mögen, sie sind nur die Schatten Saddams. Sie hören zu, deuten mögliche Lösungen an und reisen zurück nach Bagdad, um Bericht zu erstatten. Und alle Türen schließen sich wieder ...«

Seit den ersten Gesprächen mit Kofi Annan legen die Iraker eine Liste mit 19 Fragen vor, die sich in der Hauptsache um zwei Themenkomplexe drehen: Wie lange werden die Inspektionen dauern? Und wie werden sie durchgeführt? Was die Männer in Bagdad wirklich wollen, ist eine Gebrauchsanweisung für die Durchsuchungen, die folgen werden, um die Inspekteure vor Ort irreführen zu können. Eine weitere Sackgasse für die UNO und ein Zeitgewinn für Saddam …

Mit lächerlichen Mitteln, doch mit einer Verschlagenheit und einem absoluten Überlebenswillen macht der irakische Präsident seine Punkte. Er hat nicht die geringste Chance, einem amerikanischen Angriff standzuhalten, doch es gelingt ihm, George W. Bush in den israelisch-palästinensischen Sumpf zu locken und das – potenzielle – arabische Sympathiekapital zu neutralisieren, auf das die US-Regierung solche Hoffnungen setzt. Und seine zwecklosen Diskussionen mit der UNO ermöglichen den besonders zögerlichen Nationen, an eine Verhandlungslösung zu »glauben«. Oder sie vielmehr glauben zu machen, dass sie daran glauben …

Unter derart ungünstigen Bedingungen ist eine völlig einseitige Aktion gefährlich. Bush braucht eine Doktrin. Ein strategisches Element, auf das er seinen kaum zu unterdrückenden Wunsch stützen kann, gegen den Irak loszuschlagen. Nun beruht die US-amerikanische Verteidigungspolitik auf dem Konzept der »massiven Vergeltung«: Im Fall eines Angriffs schlägt Amerika mit einer solchen Macht zurück, dass der Feind buchstäblich hinweggefegt wird. Aber der Irak hat gar nicht angegriffen. Und niemand hat bislang Beweise dafür vorlegen können, dass er hinter dem Attentat vom 11. September steht. Bush hat nicht nur keine äußeren Verbündeten, er kann auch sein Kriegsprojekt nicht mit der offiziellen Militärdoktrin seines Landes begründen.

In einer Ansprache in West Point am 1. Juni formuliert der Präsident den Ansatz zu einer neuen Doktrin, die einen entscheidenden Wendepunkt in der Geschichte des Geheimdienstes und der Armee darstellt. Das neue Konzept unter der Bezeichnung *preemptive-action*, von der Presse als *strike first* oder »Präventivschlag« bezeichnet, ist nichts als eine Kopie der israelischen Militärdoktrin, die sich vor allem seit der Zerstörung des irakischen Atomreaktors Anfang der achtziger Jahre behauptet hat. Damals gab es keine unmittelbare Bedrohung Israels, nur ein Bündel aus Verdachtsmomenten und Befürchtungen im Hinblick auf die potenziell militärische Nutzung des angereicherten Urans, das in dem Reaktor produziert wurde. Die Israelis zerstörten mit einer Jagdstaffel die Anlage vollkommen.

Rumsfeld erklärt außerdem auf einem NATO-Gipfel, der zur selben Zeit in Brüssel tagt: »Das Bündnis kann nicht noch länger auf absolute Beweise warten, bevor wir etwas gegen Terrorgruppen oder ›bedrohliche‹ Länder unternehmen, die über chemische, bakteriologische oder nukleare Waffen verfügen.«

Diese neue Betrachtungsweise internationaler Konflikte und Gefahren erlaubt es Bush, einen Angriff auf den Irak gelassener anzugehen. Er braucht keinen überzeugenden Grund mehr, um einen Krieg zu beginnen: Es genügt zu »glauben«, man sei in Gefahr. Doch nach Ansicht eines Fachmanns auf dem Gebiet der militärischen Verteidigung, Harlan Ullman, ist die Doktrin des »›Präventivschlags‹ nur auf den ersten Blick bestechend. Wenn man sich näher mit ihr befasst, erweist sie sich als ebenso komplex wie gefährlich.«

Außerdem bedeutet die Einführung dieser Doktrin eine Kehrtwendung um 180 Grad in der amerikanischen Militärkultur. Auch wenn diese Doktrin in ihren Einzelheiten erst zum Jahresende bekannt sein wird, mit der Veröffentlichung des Dokuments unter dem Titel »Strategie für die nationale Sicherheit« erkennt man jetzt schon die

Elemente, die eine vollkommen einseitige Militäraktion rechtfertigen sollen. Der Letzte, der sich einer solchen Sichtweise widersetzen würde, Colin Powell, muss Anfang Juni eine erneute Kränkung hinnehmen, als er die Schaffung eines Interimsstaates für Palästina als Möglichkeit ins Auge fasst. Ari Fleischer, der Sprecher des Weißen Hauses, weist ihn sofort in seine Schranken, als hätte der Außenminister eine persönliche Meinung ohne jedes weitere Interesse geäußert.

Die unilaterale Option gewinnt anscheinend an Boden, so sehr, dass die Presse sich Fragen stellt. William Galston schreibt am 16. Juni in der *Washington Post*:

»Aber nur wenige Verantwortliche innerhalb der beiden Parteien denken über die langfristigen außenpolitischen Folgen einer Aktion gegen den Irak nach, gegen die sich im Übrigen eine große Zahl unserer treuesten Verbündeten stellt. Und fast niemand hat den fundamentalsten Punkt zur Sprache gebracht: Eine globale Strategie auf der Grundlage der neuen Doktrin Bushs bedeutet das Ende des Systems der internationalen Institutionen und Gesetze, die im Verlauf von mehr als einem halben Jahrhundert unter der maßgeblichen Beteiligung der USA entstanden sind.

Worum es geht, ist nichts weniger als eine völlig neue Stellung Amerikas auf dem Schachbrett der Welt. Statt wie bisher an der Spitze einer Gruppe ebenbürtiger Nationen innerhalb des internationalen Systems zu operieren, das auf den Zweiten Weltkrieg folgte, haben die Vereinigten Staaten ihre eigenen Gesetze entwickelt und neue Regeln aufgestellt – ohne Abstimmung mit den übrigen Ländern. Meines Erachtens würde diese neue Haltung den langfristigen Interessen unseres Landes einen schlechten Dienst erweisen.«

Unter den arabischen Ländern findet Amerika dennoch einen Verbündeten, und zwar da, wo es ihn am wenigsten erwartet. Am 20. Juni erfährt die Welt, dass eine der Galionsfiguren von Al Qaida, Mohamed Haydar Zammar, in Marokko verhaftet und zum »Verhör« nach Damaskus expediert wurde. Amerika gratuliert sich, dass es sich bei dieser Festnahme und Überstellung nicht exponiert hat, während die syrischen Sicherheitskräfte die schmutzige Arbeit übernehmen. »Kein Zweifel an den Methoden von Damaskus. Der Verdächtige ist mit Sicherheit gefoltert worden«, erklärt ein Geheimdienstspezialist, der lange Zeit im Nahen Osten tätig war. Die Amerikaner legen den Syrern Listen mit Fragen vor, anschließend werden die Antworten des führenden Al Qaida-Mitglieds übermittelt, wobei die Syrer darauf bedacht sind, alles zu löschen, was Damaskus in die Geschichte hineinziehen könnte.

Für Syrien ist es wichtig, den 11. September dazu zu nutzen, sein Image als Terroristenstaat loszuwerden. Es ist daran interessiert, dass seine Botschaft bei den Vereinigten Staaten ankommt, die sich erstaunlich verständnisvoll zeigen: »Man muss einen Unterschied machen zwischen dem Terrorismus der ›Befreiung‹, der in Israel wütet und den wir unterstützen, und dem Terrorismus eines bin Laden, den wir verurteilen.« Die führenden Syrer versuchen sogar darzulegen, dass es »gute« und »schlechte« Bomben gibt. Doch Washington will in dieser Region punkten, um seine Offensive vorzubereiten, und übergeht diskret dieses Argument, das keiner mehr hören kann, während es die Mitarbeit von Damaskus in Sachen Al Qaida lobt. Diese neue Linie führte sogar zu einer offiziellen Begegnung zwischen dem stellvertretenden syrischen Außenminister Walid Al Moualem und einem Mitglied des US-Außenministeriums in Houston.

»Der interessanteste amerikanisch-syrische Meinungs-
austausch, den ich je erlebt habe«, erklärte später einer
der Teilnehmer.

Keine Woche später, am 25. Juni, geht Cheney wieder
zum Angriff über. In seiner Stellungnahme zieht er eine
Verbindung zwischen den Terrornetzen und der »Achse
des Bösen«, die Präsident Bush in seinem Bericht zur Lage
der Nation definiert hatte. Während eines Frühstücks, das
dem Zweck dient, Spenden für Senator Gordon Smith aus
Oregon zu sammeln, erklärt er, die Regierung habe »die
Bestätigung, dass bin Laden und Al Qaida ernsthaft an
nuklearen, radiologischen und biologischen Waffen interessiert seien«. Er fügt hinzu, das irakische Interesse an der
Produktion von Massenvernichtungswaffen stelle eine
wachsende Gefahr dar: »Ein Regime, das Amerika ver-
abscheut, darf niemals in der Lage sein, die Amerikaner
mit Massenvernichtungswaffen zu bedrohen.«

Ein demissionierter Falke

Am Tag nach dieser harten Verurteilung sieht Bush sich
mit einer neuen gefährlichen Übung konfrontiert. Als er
am Nachmittag zum Beginn des G 7-Gipfels in der Ort-
schaft Kanaksis in Kanada eintrifft, fragt ihn ein Journalist, ob er die neuen israelischen Militäraktionen ver-
urteile. Bush antwortet: »Ich werde die verschiedenen
Parteien, die sich feindlich gegenüberstehen, an ihre Verantwortung erinnern. Sie daran erinnern, dass sie, wenn
sie den Frieden wollen, auch daran arbeiten müssen.
Hören Sie ... Jeder hat das Recht, sich zu verteidigen,
aber man muss auch Entschlüsse fassen, um voranzu-
kommen ...«

Diese sehr zurückhaltende Anspielung auf die unnachgiebige Haltung Ariel Scharons gegenüber dem palästinensischen Terrorismus gerät sogleich in Vergessenheit, als er einige Minuten später dem kanadischen Ministerpräsidenten Jean Chrétien buchstäblich das Wort abschneidet, als dieser von einem Journalisten gefragt wird, ob er die Position Bushs gegenüber Arafat teile. »Ich habe gesagt«, skandiert er, »dass die Palästinenser eine neue Führung brauchen. Eine demokratisch gewählte.« Der Wunsch, Arafat der historischen Vergangenheit zuzuweisen, ist nicht unbedingt die gelungenste Methode, sich in der Golfregion Freunde zu machen. Die arabische Koalition zur Absicherung des Sturzes von Saddam ist nicht so schnell zustande zu bringen.

Als zwei Tage später einer der Falken im Weißen Haus abrupt seinen Rücktritt erklärt, fragt man sich, ob dies möglicherweise auf eine diplomatische Lösung hindeutet; ob das ganze Säbelgerassel der letzten Monate unterm Strich nichts anderes gewesen ist als eine vorübergehende Euphorie, ausgelöst durch den Erfolg in Afghanistan.

Downing bestätigt, dass man Kriege als bewaffnete Raubüberfälle begreifen müsse und dass die Strategen denken müssten wie Bankräuber. Er war während eines Großteils seiner Laufbahn bei den Special Operations aktiv. Und er wollte den Kopf von Saddam. Was damals einige als ein Zurückweichen der Kriegspartei deuteten, kündigt in Wirklichkeit deren Stärkung an. Mit dem Ausscheiden Downings trägt eine bestimmte offensive Strategie gegen Bagdad den Sieg davon, und damit beginnen die logistischen und militärischen Vorbereitungen auf den Konflikt.

Downing wollte Bagdad mit einer Mischung aus »speziellen Operationen«, Bombardierungen aus der Luft und ins Land geschleusten irakischen Agenten angreifen. Ein Krieg völlig jenseits der Lehrbücher und der Inhalte, die an der Militärakademie in West Point vermittelt werden. Eliot Cohen, der Fachmann für Verteidigungsfragen an der Johns-Hopkins-Universität, äußerte sich über Downing so: »Ein Kämpfer voller Ideen, unkonventionell im besten Sinn des Wortes, mit einem sehr kreativen militärischen Verstand: genau das, was man braucht, wenn man so ungewöhnliche Kriege führt.«

Sein Konzept wurde von der Mehrzahl der Offiziere und den Mitgliedern des Führungsstabs bekämpft, die sich ständig in der näheren Umgebung des Präsidenten aufhielten. General Tommy Franks persönlich, der Kommandeur der US-Streitkräfte im Persischen Golf, erteilte dieser Taktik, die der eines Guerillakriegs sehr nahe kam, eine radikale Absage. Er stellte sich den Krieg gegen den Irak in Form einer massiven Invasion vor unter Beteiligung von rund 200 000 Mann und einer für den Aufmarsch der Streitkräfte benötigten Zeit von mehreren Monaten. Downing, ein Veteran der Spezialoperationen während des Golfkriegs, verfügte über einen reichen Schatz an Erfahrung und militärischen Kenntnissen. Er versuchte, sich mit seinem Plan durchzusetzen, und scheiterte.

Es geht jetzt also darum, der von den Generälen Franks und Myers befürworteten Methode zu folgen: eine Wiederholung des Plans, der beim Krieg von 1991 befolgt wurde, ein massiver Angriff von Bodentruppen, dem ein anhaltender Angriff aus der Luft vorausgeht. Von einem rein militärischen Standpunkt reicht es aus, das Bewährte lediglich zu verbessern, ohne sich an Neuerungen zu versuchen.

Einige Tage später, am 5. Juli, gibt das Pentagon bekannt, während des Afghanistankriegs seien 65 % der Schüsse auf bewegliche Ziele Treffer gewesen. Das ist eine Nachricht von größter Bedeutung. Während des ersten Golfkriegs hatten die Amerikaner 1460 Einsätze auf der Suche nach diesen berühmten beweglichen Zielen geflogen, in der Mehrzahl Lkws, die als Abschussrampen von Scudraketen dienten. Die Piloten hatten kein einziges von ihnen getroffen!

Diese Ankündigung kann alle diejenigen beruhigen, die befürchten, Saddam könnte seine chemischen und bakteriologischen Waffen in den ersten Stunden des Krieges gegen Israel oder sogar Saudi-Arabien einsetzen. Eine systematische und wirksame Bombardierung der Abschussrampen für Raketen würde es ermöglichen, dieser Bedrohung zu begegnen, noch bevor die mit Sprengköpfen bestückten Raketen abgefeuert werden können.

Diese spektakulären neuen Möglichkeiten ergeben sich aus dem Einsatz des Systems JSTARS (Joint Surveillance Target Attack Radar System): ein Radarsystem, das mehrere bewegliche Ziele gleichzeitig erkennt, die Daten an ein Überwachungsflugzeug übermittelt, das sie seinerseits an Jagdflugzeuge vom Typ F-15 E weiterleitet. Luftwaffe und Marine verfügen über weitere Aufklärungsinstrumente, die ebenfalls in der Lage sind, den Jägern Zielkoordinaten zu liefern, so dass heute bewegliche Ziele zerstört werden können, die den Jägern zehn Jahre zuvor noch entkommen wären. Während des Afghanistankrieges hatte die Navy sogar eine spezielle Task Force eingesetzt, die den besonderen Auftrag hatte, die »Todeskette«, das heißt die Zeitspanne zwischen der Erkennung eines Ziels und seiner Zerstörung, auf ein Minimum zu reduzieren.

Aber damit nicht genug, auch die Entwicklung an der

diplomatischen Front scheint eine für die Amerikaner wieder günstigere Wendung zu nehmen. Am 6. Juli erklären die Vereinten Nationen in Wien, es sei ihnen nicht gelungen, die Iraker dazu zu bewegen, die UN-Inspekteure wieder ins Land zu lassen. Die Vereinigten Staaten gehen davon aus, dass Bagdad ihre Rückkehr auch weiterhin nicht akzeptieren wird. Und dass der Krieg unmittelbar vor der Tür steht.

Am 13. und 14. Juli befindet sich Paul Wolfowitz persönlich in Ankara, um über den Umfang der Beteiligung der Türkei an den amerikanischen Kriegsanstrengungen zu verhandeln. Diesem Land geht es nicht besonders gut: Schätzungen zufolge hat es durch das Embargo innerhalb von elf Jahren Verluste in Höhe von 50 Milliarden Dollar erlitten. Aber es blieb einer der am meisten bevorzugten Gesprächspartner Washingtons in der Region. Einzig die Ungewissheit, wer auf die gegenwärtige Regierung folgen würde, trübte das Bild, denn den Islamisten wurden große Chancen eingeräumt. Wolfowitz verhandelt mit Männern, die beim Eintreten des Ernstfalls im Konflikt mit dem Irak nicht mehr im Amt sein werden. Dennoch ist sein Besuch insofern von Bedeutung, als die Türkei neben Kuwait eines der beiden Länder ist, ohne deren Kooperation nichts geht. »Wir sind gekommen, um zuzuhören«, erklärt der Amerikaner. »Wir sind nicht gekommen, um unsere Gesprächspartner zu einer bestimmtem Entscheidung zu drängen.« Dessen ungeachtet bestätigen Amtsträger in der Umgebung von Wolfowitz, dass dieser eine Vereinbarung über die Nutzung bestimmter türkischer Militärstützpunkte getroffen hat.

Während Amerika die Türkei umwirbt, kümmert sich der Irak um die Anrainerstaaten am Golf. Am 18. Juli, nur drei Tage nachdem Wolfowitz nach Washington zurückgekehrt ist, bekräftigen Abdallah von Jordanien und Scheich Khalifa ben Zayed Al Nahayan, der Kronprinz von Abu Dhabi, ihre kategorische Opposition gegen einen Einmarsch in den Irak.

Diese gemeinsame Erklärung beendet einen regelrechten diplomatischen Langstreckenlauf, der seit März diskret, aber wirkungsvoll von Nadschi Sabri absolviert wurde. Nach dem arabischen Gipfel in Beirut, auf dem der Irak seine Bereitschaft erklärt hat, die Grenzen Kuweits anzuerkennen, und Gespräche über die Rückgabe der nationalen kuweitischen Archive aufgenommen hat, reist er zunächst nach Russland und anschließend nach Europa und in den Vorderen Orient. Schließlich empfängt Sabri in Bagdad den stellvertretenden Außenminister Irans, Javad Zarif.

Diese diplomatische Runde geht an die Iraker, aber man hat zunehmend das unangenehme Gefühl, dass die Falken in Washington um jeden Preis die militärische Auseinandersetzung wollen. Der Irak erhält einige diplomatische Zusagen, die man nicht als echte Erfolge bezeichnen kann: Die Araber stellen sich nicht hinter eine potenzielle Invasion der Amerikaner, verlangen jedoch vom Irak, die Inspektionen zu akzeptieren. Die Amerikaner erhalten nicht die Unterstützungsgarantien, die sie sich in der Region erhofft haben, ohne dass deshalb die militärischen Vorbereitungen verlangsamt würden. Kurz gesagt, trotz der Bemühungen Bagdads hat man den Eindruck, dass sich an der Haltung Washingtons nichts geändert hat.

Diese fast blinde Entschlossenheit wirkt nicht beruhigend. Sie beeindruckt wahrscheinlich den Irak, aber es sind die Vereinigten Staaten, wo ein Teil der politischen Klasse die ersten Vorbehalte äußert: »Man kann keine Fallschirmjäger über dem Irak absetzen und meinen, damit sei die Angelegenheit erledigt«, erklärt der republikanische Senator von Nebraska, Chuck Haigel.

Auch das militärische Establishment scheint daran zu zweifeln, ob die mit einer Operation gegen den Irak verbundenen Vorteile in einem vernünftigen Verhältnis zu den Risiken stehen. Einige Kongressmitglieder beginnen sich zu fragen, wie weit die Vorbereitungen für das Projekt eigentlich schon gediehen oder noch nicht gediehen sind. »Man könnte von einem Unbehagen sprechen«, sagt Christopher Dodd, um das Gefühl zu beschreiben, das im Kongress im Hinblick auf den Irak vorherrscht. »Man hat den Eindruck, dass irgendetwas geschehen wird, dass aber kein Mensch an die Folgen denkt.«

Der oben zitierte Chuck Haigel stellt unverblümt jene Fragen, die von den Falken bewusst schweigend übergangen werden: »Destabilisieren wir den Nahen Osten noch ein wenig mehr, wenn wir uns dafür entscheiden, gegen [Saddam] militärische Schritte zu unternehmen? Wer werden unsere Verbündeten sein? Über welche Unterstützung verfügen wir innerhalb des Irak?«

Am selben Tag hält der amerikanische Verteidigungsminister eine Pressekonferenz ab. Die Parole: Sich nicht in Überlegungen ergehen, wie wir sie gerade gehört haben. Man muss sich auf die Drohung konzentrieren, die vom Irak ausgeht – das berühmte Dossier, das man einen Monat zuvor den Vereinten Nationen vorlegen musste und in dem die besagte Bedrohung ausführlich dargestellt werden sollte, ist noch immer nicht auf den Tisch gelegt worden. Donald Rumsfeld erklärt: »Ein Biolaboratorium kann auf einem Anhänger montiert sein und eine Menge übler Dinge produzieren.« Und aus der Vorstellung, man könne diese Fahrzeuge aus der Luft außer Gefecht setzen, spreche »ein absolutes Unverständnis der Situation«.

Am nächsten Morgen erklärt der irakische Überläufer Khidir Hamza vor dem amerikanischen Kongress auf der Grundlage eines Berichts der deutschen Geheimdienste: »Mit zehn Tonnen Uran und einer Tonne niedrig angereichertem Uran ... in seinem Besitz kann der Irak bis 2005 eine Uranmenge erzeugen, deren Qualität für den Bau von drei Atombomben ausreicht ... Außerdem bedient sich der Irak eines Netzes von Firmen in Indien und anderen Ländern, von denen er die für sein Programm erforderlichen Anlagen bezieht, die auf dem Umweg über Länder wie Malaysia importiert werden.«

Unzugängliche »Beweise«

Die Argumente wiederholen sich: Die amerikanischen »Beweise« verlieren in dem Maße an Überzeugungskraft, in dem sie für die Medien und die Öffentlichkeit unzugänglich sind. Wie schon früher spricht die US-Regierung von einer Bedrohung, ohne sie eingehend zu begründen. Gleichzeitig begegnet man dem Optimismus der Falken mit Skepsis: Man glaubt immer weniger an einen schnellen und verlustarmen Sieg wie in Afghanistan.

Anthony Cordesman vom Zentrum für strategische und internationale Studien in Washington erklärte gegenüber dem in London erscheinenden *Guardian*: »Möglicherweise ist der Irak ein leichterer Gegner, als seine 400 000 Soldaten vermuten lassen. Aber ebenso gut kann es sich um einen sehr ernst zu nehmenden Gegner handeln. Nur Verrückte können eine Schlacht gegen 400 000 Mann als ein ›Kinderspiel‹ bezeichnen.« Im selben Interview erklärte Cordesman, im Unterschied zu einem Angriff auf Kuwait oder Kabul würden sich Flugzeuge über

Bagdad in einem wahren Blizzard aus Artilleriefeuer bewegen, da sich am Boden »eines der dichtesten Flugabwehrnetze unseres Planeten« befinde.

Am selben Tag wird bekannt, dass eine oppositionelle Gruppe, die nationalirakische Bewegung, infolge einer Serie von Rücktritten ein Drittel ihrer Führung (die aus nicht mehr als 15 Personen bestand) eingebüßt hat. Zuvor hatten sie vom US-Außenministerium Unterstützungsgelder in Höhe von 315 000 Dollar erhalten. Das ist ein wirklich schwerer Schlag für Powell. Man beschuldigt ihn, er versuche, die irakische Opposition im Interesse einer Kirchturmpolitik zu spalten. Doch trotz einer gewissen Berechtigung dieses Vorwurfs ist Powell auch verärgert über die Betrügereien und Unregelmäßigkeiten dieser Gruppen. Erst vor kurzem hatte er eine für den Irakischen Nationalkongress bestimmte Zahlung in Höhe von acht Millionen Dollar gestoppt, weil er sich weigerte, »geheime« Operationen zu finanzieren, deren Wirksamkeit zumindest fragwürdig war. Das Außenministerium hatte den von diesen Gruppen gelieferten Informationen noch nie viel Glauben geschenkt, während beispielsweise das Verteidigungsministerium in ihnen Material von erstrangiger Bedeutung sah. Am Morgen nach dem Fiasko durch die Spaltung der nationalen irakischen Bewegung bewirkt Rumsfeld, dass die Finanzierung der geheimen Aktivitäten der irakischen Opposition der Verantwortung des Pentagon unterstellt wird.

Nachdem man dem Verantwortlichen für die amerikanische Außenpolitik bereits vorwirft, er betreibe gegenüber Israel (mit einem stärker palästinenserfreundlichen Unterton) und dem Iran seine eigene Politik, ist das Bekanntwerden des Fiaskos im Irak der Tropfen, der das Fass zum Überlaufen bringt. »Je mehr das State Depart ment versucht, die Opposition zu spalten, desto mehr Probleme haben wir«, erklärt Michael Rubin vom American Enterprise Institute und empfiehlt Colin Powell, er solle »mit diesen Spielchen aufhören und mit dem Verteidigungsministerium und den übrigen hohen Regierungsvertretern zusammenarbeiten«.

Diese Neigung Powells zu Alleingängen und zum Verfolgen seiner eigenen Strategie hängt möglicherweise mit Erinnerungen an die Zeit vor dem 11. September zusammen, als der Präsident auf die Außenpolitik nur geringen Wert gelegt hatte. Zu diesem Thema erzählte ein hoher Regierungsvertreter bei seiner Amtsübernahme folgende Anekdote: »Man erklärte Powell, dass ihm wie in den meisten Regierungen pro Woche eine Stunde für eine Unterredung mit dem Präsidenten zur Verfügung stehe, um die wichtigsten Dossiers über die amerikanische Außenpolitik zu erörtern. Darauf antwortete dieser scherzhaft: Aber was soll ich in den übrigen 55 Minuten machen?«

Am nächsten Vormittag sprachen mehrere hohe Amtsträger früherer US-Regierungen vor dem Senat über das Irak-Problem. Wie man feststellen konnte, war die politische Klasse inzwischen weit entfernt von der schönen Einmütigkeit, die am Tag nach dem 11. September und während des Afghanistankonflikts geherrscht hatte. Caspar Weinberger, der Verteidigungsminister unter Reagan, forderte eine rasche und entscheidende Militäraktion gegen Saddam Hussein. Samuel Berger, der nationale Sicherheitsberater Clintons, äußerte sich moderater: »Wenn wir unsere Sache nicht gut machen, laufen wir Gefahr, am Ende vor einer schlimmeren Situation zu stehen als vor der Invasion.«

Mehrere demokratische und republikanische Senatoren warnen den Präsidenten vor jeder Militäraktion, die ohne Zustimmung des Kongresses beschlossen werde. »Wenn Präsident Bush zu dem Schluss gelangen sollte, dass gegen den Irak eine Aktion von großer Tragweite erforderlich sei, dann wird er, wie ich hoffe, den Weg beschreiten, den schon die vorherige Regierung Bush gewiesen hat, und die Zustimmung des Kongresses einholen«, erklärt Senator Richard Lugar aus Indiana. Dagegen sind andere Senatoren wie der Republikaner Trent Lott der Ansicht, im Rahmen des Kampfes gegen die Terrororganisation Al Qaida, »die höchstwahrscheinlich im Irak präsent ist«, habe der Kongress bereits dem Präsidenten die erforderliche Zustimmung zu einer zukünftigen Operation in diesem Land gegeben.

Der Irak setzt seinerseits ein Zeichen und unterstreicht die Unterschiede, die in den Meinungen Amerikas und der übrigen Welt bestehen, indem er Hans Blix nach Bagdad zu Gesprächen einlädt, die »eine Rückkehr der Waffeninspekteure ermöglichen könnten«.

Saddam setzt auf die Schwächen seines amerikanischen Gegners, indem er die Möglichkeit einer Verhandlungslösung durchscheinen lässt. Dieses subtile Lavieren steht in einem deutlichen Gegensatz zu stets denselben und stets kaum begründeten amerikanischen Erklärungen. Rumsfeld behauptet Anfang August erneut, der Irak stehe »mit dem Netz von Al Qaida in Verbindung«. Doch abermals kann er nichts vorweisen, was diese Behauptung stützen würde. Die *Los Angeles Times* zitiert einen hohen Amtsträger der Regierung Bush unter dem Schutz der Anonymität, der geäußert hat: »Saddam unterhält Beziehungen zum internationalen Terrorismus. Wir haben eine wachsende Zahl von Hinweisen, dass Al Qaida zu diesen Organisationen gehört.«

Dieser »hohe Amtsträger« erwähnt sogar die geheimen

Zusammenkünfte, die im Vorjahr angeblich zwischen Mohamed Atta, dem Chef der Terroristen des 11. September, und einem Agenten der irakischen Geheimdienste in Prag stattgefunden hatten: »Die Beweise, über die wir verfügen, sind hieb- und stichfest.«

Dieser »anonyme« Verantwortliche widerspricht dennoch den Verlautbarungen der CIA und des FBI, die vor etlichen Monaten erklärt haben, über keinerlei solide Beweise zu verfügen, um die Hypothese von einem Zusammentreffen der beiden Männer zu erhärten. Auch wenn die CIA in ihren öffentlichen Erklärungen wohl nicht gerade die amerikanische Institution ist, die das größte Vertrauen verdient hätte, so kann man doch in diesem speziellen Fall davon ausgehen, dass diese Aussage der Wahrheit entsprach. Die amerikanische Regierung ist so sehr darauf bedacht, eine Verbindung zwischen Bagdad und Al Qaida nachzuweisen, dass der geringste Anhaltspunkt, wenn es ihn denn gäbe, groß herausgestellt worden wäre.

Am 2. August erklärt eine der einflussreichsten Persönlichkeiten der Republikaner, Senator Shelby, Mitglied des Untersuchungsausschusses über die Geheimdienstpannen vor dem 11. September: »Meiner Meinung nach geht es nicht darum, sich darüber klar zu werden, ob man in den Irak einmarschiert. Es geht vielmehr darum, sich darüber klar zu werden, ob man abwartet, bis er eine ausreichende Menge an Massenvernichtungswaffen hergestellt hat, um uns und unseren Truppen irreparable Schäden zuzufügen, oder ob man versucht, ihm zuvorzukommen. Ich bin der Ansicht, dass die Iraker auch weiterhin Massenvernichtungswaffen an zahlreichen Stätten herstellen, von deren Existenz wir nichts wissen. Mit jedem Monat, jeder Woche verfügt Saddam Hussein über weitere Massenvernichtungswaffen, die er gegen uns einsetzen kann. Warum sollte man also [die Offensive] auf später verschieben?«

Am selben Tag erwähnt die Londoner *Times* einen Bericht des Foreign Office, der nur einem beschränkten Personenkreis innerhalb der wichtigsten Regierungsmitglieder zugestellt wurde und in dem mögliche Weitergaben von biologischen Waffen an bestimmte palästinensische Terrorgruppen angeführt werden.

Ein Vertreter des Mossad bestätigt die Möglichkeit, dass »irakische Wissenschaftler biologische Wirkstoffe entwickeln, die als Aerosole ausgebracht werden können«, insbesondere in Lüftungssystemen von Gebäuden in den israelischen Großstädten.

Auch wenn die Verbindungen des Irak mit Organisationen wie Al Qaida bislang überhaupt noch nicht bewiesen sind, wird doch sein Einfluss in den besetzten Gebieten allgemein als eine Tatsache betrachtet. Bagdad gewährt Geschenke, die den Diktator mit einem geschätzten persönlichen Vermögen von über zehn Milliarden Dollar wenig kosten, ihm jedoch ein enormes Prestige in einer strategischen Region verschaffen, die gegenwärtig die Sympathien der ganzen islamischen Welt auf sich zieht.

Auch die Jubelfeiern in Gaza, in deren Verlauf sein Porträt von einer hysterischen Menge zu den Rufen geschwenkt wurde: »Lieber Saddam, bombardiere Tel Aviv!«, sind diplomatische Siege, die mindestens ebenso wichtig sind wie die politischen Kuhhändel innerhalb der Vereinten Nationen.

Denn an allen Fronten ist die Lage des Irak anscheinend besser als man glauben sollte. Die inneren Spaltungen und die Appelle an die Besonnenheit machen sich immer stärker bemerkbar, was so weit geht, dass der

Vorsitzende des Streitkräfteausschusses im Senat, Carl Levin, während eines Interviews auf CNN die für die Regierung gleich zweifach peinliche Einschätzung äußert, es sei wenig wahrscheinlich, dass Saddam seine Massenvernichtungswaffen einsetze, solange sein Land nicht angegriffen werde.

Zwei Aussagen in diesem Interview scheinen der Haltung der Falken zu widersprechen oder sie zumindest komplizierter zu machen. Saddam werde wahrscheinlich keine chemischen, biologischen oder – wenn man ihm zu deren Produktion die Zeit lässt – nuklearen Sprengköpfe einsetzen, solange man ihn nicht angreife – eine Theorie, die den von Rumsfeld oder Wolfowitz geäußerten Ansichten diametral entgegensteht. Für sie war und ist die irakische Bedrohung ganz und gar real und schwebt wie ein Damoklesschwert über uns. Für Levin, einen keineswegs schlecht informierten Politiker, stellt sich die Sache anders dar. Seine Stellung ermöglicht ihm den direkten Zugang zu streng vertraulichen Dokumenten insbesondere in der DIA (Defense Intelligence Agency) und den Nachrichtendiensten der Streitkräfte. Und er glaubt nicht an die Gefahr, dass der Irak grundlos seine Nachbarn angreifen wird.

Die zweite Aussage ist noch besorgniserregender. In dem Interview hatte Levin auch erklärt, der Irak werde sich mit seinem ganzen Waffenarsenal zur Wehr setzen, »wenn wir versuchen sollten, ihn mit dem erklärten Ziel seines Sturzes anzugreifen«. In seinen Augen erliegen die Falken nicht nur einem Irrtum, wenn sie glauben, Saddam werde angreifen, sie laufen außerdem Gefahr, die von ihnen heraufbeschworene Bedrohung überhaupt erst auszulösen.

Bush selbst gibt sich von den zahlreichen Warnungen

der vergangenen Wochen (die nicht nur von hohen demokratischen, sondern auch von republikanischen Politikern kommen) unbeeindruckt. In einer Ansprache im Bundesstaat Maine erklärt er: »Wir müssen für die Zukunft der Zivilisation den schlimmsten Führer auf diesem Planeten daran hindern, die schlimmsten Waffen auf dem Planeten zu entwickeln. [Diese Waffen] würden es ihm ermöglichen, die Nationen, die die Freiheit lieben, in Schach zu halten ... Für mich gibt es keinen Zweifel, dass die Geschichte uns zum Handeln auffordert. Dieses Land wird die Freiheit verteidigen, koste es was es wolle.«

Doch während ein Teil seiner Regierung auf einen Krieg hinarbeitet und ein anderer über Colin Powell ständig bestrebt ist, die diplomatischen Möglichkeiten auszuschöpfen und auf eine Rückkehr der Waffenkontrolleure in gehöriger Form drängt, trägt die kriegerische Unnachgiebigkeit Bushs nichts dazu bei, die Gemüter zu beruhigen. Senator Lieberman, der trotz seiner Zugehörigkeit zu den Demokraten fanatisch für eine Konfrontation mit dem Irak eintritt, erklärt am 5. August: »Ich glaube, wir sind an einem Punkt angelangt, an dem der Präsident das Ruder fest in der Hand halten muss.« Außerdem fordert er, Bush müsse, bevor er sich bemühe, die amerikanische Bevölkerung oder den Kongress zu überzeugen, Schluss machen mit den widersprüchlichen Botschaften aus dem Weißen Haus und mit dessen undichten Stellen.

Fast zur selben Zeit wird bekannt, dass Israel große Mengen an Impfstoffen gegen die Pocken hergestellt hat und seine Vorräte so aufstocken wird, dass im Bedarfsfall die gesamte Bevölkerung geimpft werden kann.

10

Wenige Länder unterstützen die USA so wie das England des treuen Tony Blair. Der britische Premierminister, der die Presse seines Landes (zu der seine Beziehungen mittlerweile auf einem Tiefpunkt angelangt sind) schockierte, indem er Pressekonferenzen im amerikanischen Stil einführte, hat erklärt, »der Nutzen, den wir aus unserer Zusammenarbeit mit Washington gezogen haben, war enorm«. Als England einige Monate zuvor seine »besonderen Beziehungen« nutzen wollte, um gegen die amerikanische Entscheidung zu protestieren, die einheimischen Stahlproduzenten zu schützen, hielt Bush es nicht einmal für nötig, seinem »Freund« zu antworten. Auch ein weiterer Vorstoß Blairs blieb erfolglos.

Trotzdem hört England nicht auf, sich für eine »Freundschaft« zu schlagen, deren genauere Umstände mehr und mehr im Dunkeln liegen: über 130 Abgeordnete seiner eigenen Partei haben offiziell Position gegen die Irak-Politik Tony Blairs bezogen, und mehrere Mitglieder seiner Regierung werden möglicherweise zurücktreten, wenn er eine Beteiligung Englands an der Seite amerikanischer Soldaten durchsetzen sollte.

Und als ob der Druck aus den eigenen Reihen nicht genug wäre, macht König Abdallah Anfang August Zwischenstation in London, um Blair zu treffen, bevor er nach Washington weiterreist. Während seiner Gespräche hat der König der Haschemiten auch ihm gegenüber seine Vorbehalte und seine Zweifel im Hinblick auf die Zweckmäßigkeit einer Militäroperation zum Ausdruck gebracht.

José María Aznar, der spanische Ministerpräsident, hat sich der amerikanischen Position angeschlossen und den berühmten Bericht zur Lage der Nation und das Konzept einer »Achse des Bösen« unterstützt. Im August 2002 vertritt Berlusconi eine weniger klare Position, die jedoch ebenfalls Washington zuneigt. Doch sein Verteidigungsminister Antonio Martino warnt: Die Beteiligung der italienischen Armee an einer Operation gegen den Irak werde daran gebunden sein, dass unwiderlegliche Beweise für die Verwicklung Bagdads in die Aktivitäten des internationalen Terrorismus vorgelegt würden.

Frankreich wahrt eine gemäßigte Einstellung, äußert seine Bedenken ohne Umschweife und verknüpft vor allem die Pressionen gegen den Irak mit dem Bemühen um eine Friedenslösung im Nahen Osten. Paris verhehlt auch nicht seine Präferenz für eine Rückkehr der Inspekteure. An eine Militäraktion sei nicht zu denken, ohne dass zuvor alle diplomatischen Möglichkeiten vor allem durch die Vereinten Nationen ausgeschöpft wurden.

Die Beziehungen der USA zu Deutschland werden zunehmend problematischer. Weder gratulierte Bush Schröder zu dessen Wahlsieg, noch empfing er den deutschen Verteidigungsminister, als dieser sich in Washington aufhielt. Donald Rumsfeld bezeichnet die Beziehungen zwischen beiden Ländern sogar als »vergiftet«.

Doch Europa ist nicht der einzige Partner der USA, der eine eigene Meinung hat. Am Mittwoch, dem 7. August, gibt der saudische Außenminister Prinz Al Saud nach seiner Rückkehr von einem Wochenende in Teheran der Associated Press ein Interview, in dem er erklärt, das Königreich werde im Fall eines kriegerischen Konflikts mit dem Irak keine saudischen Stützpunkte zur Verfügung stellen. Während seines Aufenthalts im Iran hat er bereits in Gesellschaft von Ministerpräsident Khatami erklärt, der Irak dürfe »[Amerika] keinen Grund für einen Krieg liefern«.

Donald Rumsfeld spielt diese Erklärung mit dem Hinweis herunter, dass über einen Angriff noch nicht entschieden sei.

»Undichte Stellen« im Pentagon

Eigentlich ist der Verteidigungsminister zu diesem Zeitpunkt mit einem ganz anderen Problem beschäftigt. Während einer Informationssitzung im Weißen Haus über neue »undichte Stellen« auf höchster Regierungsebene befragt, gaben Rumsfeld und der Chef des Generalstabs Richard Myers ihrem Ärger Ausdruck und drohten, das FBI mit den Ermittlungen zu beauftragen, um die Schuldigen wegen »Verletzung der nationalen Sicherheit« vor Gericht zu bringen.

In der Tat ist das, was Rumsfeld und Myers am meisten aufbringt, das völlige Fehlen jeglicher Disziplin und Koordination – ein Eindruck, der durch die Indiskretionen noch verstärkt wird. Die Gegner des Verteidigungsministers reden mit der Presse, um die öffentliche Meinung zu beeinflussen oder um Pläne zu vereiteln, die nicht in ihrem Sinne sind. Wenn eine Militärstrategie festgelegt und einer der Beteiligten dagegen ist, dann genügt es, sie detailliert an die Medien weiterzugeben, um ihr jede Existenzberechtigung zu rauben:»Man könnte ebenso gut direkt an Saddam faxen«, kommentierte ein Vertreter der DIA – der Defense Intelligence Agency.

Einem Bericht zufolge, der an die *Washington Post* weitergegeben wurde, haben nach monatelangem Widerstand bestimmte Mitglieder der militärischen Führung die Idee eines neuen Krieges akzeptiert, trotz der anfänglichen Befürchtungen über die Höhe der zu erwartenden Verluste und den möglichen Einsatz chemischer Waffen. Zu diesem Meinungsumschwung kam es im Anschluss an Pressionen, die von der zivilen Führung des Pentagon – unter anderem von Rumsfeld und Wolfowitz – ausgingen. Ein Berater habe erklärt,»in den vorangegangenen Regierungen hat es genügt, wenn ein Viersternegeneral einen Krieg als ›schlechte Idee‹ bezeichnete, um den Verteidigungsminister zu seinem früheren Standpunkt zurückkehren zu lassen. Doch in der Regierung Bush wollen die Zivilen die Idee nicht aufgeben, dass der Krieg das einzige Mittel sei, Saddam zu vertreiben und mit seinem Waffenarsenal fertig zu werden.«

Nach einem Bericht des israelischen Informationsdienstes Debka, der auf Geheimdienstnachrichten und Terrorismusbekämpfung spezialisiert ist, hatten amerikanische und britische Kampfflugzeuge einen irakischen Gefechtsstand in der Nähe von Al Nukhaïb zerstört. In diesem befand sich ein von chinesischen Firmen modernisiertes optisches Fernmeldesystem, das dank neuartiger Techniken ausgeschaltet worden war, die eigens für die Ortung solcher Systeme entwickelt wurden. Wenig später starteten weitere Jäger vom saudischen Stützpunkt Prinz Sultan, um Bagdad zu überfliegen. Dieser Test zeigte den Amerikanern an, dass die irakischen Radaranlagen rund um die Hauptstadt nicht in Betrieb waren.

Am 8. August setzten Transporthubschrauber mehrere türkische Kommandoeinheiten in der Nähe von Bamerni im Norden des Irak ab. Sie hatten den Auftrag, die Kontrolle über diesen Flugplatz zu übernehmen, der nur achtzig Kilometer von den Ölfeldern der Region entfernt lag. Begleitet wurden die Kommandos von einer Gruppe amerikanischer Spezialeinheiten. Die Bundesgenossen besetzten innerhalb kurzer Zeit den Flugplatz, nachdem sie eine Panzereinheit der irakischen Armee vernichtet hatten, die dort zur Verteidigung eingesetzt war. Nachdem die Spezialeinheit Verstärkung erhalten hatte, drang sie tiefer auf feindliches Gebiet vor und nahm zwei Hilfsflugplätze in Besitz.

Diese Operation würde den Verbündeten im Fall eines Konflikts insofern einen beträchtlichen strategischen Vorteil verschaffen, als diese jetzt über eine totale Luftkontrolle über den Städten Kirkuk und Mossul sowie über der Eisenbahnlinie zwischen Syrien und dem Irak verfügten.

Dennoch wurden die Warnungen immer dringlicher. Dick Armey, ein republikanischer Abgeordneter aus Texas, stellte die gesamte Strategie des Präsidenten gegenüber Saddam Hussein in Frage: »Solange er innerhalb seiner Grenzen bleibt, müssen wir ihn nicht angreifen.«

Trotz der hohen Zustimmung der amerikanischen Bevölkerung – bei einer Umfrage des CBS unterstützten zwei Drittel der Befragten eine Aktion gegen den Irak, *vorausgesetzt*, dass sie vom Kongress gebilligt würde –, scheint die politische Klasse wieder skeptischer zu werden. Amerika muss eine rasche Entscheidung treffen: Angreifen, bevor die Opposition sich zusammenschließt und stark genug wird, um die Pläne der Falken zu durchkreuzen.

Leider ist das fast unmöglich: das Sammeln von mehreren hunderttausend Mannschaften, die Bereitstellung von Millionen Tonnen Material und hunderter Kampfflugzeuge, das alles auf mehreren Stützpunkten in Ländern, in denen Amerika nicht überall willkommen ist. Dazu braucht man Zeit, und Zeit gewinnt man nur mit Hilfe der Diplomatie. Jetzt ist für Powell der Zeitpunkt gekommen, in den Vordergrund zu treten.

In Ridgwood, Texas, erklärt Bush am 10. August den anwesenden Reportern: »Wir stehen im Begriff, Konsultationsgespräche mit dem Kongress, gleichzeitig aber auch mit unseren Freunden und Verbündeten zu führen.« Es geht jetzt in der Hauptsache nicht mehr um die Bedrohung, die von Saddam ausgeht, sondern darum, dass Amerika, um ihr zu begegnen, die Unterstützung der internationalen Gemeinschaft gewinnen muss. Gleichzeitig laufen die militärischen Vorbereitungen an. Angesichts der Weigerung Saudi-Arabiens, seine Militärstützpunkte zur Verfügung zu stellen, auch wenn diese Entscheidung noch nicht endgültig ist, beschließt das Pentagon, nichts dem Zufall zu überlassen: Der ausgedehnte Stützpunkt Al Udeid in Katar wird zum Mittelpunkt intensiver militärischer und logistischer Aktivitäten. Seine Rollbahn ist mit 5000 Metern eine der längsten in der Region und erlaubt den Start der größten Transportflugzeuge der Armee. Al Udeid, das bereits ein Investitionsvolumen von über 1,4 Milliarden Dollar repräsentiert, wird noch weiter ausgebaut und verbessert. Als Termin für die Beendigung der Arbeiten war der 31. Dezember 2002 vorgesehen.

Später wird bekannt, dass das Pentagon zwei Superfrachter gemietet hat, um Panzerfahrzeuge und Hubschrauber von Europa aus zum Persischen Golf zu befördern, sowie acht weitere Frachter für alles übrige Material, die im Indischen Ozean im Stützpunkt Diego Garcia vor Anker liegen sollen. Amerika bemüht sich um Verbündete, setzt jedoch gleichzeitig den Truppenaufmarsch rund um die irakischen Grenzen fort.

Vor den Vereinten Nationen greift Bagdad wieder zu den Manövern, die ihm schon bisher das Überleben ermöglicht haben. Nachdem zunächst Hans Blix in den Irak eingeladen worden war, um Gespräche »über eine Rückkehr der Inspekteure« zu führen, erfolgt jetzt eine neue Kehrtwendung: »Die Arbeit im Rahmen der Vereinten Nationen im Hinblick auf die verbotenen Waffen ... ist beendet. Sie sagen, das sei noch nicht alles. Darauf können wir antworten und diese Behauptung zurückweisen ...«, erklärt Mohamed Saïd Al Sahhaf, der irakische Informationsminister.

Auf dieses Interview, das am Montag, dem 12. August, über den Sender Al Dschasira ausgestrahlt wurde, folgt am selben Tag ein Antrag des Irak vor den Vereinten Nationen, mehr als zwölf Millionen Dollar aus dem humanitären Hilfsprogramm zur Linderung der schlimmsten Auswirkungen der Sanktionen für die Zahlung seiner Schulden bei den Vereinten Nationen verwenden zu dürfen.

Amerika lehnt den Antrag sofort ab, und der irakische Botschafter bei den Vereinten Nationen, Mohamed Al Douri, bezeichnet diese Unnachgiebigkeit als einen weiteren Beweis für die Böswilligkeit Washingtons.

Am selben Tag bemühen sich in Dschuddah, in der Gluthitze des saudischen Sommers, der saudische Kronprinz Abdullah und Abdallah von Jordanien, eine Lösung auf dem Verhandlungsweg zu finden, die es ermöglichen würde, einen inzwischen anscheinend unabwendbaren militärischen Konflikt doch noch zu vermeiden.»Die Region hat bereits genug Probleme!«, bestätigt später der jordanische Außenminister im Hinblick auf diese Gespräche.

»Man hat gewusst, dass etwas nicht gestimmt hat«

Am nächsten Morgen erfolgt ein weiterer Schritt Richtung Krieg: Auf Bildern, die von einem amerikanischen Spionagesatelliten aufgenommen wurden, erkennt man einen Konvoi aus über sechzig Fahrzeugen auf dem Gelände einer Fabrik knapp zehn Kilometer von Bagdad entfernt, von der bekannt ist, dass hier biologische Waffen produziert wurden. Nach dem Golfkrieg haben die Waffenkontrolleure entdeckt, dass die Anlage dazu gedient hatte, hunderte Liter Botulin zu produzieren. Man hatte dort auch den Beweis dafür gefunden, dass der Irak die Sprengköpfe seiner Scudraketen mit dem Nervengift VX bestückt hatte, einem Hemmstoff der Cholinesterase, der bereits durch bloße Berührung tödlich wirken kann.

Diese Produktionsstätte gilt als eine der brisantesten des Landes. Dort ist mindestens eine Einheit der republikanischen Garde untergebracht, und das Auftauchen des Konvois ist möglicherweise ein Zeichen dafür, dass giftige Substanzen zu anderen militärischen Produktionsstätten transportiert wurden. Falls Saddam Hussein die Sprengköpfe seiner Raketen mit biologischen Kampfstoffen wie VX, Pockenviren oder Anthrax ausrüsten wollte, benötigte er solche Konvois zum Transport.

Das war nicht der erste Alarm. Anfang August haben die Nachrichtendienste das Laboratorium einer Nahaufklärung unterworfen, von dem angenommen wird, dass dort an der Züchtung von Viren wie dem Ebola-Virus oder den Erregern anderer hämorrhagischer Fieber vom selben Typ gearbeitet wird.

Im vorliegenden Fall geht es nicht um eine aus der Luft gegriffene Behauptung: Es gibt die Satellitenfotos, und die Experten finden dafür keine befriedigende Erklärung. Ein führender Mitarbeiter der amerikanischen Geheimdienste äußert seine Besorgnis:»Man hat gewusst, dass etwas mit diesen Bildern nicht gestimmt hat. Wir haben seit Jahren alle Bewegungen in der Nähe der kontrollierten Stätten verfolgt ... Diesmal hat Saddam irgendetwas zur Anlage Taji bringen oder von dort wegbringen lassen, ohne dass wir wissen können, was es war. Alles, was man daraus schließen kann, ist, dass der Umfang und die Bedeutung der Ladung außergewöhnlich waren: Man setzt keine so große Zahl von Fahrzeugen ein, um ein paar Reagenzgläser zu transportieren ... Diesmal ist es kein Schwindel des Pentagon: Es hat tatsächlich eine größere Bewegung auf dem Gelände einer Anlage zur Produktion biologischer Waffen gegeben ...«

»Bush, der rückständigste der amerikanischen Präsidenten ...«

Einen Tag später gibt Condoleezza Rice, die sich bislang in ihren Stellungnahmen relativ neutral geäußert hat, ein Statement ab, das sich fast als eine Kriegserklärung erweist: Die Vereinigten Staaten hätten keine andere Wahl, als gegen den irakischen Präsidenten Saddam Hussein vorzugehen. Diese so brillante Frau, die der Erdölindustrie eng verbunden ist – ein Supertanker der Firma Chevron, in der sie einen Sitz im Verwaltungsrat hatte, trug ihren Namen, bis sie darum ersuchte, wegen ihres Wechsels ins Weiße Haus das Schiff umzutaufen –, fügt während desselben Interviews in der BBC hinzu:»Wir können uns ganz sicher nicht den Luxus leisten, die Hände in den Schoß zu legen ... Wir sind der Meinung, dass die Argumente für einen Wechsel des Regimes äußerst überzeugend sind.«

Während ein Angriff auf den Irak bei der Mehrheit der amerikanischen Bevölkerung Zustimmung findet, sind die Engländer zumindest skeptisch; Gerald Kauffman, ein früherer außenpolitischer Sprecher der Labour-Partei, erklärt zum Thema der »Freunde« des Premierministers: »Bush selbst, der rückständigste der amerikanischen Präsidenten in meinem ganzen politischen Leben, ist von Beratern umgeben, deren Kriegsbegeisterung höchstens noch von ihrer politischen, militärischen und diplomatischen Unbedarftheit übertroffen wird ...«

Einen Tag nach einem versuchten Attentat auf Saddams Sohn Qusai und nach einem Anschlag im irakischen Parlament gibt Philip Reeker, der Sprecher des Außenministeriums, bekannt, dass die bislang auf Eis gelegten acht Millionen Dollar dem irakischen Nationalkongress ausgezahlt werden sollen,»um eine Zeitung herauszugeben, saddamfeindliche Sendungen im Irak auszustrahlen und bestimmte Vertretungen im Ausland zu unterhalten«.

Eine Belohnung für die beiden Attentate? Immer wieder sieht sich Powell, der keinerlei Ergebnisse vorweisen kann, seit die irakischen Oppositionellen von seinem Ministerium finanziert werden, von Rumsfeld und dessen Freunden ins Abseits gedrängt. Andererseits werden diese Geheimoperationen allmählich an Bedeutung verlieren: Im Lauf der kommenden Monate ist es die diplomatische Offensive des Außenministers, die die Aufmerksamkeit aller Beobachter auf sich zieht.

Zu alledem kommen bestimmte Widersprüchlichkeiten innerhalb der Vertreter einer harten Linie hinzu. Beispielsweise diese »Achse des Bösen«, auf der der Iran einen der obersten Plätze einnimmt: »Wir sind sehr besorgt, denn der Iran ist ein Ort, an dem eine nicht gewählte Minderheit die Bestrebungen ihres Volkes unterdrückt«, verkündet Condoleezza Rice. Doch wie soll man dann erklären, dass die Millionen Dollar, die der irakische Nationalkongress vom Außenministerium und vom Pentagon erhalten hat, anschließend unter den verschiedenen Fraktionen dieser Bewegung aufgeteilt werden sollen, darunter auch der Oberste Rat der islamischen Revolution, eine Organisation, die Teheran ebenso nahe steht wie Washington? Die Regierung Bush bezahlt eine Gruppe bewaffneter »Widerstandskämpfer«, die für den Irak von morgen Ideen verkünden, die denen der iranischen Mullahs sehr ähnlich, um nicht zu sagen mit ihnen identisch sind.

Brent Scowcroft, der frühere Berater von George Bush senior im nationalen Sicherheitsrat, hat die Administration vor dem Risiko eines irakischen Abenteuers gewarnt: »Ich fürchte, wir könnten eine regelrechte Explosion im Nahen Osten erleben. Das könnte aus dieser Region einen Hexenkessel und unseren Kampf gegen den Terrorismus zunichte machen ...«, erklärt er in einem Interview in der BBC sowie in einem Artikel des *Wall Street Journal*.

Das ist eine zweifache Kränkung für George W. Bush, der nie besonders glücklich ist, wenn ein einflussreicher Mann der Republikanischen Partei öffentliche Vorbehalte gegenüber seiner Politik äußert. Im Fall Scowcrofts schmerzt der Affront noch mehr, da es sich um einen »Mann Daddys« handelt. Die Wucht der Reaktion kommt überraschend. Auf die alles in allem doch eher gemäßigten Äußerungen des früheren Präsidentenberaters erwidert die *Washington Times*: »… der frühere Berater im nationalen Sicherheitsrat ist nicht gerade für seine Weitsicht bekannt (er gab dem früheren Präsidenten den Rat, Saddam Hussein an der Macht zu lassen). Mit einer noch größeren Kurzsichtigkeit ist er nicht in der Lage, sich vorzustellen, dass Saddam mit dem internationalen Terrorismus gemeinsame Sache macht.«

Scowcroft hat vielleicht Unrecht, wenn er die Verbindungen Saddam Husseins zu terroristischen Vereinigungen so kategorisch bestreitet, denn ungeachtet der bestehenden tiefreichenden ideologischen Differenzen darf man getrost davon ausgehen, dass bestimmte terroristische Bewegungen aus dem Irak unterstützt worden sind, gleichgültig ob in materieller, logistischer oder sonst einer Form. Aber den Irak im selben Sinn wie Somalia, den Sudan oder das Afghanistan der Taliban als einen Stützpunkt von Al Qaida anzusehen, wäre ebenfalls ein Irrtum.

Es gibt Bündel von Hypothesen, die den Irak mit bestimmten Ereignissen in Verbindung bringen, etwa dem ersten Anschlag auf das World Trade Center, dem versuchten Attentat auf George Bush senior oder auch den gescheiterten Attentaten auf amerikanische Propagandasender mit Sitz in Prag. Doch in jedem dieser Fälle verliert sich die Spur, bevor sie uns zu Saddam Hussein führen konnte.

Ein in Mitteleuropa operierender Agent des Mossad hat uns hierzu gesagt: »Die militärischen Geheimdienste des Irak sind nicht zu fassen. In der Gemeinde der Agenten weiß man, dass sie mit verschiedenen terroristischen Fraktionen operieren. Alle Informationen decken sich teilweise, von der Ukraine bis Tschetschenien, von Algerien über Israel oder Somalia bis zum Irak ... Aber das sind ›Drähte‹, und keine dieser Informationen ist verlässlich genug, um an die breite Öffentlichkeit oder gar zu den westlichen Regierungen weitergegeben zu werden. Das Konkreteste was wir haben ist diese Boeing 707, die seit einigen Jahren in einem Hangar auf dem Militärstützpunkt Salman Pak [im Irak] steht und in der die Geheimdienste Kommandos in der Geiselnahme ›ausbilden‹. Wie alles andere beweist das überhaupt nichts. Aber man muss schon verdammt naiv sein, um nicht ins Grübeln zu kommen.«

Die Verbündeten – wo sind sie geblieben?

Auf NBC erklärt Senator Richard Lugar, Amerika benötige die Unterstützung der NATO-Länder. »Eine Koalition zustande zu bringen, wird sehr schwierig sein, aber ohne das geht es nicht.«

Zur selben Zeit, am 21. August, veranstaltet George W. Bush auf seiner texanischen Ranch in Crawford ein großes Treffen hoher Militärs. Offiziell gehen die Gespräche um Verteidigungspolitik und die Budgets der Armee. Tatsächlich enthält diese Verlautbarung insofern ein Körnchen Wahrheit, als natürlich jeder künftige Konflikt Rückwirkungen auf die jeweiligen Militärbudgets haben wird. Bush und seine Berater sind jedoch zusammengekommen, um über den Konflikt mit dem Irak und dessen finanzielle Konsequenzen zu sprechen: ein Thema, das bislang erstaunlicherweise mit Schweigen übergangen wurde, obwohl die Mehrzahl der Verantwortlichen sich darin einig sind, dass die Kosten einer Militäroperation und einer zehn Jahre während der Präsenz von 50 000 Mann sich auf zig- oder gar hunderte Milliarden Dollar belaufen würden.

Am Ende der Veranstaltung begibt sich Bush in Begleitung Donald Rumsfelds zu den Journalisten und verkündet lediglich, dass der Kommandant der US-Streitkräfte im Persischen Golf, General Tommy Franks, gegenwärtig Pläne für einen Angriff gegen Saddam Hussein erarbeitet, wobei er zu verstehen gibt, dass die Vorbereitung eines solchen Militärschlags allerdings ihre Zeit braucht.

Tatsächlich erklärt Franks einen Tag später von Kasachstan aus, er plane einen eventuellen Irakfeldzug, so dass »unserem Land und unseren Verbündeten überzeugende Optionen zur Verfügung stehen, die dem Präsidenten vorgelegt werden können«.

Die Verbündeten – wo sind sie geblieben in diesen letzten Tagen des August 2002? Russland widersetzt sich einer Militäraktion gegen den Irak, ebenso China, Deutschland und selbst Kanada. Frankreich ist nicht mehr begeistert und besteht darauf, dass das Problem den Vereinten Nationen vorgelegt wird.

Als seien es der schlechten Nachrichten noch nicht genug, ergibt eine von den Sendern USA Today und CNN bei Gallup in Auftrag gegebene Umfrage am 23. August, dass nur 53 % der Amerikaner gegenwärtig eine Bodeninvasion im Irak befürworten, während es im November 2001 noch 74 % waren.

General Zinni, der frühere Nahostbeauftragte der US-Regierung, ist ebenfalls der Meinung, die USA sollten besser einen dauerhaften Frieden zwischen Israelis und Palästinensern vermitteln und den Terrornetzen von Al

Qaida nachspüren, bevor sie sich Saddam vornehmen: »Es ist interessant festzustellen, dass alle Generäle in ihren Einschätzungen übereinstimmen, während alle Kriegstreiber, die in ihrem ganzen Leben noch keinen einzigen Schuss abgefeuert haben, das Gegenteil denken.« Am Freitag, dem 30. August, ist die Reihe an Taha Yassin Ramadan, dem irakischen Vizepräsidenten, das Wort zu ergreifen, als hätten ihm die amerikanischen Umfrageergebnisse Mut gemacht, davor zu warnen, dass der Irak nicht so schnell fallen werde wie das Regime der Taliban: »Der Irak wird sich mit Zähnen und Klauen wehren, um sein Territorium zu verteidigen. Der Irak ist nicht Afghanistan, und die amerikanische Regierung weiß das.« Ramadan erklärt anschließend: »Im Fall einer militärischen Konfrontation nimmt sich der Irak das Recht, jedes beliebige Land überall auf der Erde anzugreifen ...« Damit ist natürlich vor allem Israel gemeint.

Das irakische Manöver ist nicht ungeschickt, denn die Drohung mit Raketen, deren Sprengköpfe mit einem Nervengas bestückt sind, richtet sich wahrscheinlich weniger gegen Israel als gegen die Vereinten Nationen: Bagdad beschwört das Gespenst eines Flächenbrands in der Region herauf, den es mit beunruhigender Leichtigkeit auslösen könnte. Das Abschießen einer Scudrakete auf Tel Aviv und das Provozieren einer massiven Antwort des israelischen Staates würde jede Koalition auseinander brechen lassen. Der Irak würde zu einem Märtyrer der arabischen Sache, ein zweites Palästina. Wer unter den Verbündeten Washingtons würde es auf sich nehmen, sich an einer Militäroperation zu beteiligen, an deren Ende eine so weitgehende geopolitische Umwälzung stände?

Auf jeden Fall England. Doch die übrigen traditionellen Verbündeten Amerikas hegen noch immer Vorbehalte. Mit Ausnahme Osteuropas, das sich mit einem erstaunlichen – wenn auch nicht interesselosen – Elan an dem Kampf gegen Saddam Hussein und die »Achse des Bösen« beteiligen will. Von Rumänien über Polen bis Bulgarien bieten diese Länder Soldaten, finanzielle Mittel und Überflugrechte an. Ein rumänischer Minister antwortet einem französischen Regierungsvertreter, der sich über diese Einstellung überrascht zeigte: »Wenn wir vierzig Jahre wirtschaftlichen Wohlstand hinter uns haben, werden wir uns erlauben können, die amerikanische Unterstützung als gesichert zu betrachten.«

Bush hatte zuvor erklärt, er beabsichtige, seine Verbündeten zu konsultieren. Das erste greifbare Resultat wird die Kehrtwendung Kuweits sein, das sich bislang jeder militärischen Intervention gegen den Irak widersetzt hatte und jetzt bekannt gibt – wir haben den 2. September 2002 –, dass Amerika auf die Hilfe Kuweits zählen könne, falls Washington dies wünsche. »Solange Saddam Hussein auch weiterhin kuweitische Kriegsgefangene festhält, solange er weiterhin seine gegen Kuweit gerichteten drohenden Propagandasendungen im Fernsehen ausstrahlt, ist für uns der Krieg gegen den Irak nicht beendet.«

Unter strategischen Gesichtspunkten verfügt Amerika jetzt über zwei Stützpunkte, die für den Einsatz seines militärischen Arsenals unverzichtbar sind: in der Türkei und in Kuweit. Alles andere ist nicht mehr als eine »Dreingabe«, selbst wenn der Stützpunkt Prinz Sultan in Saudi-Arabien ein wichtiges – aber nicht unersetzliches – Element im Aufmarsch der US-Truppen vor der irakischen Grenze darstellt.

Ebenfalls am 2. September erklärt Rumsfeld, er sei im

Besitz von »Geheiminformationen«, die seine These bestätigten, derzufolge der Irak kurz vor seinem Ziel stehe: über eine Nuklearwaffe zu verfügen. Diese Informationen werden nicht immer an die Öffentlichkeit gegeben. Eine große Anzahl Senatoren beider Parteien äußern öffentlich ihre Vorbehalte: der Republikaner MacCain bemerkt, dass die Regierung trotzdem keine ernsthaften Versuche unternommen habe, ein überzeugendes Dossier mit den Beweisen für eine Verbindung zwischen Bagdad und Al Qaida vorzulegen. Und Senator Daschle von der Demokratischen Partei äußert die Ansicht, »es wäre wichtig, mehr über die Informationen zu wissen, über die der Präsident verfügt«.

Angesichts dieses vorsichtigen Protests wird immer deutlicher, dass an die Stelle des bisher vorherrschenden Unilateralismus die Diplomatie treten muss. Washington kann es sich nicht mehr erlauben, im Alleingang zu handeln – weniger im Hinblick auf die internationale Gemeinschaft als auf die öffentliche Meinung im eigenen Land: indem er eine Koalition schmiedet, einen Konsens gegen Saddam erreicht, hofft Bush die Umfragen auf einem für ihn akzeptablen Niveau zu halten. Wenn der Plan einer militärischen Konfrontation mit dem Irak im ganzen Land eindeutig unpopulär wird, ist die ganze Operation zum Scheitern verurteilt. Washington muss jetzt im Rahmen der internationalen Institutionen arbeiten.

»Die Unterstützung unserer Verbündeten ist nicht unbedingt notwendig ...«, meint Senator Tom Daschle, »aber wir müssten bei einer einseitigen Aktion einen enormen Preis zahlen, vor allem wenn sie den Wünschen fast aller unserer Verbündeten auf der ganzen Erde entgegensteht.«

Eine große Zahl dieser Verbündeten hat sich gerade – am Mittwoch, dem 4. September – zu einer Umweltkonferenz in Johannesburg eingefunden. Eine weitere Gelegenheit für Europa, durch den dänischen Minister zu bekräftigen, dass auch, wenn »kein Zweifel« an der Tatsache der Gefährlichkeit Saddams bestehe, es »unbedingt erforderlich ist, den von den Vereinten Nationen vorgezeichneten Weg weiter zu verfolgen«.

Aber damit keine Zweifel aufkommen: Die Notwendigkeit einer Suche nach Verbündeten in einem Kampf gegen Saddam, wie die Amerikaner ihn sich vorstellen, bedeutet keineswegs, dass sie von ihrem Kriegskurs abkommen. Washington will die Konfrontation.

Um den Druck aufrechtzuerhalten, gibt Tony Blair bekannt, Downing Street werde »in den kommenden Wochen« ein Dossier veröffentlichen, in dem dargelegt werde, wie Saddam versuche, Massenvernichtungswaffen herzustellen. Außerdem wird der britische Premierminister in den nächsten Tagen in Washington erwartet, um die jüngsten Entwicklungen im Fall des Irak zu erörtern.

Überall, vor allem in der arabischen Welt, mehren sich die Stimmen, die sich gegen eine Militäraktion aussprechen. Doch gleichzeitig scheinen die Informationen schlagartig zuzunehmen und die vom Irak ausgehende Bedrohung zu vergrößern: Satellitenbilder lassen neue Gebäude und unerklärliche Veränderungen auf dem Gelände mehrerer Anlagen erkennen, von denen bekannt ist, dass sie in das Nuklearprogramm Saddams einbezogen sind. Eine Information, die wie gerufen kommt und dazu beiträgt, die Verbündeten Amerikas in die Enge zu treiben. Wenn diese Bedrohung sich bestätigen sollte, werden Europa und die arabische Welt keinen Vorwand mehr haben, sich einer Beteiligung an der Invasion zu entziehen.

Am selben Tag greifen hundert Jäger, Bomber, Versorgungs- und Spionageflugzeuge das gesamte Luftabwehrsystem Westiraks an, um nach Angaben einiger Experten »das Absetzen von Spezialkräften mit Hubschraubern zu erleichtern, ohne dass diese entdeckt werden können«.

Am Freitag, dem 6. September, führt Bush mehrere Telefongespräche mit den politischen Führern Chinas, Russlands und Frankreichs und versucht, diese Länder auf die amerikanische Position einzuschwören. Putin erklärt, er hege »tiefe Zweifel« an der Rechtmäßigkeit eines Angriffs, auch wenn alle Welt weiß, dass die russischen Ausflüchte in der Hauptsache mit riesigen Schulden zusammenhängen, die noch zu Zeiten der Sowjetunion vom Irak gemacht wurden und die Moskau heute gern eintreiben möchte.

China, das gegen eine militärische Konfrontation ist, steht dem Irak verhältnismäßig nahe: Es hat Bagdad mehrere militärische Systeme verkauft, vor allem Raketen vom Typ »Seidenraupe«. Mehrere Firmen sind von den Vereinigten Staaten auf die »schwarze Liste« gesetzt worden, weil sie das Embargo umgangen haben. Welche Haltung es als ständiges Mitglied im Sicherheitsrat letztendlich einnehmen wird, lässt sich unmöglich vorhersagen.

Die Verhandlungen mit Frankreich werden durch den Umstand kompliziert, dass trotz der Höflichkeit, von der die Beziehung zwischen beiden Staatsmännern bestimmt wird, Bush und Chirac sich nicht besonders mögen. Für den Geschmack des Amerikaners ist der Franzose zu unabhängig, und Chirac kann seinerseits die schlecht verhüllte Arroganz des amerikanischen Präsidenten nicht ertragen.

In allen drei Fällen hat sich die Kontaktaufnahme als

wenig fruchtbar erwiesen. Doch wenige Tage später er-
härtet ein veröffentlichter Untersuchungsbericht, der von
einem der angesehensten englischen Forschungsinstitute
stammt, die amerikanische These. Das internationale Institut für strategische Studien kommt zu dem Ergebnis,
»Saddam ist nur noch wenige Monate von einer Atombombe entfernt«. Außerdem erläutert der Bericht (»Irak's
Weapons of Mass Destruction – A Net Assessment«),
dass Saddam über tausende Liter Anthrax, hunderte Tonnen Senfgas, mehrere hundert Tonnen Sarin (das Gas, das
bei dem Anschlag auf die Tokioter U-Bahn verwendet
wurde) und VX verfügt und außerdem über die Mittel,
von diesen Substanzen noch weitere große Mengen zu
produzieren. Saddam verfügt wahrscheinlich über ein
Dutzend »Al Hussein«-Raketen mit einer Reichweite von
600 Kilometern, ausreichend, um Ziele in Israel zu treffen.

Darüber hinaus verfügt das Land über »Al Samoud«-
Raketen mit kurzer Reichweite, die gegen die Streitkräfte
der Koalition eingesetzt werden könnten, falls es zu einem Angriff gegen den Irak kommt, und das Land könnte Städte mit chemischen oder bakteriologischen Waffen
angreifen und zu diesem Zweck Spezialkräfte oder Terrororganisationen einsetzen. Diese Befunde bringen Washington unverhofft Punkte ein.

Zwei Tage darauf, am 10. September, ruft der irakische
Vizepräsident »die Araber und die ›guten Menschen‹«
dazu auf, »sich den Interessen der Aggressoren entgegen-
zustellen, wo immer sie sich befinden, denn das ist ihr
Recht«.

Diese Woche markiert den Beginn einer deutlichen Änderung des europäischen Tonfalls. Zahlreiche hohe Regierungsvertreter zögern nicht mehr, Saddam Hussein

wegen seines Bestrebens, chemische oder biologische Waffen zu erwerben, als eine Bedrohung zu bezeichnen.

Der Irak akzeptiert alles

Am 9. September verkündet Präsident Jacques Chirac in einem Interview mit der *New York Times* seine Idee einer zweifachen Lösung durch die UNO. Die erste würde dem Irak drei weitere Wochen Zeit geben, um die Waffenkontrolleure ohne jede Einschränkung wieder ins Land zu lassen. Im Fall einer Weigerung würde in New York über die zweite Lösung, die Anwendung von Gewalt, beraten.

Doch während an der diplomatischen Front die Verhandlungen weitergehen, setzt sich der militärische Flügel der Operation ebenfalls in Bewegung, und dies in einem erstaunlichen Tempo: Das Pentagon kündigt für die Zeit ab November die Verlegung von 600 Offizieren des Zentralkommandos (»CentCom«) zum Stützpunkt Al Udeid an.

Zur diplomatischen Wende dieser Krise kommt es überraschend am 12. September, als der Präsident sich an die Vereinten Nationen wendet und eine eindrucksvolle Liste der Resolutionen vorlegt, die in der Vergangenheit vom irakischen Diktator missachtet wurden, und anschließend erklärt, ein Konflikt sei unvermeidlich, wenn der Irak sich nicht allen Forderungen der Vereinten Nationen unterwerfe.

Indem er sich für das Forum der Vereinten Nationen entscheidet, beweist Bush eine erstaunliche Subtilität und kehrt zu der Politik zurück, die von Colin Powell nachdrücklich vertreten wird. Diese Entscheidung dürfte dem amerikanischen Präsidenten nicht leicht gefallen sein, der eher den viel zu einfachen und schnellen Lösungen der Falken zuneigt. Doch der innerhalb kurzer Zeit vollzogene Meinungsumschwung in der amerikanischen Bevölkerung gegenüber einem Krieg gegen den Irak hat ihn dazu gedrängt, der Linie des Außenministeriums zu folgen. Um die Sache im Alleingang durchzuziehen, hätte die Regierung die einmütige Zustimmung der eigenen Bevölkerung benötigt. Und nachdem dieser Kredit verspielt ist, kann sie nicht mehr anders, als den Umweg über die Vereinten Nationen zu nehmen. Bush weiß sehr gut, dass Saddam die von der UNO gestellten Bedingungen nicht erfüllen wird. Und dass »sein« Krieg unvermeidlich und in den Augen seiner Verbündeten an Anerkennung gewinnen wird.

Jetzt beginnt für Powell ein wahrer diplomatischer Marathonlauf: Amerika möchte eine harte Resolution durchbringen, so hart, dass sie unannehmbar sein wird. Doch dafür muss es die Zustimmung eines Sicherheitsrats erhalten, der im Hinblick auf die Anwendung von Gewalt tief gespalten ist: »Es müssen Bemühungen unternommen werden, um die willkürliche Ausweitung des Krieges gegen den Terrorismus zu verhindern«, erklärt der chinesische Außenminister. Die Position seines russischen Amtskollegen scheint etwas nuancierter auszufallen. Nach Gesprächen mit Colin Powell erklärt er: »Wenn (die irakische Regierung) sich weigert, mit dem Sicherheitsrat zu kooperieren, wird sie die Verantwortung für die möglichen Konsequenzen selbst zu tragen haben.«

Die Rede Bushs vor den Vereinten Nationen war ein Treffer, da bei einer von *Newsweek* in Auftrag gegebenen Umfrage zwei Drittel der Befragten es für wichtig hielten, sich für eine mögliche Militäraktion im Irak die Zustimmung des Kongresses und der Vereinten Nationen zu sichern. Im Übrigen sind jetzt 70 % der Befragten mit den bisherigen Ergebnissen der Politik Bushs zufrieden.

Selbst die Arabische Liga scheint nun besorgt: Hatte sie zuvor Amerika allein schon vor der Idee einer Militäroperation gewarnt, bemüht sie sich jetzt, Bagdad dazu zu bewegen, die Rückkehr der Waffeninspekteure zu akzeptieren.

Am 16. September kommt es zu einer neuen, überraschenden Entwicklung: Die einheitliche Haltung der arabischen Staaten gegen einen amerikanischen Angriff scheint sich innerhalb kürzester Zeit aufzulösen: Saudi-Arabien verkündet nach Kuwait, es werde möglicherweise den USA gestatten, seine Stützpunkte zu nutzen, falls die Invasion von den Vereinten Nationen gebilligt werde.

Angesichts der sich überstürzenden Ereignisse und der geringen Unterstützung, deren er tatsächlich sicher sein kann, geht Saddam in die Offensive. Er erklärt in einer Verlautbarung, er werde die Rückkehr der Waffenkontrolleure in den Irak ohne jede Vorbedingung akzeptieren. Paris und Moskau sind der Meinung, unter diesen Umständen sei es überflüssig, eine neue Resolution zu beschließen.

Für Washington und London verfolgt diese Taktik keinen anderen Zweck als eine Spaltung der internationalen Koalition: »Man hat gewusst, dass er irgendwann auf seinen Vorschlag zurückkommen würde. Dass man spätestens in zwei Wochen aus Bagdad hören würde: ›Wir akzeptieren die Inspekteure, gut … Aber vorher sind noch einige Punkte zu besprechen.‹ Das war schon immer so mit Saddam Hussein …«, sagte uns ein hoher Amtsträger im Außenministerium.

Powell behauptet übrigens einen Tag nach der irakischen Erklärung, er sei »absolut sicher«, dass die Vereinigten Staaten sich an die Entscheidungen der UNO halten würden. Tags zuvor hat der US-Außenminister mit Diplomaten aus Afrika und Südamerika Gespräche geführt, ebenso mit dem britischen Außenminister Jack Straw. Beide Länder arbeiten an einer gemeinsamen Lösung, die sie anschließend dem Sicherheitsrat vorlegen wollen. Währenddessen versuchen Colin Powell und der Präsident, das widerspenstigste der Ratsmitglieder – Russland – zu überzeugen. Am Freitag, dem 20. September, telefoniert Bush mit Putin, ohne zu einer Einigung zu gelangen. Eine russische Delegation in Gestalt des Außen- und des Verteidigungsministers führt am selben Tag Gespräche, zunächst mit Colin Powell und später mit dem Präsidenten.

In den Verhandlungen geht es um die Garantien für Russland im Fall eines irakischen Regimewechsels: Würden die Kooperationsverträge, die Schulden und sonstige finanzielle Verbindlichkeiten auch von den potenziellen künftigen Machthabern in Bagdad, auf die Washington nicht ohne Einfluss ist, anerkannt werden? Diese Gespräche werden vermutlich nicht ausreichen, um die Interessenunterschiede und zahlreichen Meinungsverschiedenheiten zwischen Washington und Moskau auszugleichen.

Mehrere Optionen für einen Angriff auf Bagdad

Am 21. September erhält der Präsident einen äußerst detaillierten Plan, der mehrere Optionen für eine Militäraktion gegen den Irak beinhaltet. Dieser Plan sieht vor, dass die Offensive mit einem anhaltenden Luftangriff beginnen würde, um Saddam von seinen Gefechtsständen abzuschneiden, verbunden mit einer groß angelegten Bodeninvasion. Das Gros der Truppen würde in den rückwärtigen Stützpunkten verbleiben, bereit zum Losschlagen, sobald die Lage es erfordert. Doch vor allem steht in diesem Plan, dass das Pentagon die Monate Januar/Februar für die günstigste Zeit für den Beginn eines Angriffs hält.

Der Präsident verfügt jetzt über einen »Marschplan«, der es ihm erlaubt, den Ausgang des Konflikts mit dem Irak klar abzusehen, sofern ihn die diplomatischen Manöver Saddams nicht erneut in eine Sackgasse führen.

Um die Verbündeten der USA zu beruhigen und sie dazu zu bewegen, Amerika bei diesem Abenteuer zu folgen, erklärt Condoleezza Rice am nächsten Tag, dass Washington sich nach einem Krieg »ganz dem Wiederaufbau des Irak als einheitlicher und demokratischer Staat widmen wolle«.

Durch ein weiteres Dossier wird die amerikanische Position erneut gestärkt. Veröffentlicht von Tony Blair und gestützt auf die Berichte mehrerer Nachrichtendienste und von Inspekteuren der Vereinten Nationen, legt es dar, dass der Irak weiterhin chemische und biologische Wirkstoffe produziert, Militärstrategien für den Einsatz dieser Kampfstoffe entwickelt, versucht, in Afrika die Technologie und die für die Produktion von Kernwaffen erforderlichen Materialien zu erwerben, und mehrere Raketen bereithält, deren Reichweite die von den Vereinten Nationen festgesetzte Obergrenze übersteigt. Aber es gibt einige, selbst innerhalb der Partei Tony Blairs, die dem Dossier gegenüber Vorbehalte äußern. Dem Urteil von Peter Kilfoyle zufolge, dem ehemaligen Staatssekretär im britischen Verteidigungsministerium, enthält das

Dossier »zahlreiche unbelegte Behauptungen«. Ein anderes Mitglied der Labour-Partei, Alan Simpson, erklärt ebenfalls, das Dossier sei »in höchstem Maße bruchstückhaft und oberflächlich«.

An der diplomatischen Front trifft Marc Grossman, Staatssekretär im US-Außenministerium, in Begleitung eines britischen Diplomaten am Donnerstag, dem 26. September, in Paris ein, um die Franzosen zu einer Änderung ihres Standpunktes zu bewegen.

»Powell wusste, dass er keine Resolution durchbekommen würde, falls Amerika auf seinen Positionen beharrte. Im Lager der Befürworter eines Kompromisses hielten sich Russland und China zurück. Nur Frankreich übernahm die Initiative. Außerdem war sein Vorschlag bereits analysiert worden. Powell und vor allem George W. Bush waren der Meinung, dass er ganz und gar realistisch sei. Er konnte eine gute Arbeitsgrundlage und einen Ausgangspunkt für die kommenden Verhandlungen abgeben«, erklärt uns ein ranghoher Mitarbeiter des US-Außenministeriums.

Am 28. September veröffentlicht die Nachrichtenagentur Associated Press die Einzelheiten des amerikanischen Vorschlags: »Der Irak muss sein gesamtes Material in Verbindung mit Massenvernichtungswaffen offen legen und den Inspekteuren der UNO auch den Zugang zu den Präsidentenpalästen ermöglichen.« Saddam Hussein hat sieben Tage Bedenkzeit und muss anschließend sofort eine Liste der verbotenen Substanzen vorlegen, in deren Besitz der Irak ist. Die Resolution verlangt außerdem, dass die Inspekteure das Recht haben müssen, in der Umgebung der von ihnen untersuchten Produktionsstätten Flug- und Fahrverbotszonen festzulegen, die von Jagdflugzeugen der Koalition überwacht werden. Damit soll verhindert werden, dass kompromittierendes Material in aller Heimlichkeit von den Handlangern Saddams beiseite geschafft wird.

Wenn dieser sich weigern sollte, sich den Forderungen zu beugen, droht die Resolution damit, gegen ihn alle erforderlichen Mittel einzusetzen.

Die irakischen »*weapons of mass distraction*«

Die Sprache ist noch weit entfernt von dem, was Paris wünscht, doch die Tatsache, dass diese Resolution – im Fall einer Weigerung – »androht«, Gewalt anzuwenden, schließt nicht von vornherein die Abstimmung über eine zweite Resolution aus, wie sie von Jacques Chirac und Außenminister Dominique de Villepin gewünscht wird. Zu diesem Zeitpunkt hat Washington bereits erkannt, dass alles sich zwischen den beiden Hauptstädten abspielen wird. Moskau und Peking werden sich hinter die Argumente von Paris stellen, das die Ablehnung einer zu radikalen Lösung besonders deutlich ausspricht und auf der Einhaltung internationaler Verfahren besteht. Die Russen wurden bereits »rückversichert«, um die Wendung eines Geschäftsmannes aus der näheren Umgebung Putins zu gebrauchen. Doch ihre finanzielle Abhängigkeit von Saddam Hussein nötigt sie, zumindest nach außen hin eine Verhandlungslösung anzustreben. Wenn Paris einen akzeptablen Kompromiss findet, zweifelt niemand mehr daran, dass Moskau mitziehen wird. Und auch Peking wird einer einvernehmlichen Lösung keine Hindernisse in den Weg legen.

Außerhalb des Sicherheitsrats wird Amerika ebenfalls bedrängt: Eine Delegation des türkischen Unternehmerverbands trifft sich in der ersten Oktoberwoche mit Vertretern der US-Regierung und macht darauf aufmerksam, dass die geschätzten Kosten eines erneuten Konflikts mit dem Irak sich auf 14,1 Milliarden Dollar jährlich belaufen würden. Und die Türken haben keine Hemmungen anzufragen, ob die amerikanische Regierung im Fall eines Krieges für diesen entgangenen Gewinn aufkommen werde. Nun stehen die Finanzen des amerikanischen Staatshaushalts im Augenblick nicht besonders. In den beiden letzten Jahren hat die US-Börse sieben Billionen Dollar verloren! Prozentual der schlimmste Einbruch, den die Aktienkurse seit der Präsidentschaft Herbert Hoovers erlebt haben. Die Massenvernichtungswaffen (*weapons of mass destruction*) des Irak, sagte eine führende demokratische Politikerin, seien zu »Massenablenkungswaffen« (*weapons of mass distraction*) geworden, um bei der amerikanischen Bevölkerung die eigentlichen Probleme der USA vergessen zu machen.

Auf der diplomatischen Ebene scheint Frankreich fest entschlossen, ein Gegengewicht zur amerikanischen Dampfwalze zu bilden. In den kommenden Tagen und Wochen laufen endlose Verhandlungen, in denen Europa nach und nach die amerikanische Position abmildert. Die USA geben beispielsweise die Idee einer bewaffneten Unterstützung der Waffeninspekteure auf, die im September von der Carnegie Group aufgebracht wurde. Diese hatte die Aufstellung einer Streitmacht von 50 000 Mann vorgeschlagen, die in der Lage wäre, im Fall einer Weigerung des Irak sofort loszuschlagen.

»Wir wussten, dass sich diese Idee nicht verwirklichen ließ. Aber wir wollten sie erst zu einem geeigneten Zeitpunkt aufgeben, so dass es in den Augen der Europäer wie ein Zugeständnis aussah ...«, erklärte ein hoher Amtsträger des Außenministeriums.

Am 24. Oktober bleibt »nichts Großartiges mehr zu verhandeln«, so die offizielle Haltung der Amerikaner. Doch Frankreich weigert sich, einer Warnung der Vereinigten Staaten zuzustimmen, falls der Irak die Bedingungen der Resolution nicht einhalte, werde er mit »ernsten Konsequenzen« zu rechnen haben. Für Paris ließ diese Formulierung zu viel Freiraum für den Kriegsfall. Außerdem legt das Weiße Haus Wert auf die Feststellung, militärische Aktionen würden erfolgen, falls der Irak in »erheblicher« (*material*) Weise gegen bisherige Resolutionen verstoßen habe – eine Formulierung, die einen möglichen Rückgriff auf den Einsatz von Gewalt in der Zukunft erleichtern würde.

Was die Franzosen und die Russen um jeden Preis vermeiden möchten, ist eine Art »Automatismus« für Gewaltanwendung, falls der Irak sich nicht an die Bestimmungen der Resolution hält. Solche schwammigen Begriffe innerhalb eines scheinbar harmlosen Absatzes oder Satzes können die Geschichte umwälzen. Oder den Unterschied zwischen einer unmittelbaren militärischen Aktion und einer neuen internationalen Verständigung, zwischen Krieg und Frieden ausmachen.

Am 22. Oktober 2002 erklären der französische Außenminister Dominique de Villepin und sein russischer Amtskollege Igor Iwanow, dass die amerikanische Regierung weitergehende Zugeständnisse machen müsse, um die Unterstützung ihrer beider Länder zu erhalten. »Wir wollen die Rückkehr der Waffenkontrolleure und die Ausschaltung von Massenvernichtungswaffen, aber keinen Regimewechsel im Irak. In diesem Kontext verhandeln wir über diese Resolution. Es kommt deshalb nicht in Frage, eine mehrdeutige Terminologie zu akzeptieren, die als nachträglicher Freibrief für eine amerikanische Invasion dienen könnte.« Bush wird der ständigen Verhandlungen mit ausländischen Vertretern überdrüssig. Er erklärt,»die Vereinten Nationen müssen jetzt handeln, wenn sie nicht in den Rang eines einfachen Debattierklubs zurückgestuft werden wollen«.

Dieser Faustschlag auf den Tisch erfolgt nach einer Reihe von beschwichtigenden Erklärungen seitens der Verantwortlichen in der amerikanischen Regierung. Powell und Rice haben zwei Tage zuvor bekräftigt, dass es den USA hauptsächlich darum gehe, die Massenvernichtungswaffen Saddam Husseins unschädlich zu machen, eine Erklärung, die weitgehend auf der Linie der Europäer liegt. Bush selbst gibt eine neue Definition des »Regimewechsels« (*change of regime*): Wenn Saddam die Kontrollen der UNO akzeptiert, heißt das nicht, dass das Regime sich geändert hat.

Trotz dieser Bemühungen zeigen sich die Europäer auch weiterhin unnachgiebig. Aufgebracht wird der amerikanische Präsident mehr als deutlich:»Wenn die Vereinten Nationen es nicht fertig bringen, sich zu entscheiden, wird Saddam nicht abrüsten. Also werden wir eine Koalition anführen, um ihn im Namen des Friedens zu entwaffnen!«

Am nächsten Tag erklärt Mexiko, das kein ständiges Mitglied im Sicherheitsrat ist, aber berufen wurde, in den folgenden Tagen eine Vermittlerrolle ersten Ranges zu spielen,»die Vereinigten Staaten nähern sich den Positionen Russlands, Frankreichs und Mexikos an«. Washington unternimmt also erneute Anstrengungen hinter den Kulissen. Doch die Zeit drängt, und Bush ist mit seiner

Geduld anscheinend bald am Ende. »Sie haben die Wahl, als Vereinte Nationen: Sie können den Frieden aufrechterhalten, indem Sie eine gewisse Geschlossenheit zeigen. Sie können die Vereinten Nationen sein oder der Völkerbund ...«

George W. Bush und Colin Powell hoffen darauf, vom morgigen Tag an auf dem diplomatischen Parkett Boden gutzumachen, indem sie den mexikanischen Präsidenten Vicente Fox dazu bewegen, die amerikanische Position zu unterstützen. Die Beziehung zwischen den beiden politischen Führern, die zur selben Zeit an die Macht gekommen sind, hatte unter äußerst günstigen Vorzeichen begonnen. Dann hatte der 11. September dafür gesorgt, dass alle Projekte der Zusammenarbeit und der Öffnung zwischen den beiden Ländern in der Schublade verschwanden und Fox ganz ans Ende von Bushs Prioritätenliste rückte. Außerdem hatte Fox persönlich bei George W. Bush darum gebeten, sich dafür einzusetzen, dass die Hinrichtung eines mexikanischen Häftlings verschoben wird, ein Ersuchen, das Bush ganz einfach ignoriert hatte. Ein Privatbesuch Fox' in den Vereinigten Staaten auf der Ranch des Präsidenten wurde abgesagt, und mit dem guten Einvernehmen zwischen den beiden Männern war es vorbei. Heute ist es der Nordamerikaner, der seinen Amtskollegen braucht, nicht umgekehrt. Doch wie schon im Fall zahlreicher anderer Länder, die keine ständigen Mitglieder im Sicherheitsrat sind, genügt die wirtschaftliche und militärische Vormachtstellung der USA, diese Staaten zu Verbündeten zu machen.

Kolumbien beispielsweise hat bereits bekannt gegeben, dass es die Position der USA unterstützen wird. Diese kleinen Länder befinden sich in einer wesentlich heikleren Lage als Frankreich, Russland oder China. Sie verfügen über keinerlei Handlungsspielraum und haben stets das Schicksal des Jemen vor Augen, der am 29. November 1990 das einzige Land war, das gegen die Operation Wüstensturm stimmte. Amerika stoppte umgehend die Auszahlung von über 70 Millionen Dollar an Hilfsgeldern, und Tausende jemenitische Arbeiter wurden aus Saudi-Arabien ausgewiesen.

Nach seiner Rückkehr aus Mexiko kündigt Bush an, er werde eine Abstimmung im Sicherheitsrat beantragen, um festzustellen, ob Amerika über die erforderlichen Stimmen verfüge oder nicht. Eine wirksame Methode, die Franzosen, Russen und Chinesen einzuschüchtern und ihnen zu sagen: »Wenn ihr uns nicht folgen wollt, wenn ihr euch unserer Resolution mit einem Veto widersetzt, werdet ihr zwar vor den Vereinten Nationen triumphieren. Aber dann greifen wir den Irak trotzdem an, und die Vereinten Nationen werden diskreditiert sein.«

Diese Verschärfung des amerikanischen Tons löst am 30. Oktober eine Reihe von Verhandlungen aus, in denen es fast gelingt, sich auf eine allgemein annehmbare Terminologie zu einigen. Problematisch bleibt allerdings die Frage, wer die Entscheidung treffen wird, ob Bagdad ausreichend kooperiert. Die Franzosen wünschen, dass diese Entscheidung vom Sicherheitsrat getroffen wird, während die Amerikaner die Antwort offen lassen. Paris will nichts im Ungewissen lassen, um zu vermeiden, dass Washington sich die Mehrdeutigkeit zunutze macht.

Auch der zweite Streitpunkt, die Definition eines »erheblichen Verstoßes« gegen die UNO-Resolutionen zur Feststellung, dass der Irak die Zusammenarbeit verweigert habe, scheint sich zu klären. Diese Feststellung würde die Einleitung militärischer Operationen erleichtern. Frankreich akzeptiert die Formel eines »erheblichen Verstoßes« im Hinblick auf bisherige Resolutionen, fordert jedoch, allein der Sicherheitsrat solle das Recht haben, das Vorliegen eines »erheblichen Verstoßes« zu konstatieren.

Die Unterschiede schwächen sich ab, und die Arbeit geht über das Wochenende weiter. Während die alliierten Flugzeuge die irakischen Kasernen mit Flugblättern bombardieren und die Beziehungen zwischen Rumsfeld und Tenet, dem Chef der CIA, am Nullpunkt angelangt sind – wobei der Erstere den Letzteren beschuldigt, die zwischen Al Qaida und Saddam Hussein bestehenden Verbindungen nicht aufgedeckt zu haben –, hat die amerikanische Öffentlichkeit die Propaganda geschluckt: Aus einer vom *Time Magazine* am 3. November veröffentlichten verblüffenden Umfrage erfährt man, dass drei Viertel der amerikanischen Bevölkerung glauben, Saddam Hussein helfe Al Qaida, und 71 % der Ansicht sind, dass der irakische Führer persönlich in die Attentate vom 11. September verwickelt sei! Eine Hypothese, die in den Worten der *Time* »selbst von den Falken nicht laut ausgesprochen wurde«.

Wird er beschließen, auf eigene Faust zu handeln?

Am Montag, dem 4. November, erklärt der mexikanische Außenminister über den Ausgang der vielfachen Diskussionen der beiden vorangegangenen Tage: »Wir haben den Eindruck, kurz vor einer Vereinbarung zu stehen. Eine Vereinbarung, die für die Welt, die Vereinten Nationen und für Mexiko höchst segensreich sein wird.«

Saddam Hussein vollzieht erneut eine jener Kehrtwendungen, auf die er sich versteht, doch ohne dass dieses Manöver, verspätet und wirkungslos, an der Geschlossenheit des Sicherheitsrats etwas ändern würde. Wie er gegenüber einem südafrikanischen Gesandten erklärte, werde er »jede Entscheidung respektieren, die im Einklang mit der Charta der Vereinten Nationen und dem Völkerrecht steht«. In einem anderen Gespräch mit Jörg Haider beteuert Saddam Hussein einmal mehr, der Irak besitze nicht im Mindesten irgendwelche Massenvernichtungswaffen.

Doch im Sicherheitsrat sind keine Zweifel mehr erlaubt. Die Vereinigten Staaten haben angekündigt, am 6. November ihre Resolution einbringen zu wollen, wobei sie noch vor dem Wochenende mit einer Abstimmung rechnen. Um ihren Antrag durchzubringen, benötigen sie neun von fünfzehn Stimmen, ohne dass eines der ständigen Mitglieder ein Veto einlegt.

Syrien ist jetzt noch die einzige Unbekannte, auch wenn seine Einzelstimme keinerlei praktische Bedeutung hat. Die Insel Mauritius hat ihren Botschafter drei Tage vorher zurückgerufen, weil dieser »den Eindruck erweckt [hatte], Mauritius werde gegen die amerikanische Resolution stimmen«. Man muss sich dabei daran erinnern, dass dieses kleine Land ein Abkommen über Finanzhilfe unterzeichnet hat, in dem es sich verpflichtet hat, »die Grundlagen der Interessen, die mit der nationalen Sicherheit der USA verbunden sind«, nicht zu gefährden.

Am 5. November wird bekannt, dass die Ukraine sich von solchen Prinzipien nicht stören lässt. Im angloamerikanischen Untersuchungsbericht über verbotene Waffenverkäufe an den Irak heißt es, die Argumente Kiews »sind nicht ›überzeugend‹«. Der Leibwächter des Präsidenten hatte einen Tonbandmitschnitt gemacht – bevor er sich klugerweise in den Westen absetzte –, während dieser über den Verkauf eines Systems Kolchuga verhandelte: ein Radarsystem aus vier Empfangsgeräten, mit denen ein Flugzeug bereits aus 800 und ein Ziel am Boden aus 600 Kilometern Entfernung geortet werden kann. Seine Gefährlichkeit wird noch durch den Umstand erhöht, dass es keinerlei Signale aussendet und dadurch selbst nicht entdeckt werden kann. Auf dem Band hört man Kutschma, den ukrainischen Präsidenten, der den Transfer durch einen jordanischen Mittelsmann arrangiert und von seinen Gesprächspartnern verlangt, sicherzustellen, dass »der Jordanier die Schnauze hält«, ein Ratschlag, den er besser selbst befolgt hätte. Doch all das ist für Amerika unwichtig.

Am 7. November 2002 wird die Resolution einstimmig angenommen, auf halbem Weg zwischen den französischen und den amerikanischen Forderungen und trotz der Vorbehalte Syriens, das erklärt hat, wenn die Abstimmung nicht auf die kommende Woche verschoben werde, um ihm die Möglichkeit zu geben, sich während des Wochenendes mit den Ministern der Arabischen Liga zu verständigen, werde eine Einigung »sehr, sehr schwer, um nicht zu sagen unmöglich« sein.

Die unumstrittene Resolution besiegelt den Triumph einer multilateralen Initiative über einen Unilateralismus, der noch vor wenigen Monaten vorgeherrscht hatte. Aber darüber hinaus? Zu dem Zeitpunkt, zu dem das Manuskript zu diesem Buch abgeschlossen wird, sind bereits über 70 000 Soldaten, unterstützt von einer gewaltigen Armada, an den Grenzen zum Irak aufmarschiert. Das – rechtzeitig – von Saddam abgelieferte Dossier über die Entwicklung seiner chemischen, biologischen und nuklearen Produktionsprogramme wird von den Experten der Vereinten Nationen sowie der USA analysiert. Der geringste Fehler, ob bewusst oder nicht, kann unabsehbare Folgen haben.

George W. Bush brauchte die Vereinten Nationen, um Zeit zu gewinnen, und eine Koalition, um die amerikanische Bevölkerung zu beschwichtigen. Heute verfügt er über eine außergewöhnliche Popularität und im Kongress über eine mehr als nur komfortable Mehrheit. Wird er sich wieder an die Seite derselben Vereinten Nationen stellen, wenn der Irak seine Kooperation aufkündigt? Oder wird er beschließen, auf eigene Faust zu handeln?

Neben der Bedrohung durch einen Krieg, dessen Folgen in keiner Weise absehbar sind, birgt die Irak-Krise noch eine weitere Gefahr: die eines Amerika, das sich an die Spitze weiterer »zivilisatorischer« Missionen derselben Art stellt, mit Gewalt aufgezwungen, angetrieben von Ideen, die bestenfalls naiv, schlimmstenfalls durch und durch heuchlerisch sind, und von Gedanken über eine Zukunft, die gefährlich kurzsichtig sind. Es besteht die Gefahr, dass die USA der restlichen Welt nur noch die Rolle eines einfachen Statisten zugestehen.

Am 21. Dezember 2002 erscheint *Le Monde* mit der Schlagzeile: »Irak, ein weiterer Schritt auf dem Weg zu einem Krieg.« Nach einer eingehenden Prüfung des von Bagdad vorgelegten Dossiers beschuldigen die Vereinigten Staaten das Regime Saddam Husseins einer offenkundigen Verletzung seiner Verpflichtungen im Hinblick auf die geforderten Abrüstungsbestimmungen. Nach Aussage von Außenminister Colin Powell wurden in dem 11 000 Seiten starken Dokument zahlreiche Lücken entdeckt. Der Krieg erscheint von Mal zu Mal unabwendbarer.

Bibliographie

1. Kapitel

KOOUWENHOUVEN, John A., *Partners in Banking*,
  Brown Brothers Harriman, Doubleday
LEVINSON, Charles und Eric Laurent, *Vodka Cola*,
  Editions Stock
SUTTON, Antony C., *Wall Street and the Rise of Hitler*,
  76 Press California
TARPLEY, Webster und Anton G. Chaitkin, *George
  Bush, the Unauthorized Biography*, The Executive
  Intelligence Review
THYSSEN, Fritz, *I paid Hitler*, Kennikat Press 1972
  (1941)
WILES, Rick, *American Freedom News*, September 2001

2. Kapitel

BAMFORD, James, *The Puzzle Palace*, Houghton Mifflin
BEATY, Jonathan und S. C. Gwynne, *The Outlaw Bank*
BREWTON, Pete, *The Mafia, CIA and George Bush*,
  S. P. I. Books
COLBY, William, *Honorable Men*, Simon and Schuster
CONASON, Joe, »George W. Bush Success Story«,
  Harper's Magazine, Februar 2000

HATFIELD, James H., »Fortunate Son«, *Saint Martin's Press*, November 1999

LAURENT, Eric, *La Puce et les Géants*, Paris (Fayard) o. J., Vorwort von Fernand Braudel

MARCHETTY, Victor und John Marks, *La CIA et le Culte du renseignement*, Laffont

PERRY, Mark, *Eclipse, the last days of the CIA*, Morrow

TARPLEY, Webster und Anton G. Chaitkin, *George Bush, the Unauthorized Biography*, The Executive Intelligence Review

TRUELL, Peter und Larry Gurwin, *False Profits*, Houghton Mifflin

WISE, David, *Politics of Lying*, Random House

USA Today, 29. Oktober 1999

Intelligence News Letter, 3. März 2000

Wall Street Journal, 27. und 28. September 2001

ABC News, 1. Oktober 2001

3. Kapitel

LAURENT, Eric, *Tempête du Désert*, Plon

THOMAS, William, *Bringing War Home*, Earth Pulse Press Inc.

TIMMERMAN, Kenneth, »The Death Lobby: How West Armed Irak«, *Los Angeles Times*, 13. Februar 1991

DOUGLAS, Frantz und Murray Wass, »Bush and aid to Irak«, *Los Angeles Times*, Februar 1992

Wall Street Journal, 3. Oktober 1992

SAFIRE, William, *New York Times*, 7. Dezember 1992

BAKER, Russ W., *Columbia Journalism Review*, März–April 1992

Wall Street Journal, 27. und 28. September 2001

New York Times, 18. August 2002
DICKSON, Norm, *Green Left Weekly*, 30. August 2002

4. Kapitel

HATFIELD, James H., »Fortunate Son«, *Saint Martin's Press*, November 1999
CONASON, Joe, »George W. Bush Success Story«, *Harper's Magazine*, Februar 2000
PHILLIPS, Kevin, *Harper's Magazine*, 2000
LAZARUS, David, *sfgate.com*
Dallas Morning News, 15. Februar 2000
CORN, David, *The Nation*, 27. März 2000
Judicial Watch, 3. März 2001
New York Times, 5. März 2001
Wall Street Journal, 19. und 20. September 2001
Wall Street Journal, 27. und 28. September 2001
KLAYMAN, Larry, *Judicial Watch*, 28. September 2001
Hindustan Times, 28. September 2001
The Guardian, 31. Oktober 2001
The Guardian, 7. November 2001
NISS, Jason, *The Independent*, 13. Januar 2002
Washington Post, 29. Mai 2002
MILBANK, Dana, *Washington Post*, 6. September 2002

5. Kapitel

ABURISHI, Saïs K., *The House of Saud*, Bloomsbury 1994
BAMFORD, James, *Body of Secrets*, Doubleday 2001
WAYNE, Leslie, *New York Times*, 5. März 2001

New York Times, 9. Oktober 2001

MILLER, Judith und Jeff Gerth, *New York Times*,
14. Oktober 2001

HERSH, Seymour M., *The New Yorker*, 22. Oktober
2001

DEYOUNG, Karen, *Washington Post*, 6. November 2001

Newsweek, 19. November 2001

OTTAWAY, David B. und Robert G. Kaiser, *Washington
Post*, 18. Januar und 10. Februar 2002

Washington Post, 11. und 12. Februar 2002

MILLER, Judith, *New York Times*, 25. März 2002

Washington Post, 26. April 2002

Washington Post, 1. August 2002

ABU-NASR, Donna, *Associated Press*, 8. August 2002

CNN, 27. August 2002

AFP, 28. August 2002

MILBANK, Dana und Glenn Kessler, *Washington Post*,
28. August 2002

ISIKOFF, Michael, *Newsweek*, 22. November 2002

TYLER, Patrick E., *New York Times*, 26. November
2002

SIMPSON, Glenn R., *Wall Street Journal*, 26. November
2002

MSNBC News, 27. November 2002

6. Kapitel

MYLROIE, Laurie, *Irak News*, 19. Oktober 1998

Newsweek, 19. Februar 2001

Washington Post, 23. September 2001

Washington Post, 20. September 2001

New York Times, 6. Oktober 2001

New York Times, 7. Oktober 2002 (Max D. T.)
BARKEY, Henri J., *Washington Post*, 9. Dezember 2001
The San Diego Union-Tribune, 21. März 2002
WILLIAMS, Daniel, *Washington Post*, 2. Juni 2002
WOODWARD, Bob, *Washington Post*, 16. Juni 2002
Washington Post, 2. August 2002
The Economist, 3. August 2002
Washington Post, 9. August 2002
Le Monde, 10. August 2002
Time, 12. August 2002
JARREAU, Patrick, *Le Monde*, 13. August 2002
LEMANN, Nicolas, *The New Yorker*, 16. September
   2002
Miami Herald, 5. Oktober 2002
Philadelphia Inquirer, 20. Oktober 2002